Johannes Wilkes | Michael Kniess

FAHRRAD FAHREN
IN MITTELFRANKEN

20 Lieblingstouren

Ein ars vivendi Freizeitführer

Bei der Realisierung dieses Buches ließen wir größtmögliche Sorgfalt walten. Falls dennoch Informationen falsch oder inzwischen überholt sein sollten, bedauern wir dies, können aber auf keinen Fall eine Haftung übernehmen.

Korrekturvorschläge und Anmerkungen an: lektorat@arsvivendiverlag.de

Bildnachweis:
S. 20 oben: 1. FCN; S. 36: mit freundlicher Genehmigung von Walter Plachetta; S. 264: Adobe Stock/Fotolyse
Alle weiteren Fotografien stammen von den Autoren.
Umschlagfotografien:
vorne: Michael Kniess und Johannes Wilkes (oben und Mitte links); istock/dinosmichail (unten links); Adobe Stock/Alexander Rochau (unten rechts);
hinten: Michael Kniess und Johannes Wilkes

 Info

 Spiel, Spaß, Sport

 Essen & Trinken

 Essen & Schlafen

Übernachten

 Sehenswürdigkeiten & Kultur

Erste Auflage 2022

www.arsvivendi.com

Umschlag: ars vivendi verlag
Layout, Satz: Christine Richert, www.typoholica.de
Karten: Kartographisches Büro Dieter Ohnmacht
Lektorat: Carmen Wurm
Druck: GPS, Österreich
Printed in the EU
ISBN 978-3-7472-0419-1

Inhalt

Vorbemerkung 7

1 Vom ClubHaus zur Burenhütte 9
Auf den Spuren des »Clubs« durch die Nürnberger Innenstadt

2 Trödeln und Treideln 25
Am Ludwigskanal zwischen Nürnberg und Altdorf

3 Unterwegs auf den Spuren der Hohenzollern 37
Der »ErlebnisRadweg Hohenzollern« von Nürnberg nach Ansbach

4 Der Themenradweg »Industriegeschichte« 57
Zeitreise durch die industrielle Entwicklung im Nürnberger Land

5 Gemüse, Kirschblüte und Poesie 76
Durchs Knoblauchsland nach Kalchreuth

6 Gemütliche Familienrunde durchs Fürther Land 86
Von der Fürther Innenstadt nach Roßtal

7 Mit Kindern unterwegs im Aurachtal 102
Entlang der Aurach von Erlangen nach Herzogenaurach

8 Grüner geht's nicht 114
Im Städtedreieck Erlangen–Fürth–Nürnberg

9 Für Wein- und Wissensdurstige 127
Die mittelfränkische Bocksbeutelrunde

10 Romantisch gestimmt im Frankenland 141
Auf dem Fernradweg »Romantische Straße« von Rothenburg nach Dinkelsbühl

11 Römische Weltkultur in Mittelfranken 154
Der »Limes-Radweg« zwischen Gunzenhausen und Weißenburg

12 Mittelfrankens schönste Mitternachtsrunde 176
Bei Mondschein um den Altmühlsee

13 Alles im Fluss 181
Auf dem »Altmühltal-Radweg« von Gunzenhausen nach Eichstätt

14 Am fränkischen Meer 195
Die Runde um den Großen Brombachsee

15 Reise durch unser Sonnensystem 206
Der Planetenweg zwischen Georgensgmünd und Spalt

16 Ein Quickie 220
Die Rothsee-Runde

17 Entlang der ehemaligen Bahntrasse der »Gredl-Bahn« 229
Der »Gredl-Radweg« von Hilpoltstein nach Greding

18 Durch reizvolle Landschaft in und um Lauf 242
Familienfreundliche Entdeckungen auf dem »Laufer Radrundweg«

19 Durch Wald und Fels 258
Im lauschigen Pegnitztal

20 Berg- und Talfahrt mit Kind und Kegel 273
Durchs Nürnberger Land von Winkelhaid nach Ottensoos

Die Autoren 286

Register 287

Vorbemerkung

Liebe Leserinnen und Leser,

Mittelfranken ist ein Eldorado für Fahrradbegeisterte. Von den Toren der Fränkischen Schweiz bis zum Altmühltal, von der Grenze zu Baden-Württemberg bis zum Rothsee laden unzählige Ausflüge dazu ein, auf dem Drahtesel aktiv zu werden. Es freut uns sehr, dass wir Ihnen Lust machen dürfen, neue Touren für sich zu entdecken.

Wir haben für Sie unsere 20 persönlichen Lieblingsradtouren zusammengestellt, die alle auf ihre Kosten kommen lassen: die erfahrenen Radel-Enthusiasten unter Ihnen genauso wie Einsteiger und Familien mit Kindern. Mal nehmen wir Sie mit auf eine gemütliche Feierabendrunde, mal auf einen sportlichen Ganztagesausflug. Eines haben alle vorgestellten Radtouren gemeinsam: Unterhaltsame Tipps sollen Ihnen Lust machen auf zahlreiche Natur-, Kultur- und Kulinarik-Highlights entlang der Strecke, die darauf warten, entdeckt zu werden.

Zur möglichst einfachen Orientierung haben wir alle Tourenbeschreibungen nach demselben Schema aufgebaut:

- Im Intro erfahren Sie in aller Kürze, welche Highlights Sie auf dieser Tour erwarten.
- Der Infoteil zu Beginn liefert Ihnen alle notwendigen Informationen zur Tourenplanung wie Länge, Anreise, Wegbeschaffenheit und Fahrradservice.
- In unseren Tourenbeschreibungen erklären wir ausführlich und lebendig, was es zu sehen und zu entdecken gibt. Diese Highlights haben wir sorgfältig ausgewählt. Darüber hinaus bieten Themenkästen weitere interessante Tipps und Hintergrundinformationen.
- Die grünen Infoseiten am Ende jeder Tour beinhalten ausgewählte Adressen und Tipps zum Besichtigen, Baden, Einkehren, Übernachten etc.

Alle Touren sind gut mit öffentlichen Verkehrsmitteln erreichbar. Informieren Sie sich am besten rechtzeitig im Vorfeld zu den Konditionen und Angeboten wie Kombitickets und speziellen

Fahrkarten. In den Regionalzügen in Bayern benötigen Sie ein Fahrrad-Kurzstrecken-Ticket bzw. eine Fahrrad-Tageskarte zur Mitnahme Ihres Fahrrades. Fahrräder können in den meisten Nahverkehrszügen transportiert werden. In welchen Waggons genau, kann man an entsprechenden Fahrradsymbolen an den Eingängen sehen, meistens sind es die Waggons am Anfang und am Ende des Zuges. Im Fernverkehr kann man das Fahrrad mitnehmen, wenn man im Vorfeld einen Fahrradstellplatz reserviert hat.

Die Touren-Tipps haben wir bestmöglich und ganz aktuell recherchiert. Allerdings haben sich die Gegebenheiten pandemiebedingt verändert, Ausflugsziele wie Lokale, Museen und Bäder ändern häufig Öffnungszeiten und Einlassbedingungen. Zum Teil haben wir deshalb auf die Nennung der Öffnungszeiten verzichtet; wo sie genannt sind, bitten wir dennoch um tagesaktuelle Überprüfung. Auf den Homepages findet man in der Regel die aktuellen Infos.

Viel Freude beim Radeln durch Mittelfranken!

Johannes Wilkes, Michael Kniess
und das Verlagsteam

Vom ClubHaus zur Burenhütte 1

Auf den Spuren des »Clubs« durch die Nürnberger Innenstadt

Sie sind »Cluberer« bzw. haben ein Herz für den Fußball und all seine anrührenden, skurrilen und manchmal auch tragischen Geschichten? Dann ist diese Radtour genau das Richtige. Folgen Sie den Spuren, die der 1. FC Nürnberg in seiner mehr als 120-jährigen Geschichte im Herzen der Altstadt hinterlassen hat. Es gibt viel zu entdecken und zu bestaunen, denn langweilig war es mit dem traditionsreichen Club noch nie. »Aha«-Momente, auch für eingefleischte Club-Fans, sind auf den rund sieben Kilometern garantiert.

Die Strecke: Josephsplatz – Hauptmarkt – Webersplatz – Äußerer Laufer Platz – Sebalduskirche – Weißgerbergasse – Hallerwiese – Kleinweidenmühle – Deutschherrnstraße – Westtorgraben – Spittlertorgraben – Ludwigstraße – Spittlertormauer – Josephsplatz.

Länge: 7 km.

Markierung: keine ausgeschilderte Tour, bitte den Straßenschildern und den Hinweisen im Text folgen.

Höhenprofil: Tour mit keinen nennenswerten Steigungen (nur der Anstieg hinauf zum Webersplatz erfordert etwas Muskelkraft in den Beinen).

Wegbeschaffenheit: gut, teils asphaltierte Radwege, teils wenig befahrene Straßen und Fußgängerzonen (Fahrräder frei) meist mit Kopfsteinpflasterbelag.

Familien: Die Tour ist auch gut für Familien mit größeren Kindern geeignet, deren Herz für den 1. FCN schlägt und die Interesse an der Club-Geschichte haben.

An-/Abreise: *ÖPNV:* Der Josephsplatz ist mit der U-Bahn (Linie U 1, Richtung Fürth Hardhöhe) vom Hauptbahnhof aus über die Haltestellen Lorenzkirche oder Weißer Turm in wenigen Minuten erreichbar. *Kfz:* Eine Anreise mit dem Kfz ist nicht empfehlenswert, da Parkplätze in der Innenstadt nur in kostenpflichtigen Parkhäusern zur Verfügung stehen. In unmittelbarer Nähe befinden sich das *Breuninger Parkhaus* (Josephsplatz 3, 90403 Nürnberg) und das *Adlerparkhaus* (Adlerstr. 4, 90403 Nürnberg).

Fahrradverleih: Empfehlenswert ist das Fahrradverleihsystem *VAG_Rad*. 2000 Leihfahrräder im Stadtgebiet (weitere Infos: www.vagrad.de).

E-Bike-Ladestationen: keine in unmittelbarer Nähe.

Am besten radelt es sich auf original Club-Fahrrädern.

Clubs gibt es viele, DEN »Club« nur einmal

Wissen Sie, wo der 1. FC Nürnberg gegründet wurde, wo er sein erstes offizielles Heimspiel ausgetragen hat, wo der Club traditionell seine Triumphe feiert oder mit welch ungewöhnlicher Nebentätigkeit sich eine Club-Legende einst ein Zubrot verdient hat? Nein? Dann sollten Sie sich unbedingt aufs Rad schwingen und durch die Nürnberger Innenstadt radeln, dort hat der 1. FC Nürnberg an vielen Orten Spuren hinterlassen. Es lohnt sich, für eingefleischte »Cluberer« sowieso, aber auch für alle, die ein Herz für Traditionsvereine und deren Geschichten haben – manche von ihnen anrührend, mitunter skurril und manchmal auch tragisch.

Wo könnte man besser mit einer solchen Tour starten, die sich auf die Spuren des 1. FCN begibt, als am ClubHaus. Die Anlaufstelle für Anhänger des 1. FCN (und alle, die es werden wollen) im Herzen der Nürnberger Altstadt ist der Ausgangspunkt für die rund sieben Kilometer lange Radtour, die Club-Historiker Bernd Siegler und Fußballbuchautor Matthias Hunger für Fans ausgearbeitet haben. An zahlreichen Orten, die alle eine eigene Geschichte erzählen, lassen sie damit die Historie des einen Clubs – denn Clubs gibt es bekanntlich Tausende, aber DEN »Club« gibt es nur einmal – lebendig werden.

Sollten Sie die Möglichkeit haben, gemeinsam mit ihnen auf original Club-Fahrrädern auf Spurensuche zu gehen (der 1. FCN bietet solche »Clubverführungen« mit dem Rad immer wieder an, einfach regelmäßig auf www.UnserClub.de vorbeischauen), tun Sie es unbedingt. Sie werden den beiden förmlich an den Lippen kleben. Versprochen. Aber auch allein werden Sie bei dieser Tour Ihren Spaß und Ihre »Aha«-Momente haben.

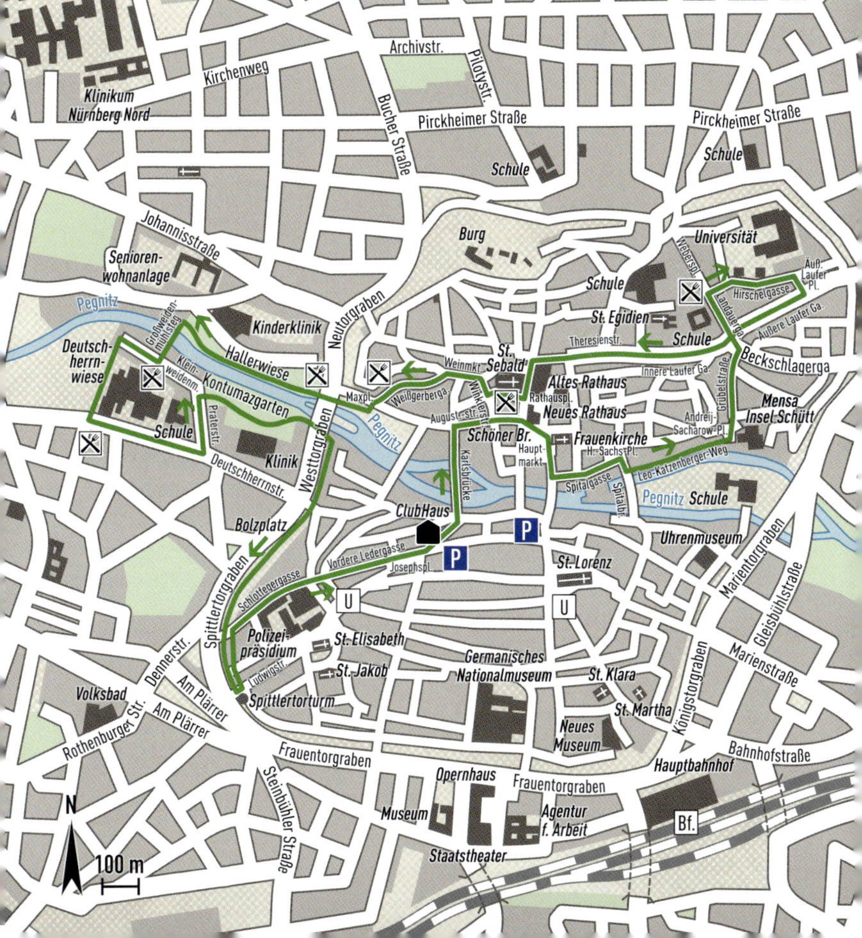

Vom ClubHaus zum Hauptmarkt

Unsere erste Station ist der Hauptmarkt, den wir nach kurzer Fahrt über den Josephsplatz, die Karlsbrücke, Augustinerstraße und Waaggasse erreichen. Die Vorbeifahrt am Schönen Brunnen – einer der Sehenswürdigkeiten Nürnbergs – können Sie nutzen, um sich Ihre Wünsche erfüllen zu lassen (einmal am goldenen Ring drehen) oder für Nachwuchs zu sorgen (wer dreimal dreht, soll sich über viele Kinder freuen können). Zumindest wenn man einer Sage Glauben schenken darf, was offenbar sehr viele Menschen tun, der Anzahl an täglichen, stündlichen in der touristischen Hochsaison sogar minütlichen Ringdrehern nach zu urteilen.

Nachdem wir unsere Wünsche (hoffentlich erfolgreich) adressiert haben, rollen wir noch ein paar Meter weiter und kommen vor der Frauenkirche zum Stehen. Von dort haben wir den Hauptmarkt, den zentralen Platz in der Altstadt, in seiner ganzen Pracht im Blick. Was diese 5000 Quadratmeter nicht schon alles gesehen haben. Er ist Ort des Geschehens für den werktäglichen Wochenmarkt und natürlich den Christkindlesmarkt.

Vor allem ist er aber auch der Platz, an dem der 1. FCN traditionell seine Triumphe feiert. Zugegeben, die letzten Meisterfeiern sind schon einige Zeit her (1961, 1968). Aber die Feierlichkeiten am 27. Mai 2007, als sage und schreibe 100.000 Fans auf dem Hauptmarkt zusammengekommen sind, um ihren Helden, die am Abend zuvor in Berlin den DFB-Pokal gewonnen hatten, einen würdigen Empfang zu bereiten, sind fast noch zum Greifen nah.

Und wer weiß, wenn Sie beim »Wünsch Dir was«-Drehen alles richtig gemacht haben, gibt es vielleicht bald mal wieder einen Grund, dass auf dem Hauptmarkt die Sektkorken knallen bzw. es standesgemäße Bierduschen gibt. Auf dem Briefkopf des neunmaligen Deutschen Meisters und vierfachen Pokalsiegers wäre durchaus noch Platz für den ein oder anderen weiteren Titel.

Sonderbehandlung für Club-Mitglieder

Doch der Hauptmarkt ist auch in anderer Hinsicht interessant für alle am Club Interessierten. Hier wirkten zwei erfolgreiche

Am Schönen Brunnen werden Wünsche wahr (nicht nur von »Cluberern«).

Club-Spieler nach ihrer aktiven Karriere in medizinischer Hinsicht – und wie! Theo Haggenmiller, der von 1903 bis 1914 als Rechtsaußen für den 1. FCN spielte, absolvierte nach seinem Karriereende ein Medizinstudium, war viele Jahre Mannschaftsarzt und ließ sich als Herzchirurg mit seiner Praxis am Hauptmarkt 6 nieder. Das Besondere: Club-Mitgliedern bot er jeden Donnerstag eine kostenfreie Sprechstunde an.

Etwas anders stellt sich die Sache beim zweiten Mediziner im Bunde dar. Hans Kalb, fünfmaliger Deutscher Meister mit dem 1. FCN und nach Meinung von keinem Geringeren als Sepp Herberger einer der besten Fußballspieler seiner Zeit, wurde die zweifelhafte Ehre zuteil, als erster deutscher Nationalspieler des Felds verwiesen zu werden (bei den Olympischen Spielen 1928, Spiel Deutschland gegen Uruguay). Man munkelt, der spätere Zahnarzt Hans Kalb sei über diesen (übrigens auch nach Ansicht unparteiischer Beobachter unrechtmäßigen) Vorfall, der gleichzeitig das Ende seiner Nationalmannschaftskarriere bedeutete, so erbost gewesen, dass er an seiner Praxis (Hauptmarkt/Ecke Tuchgasse) ein Schild anbrachte: »Zahnarztpraxis Dr. Hans Kalb. Keine Behandlung von Schiedsrichtern.« Heute muss übrigens jeder Unparteiische, der im Max-Morlock-

Idyllisch geht es auf den Spuren des Clubs entlang der Pegnitz.

Stadion pfeift, die Straße entlang, die an den ehemaligen Club-Spieler erinnert. Vielleicht eine späte Rache? Ein Schelm, wer Böses dabei denkt.

Die dunkelsten Stunden der Vereinsgeschichte

Darüber sinnierend, welche Traumata aus einem vorherigen Leben der Zahnarzt unseres Vertrauens vielleicht aufzuarbeiten hat, führt uns die Tour vom Hauptmarkt weg, vorbei an der Frauenkirche in die Spitalgasse und über den Hans-Sachs-Platz zur Pegnitz. Dort angekommen, biegen wir vor der Spitalbrücke links ab in den Leo-Katzenberger-Weg und folgen diesem entlang der Pegnitz bis zum Andreij-Sacharow-Platz. Hier betreibt das Studentenwerk Erlangen-Nürnberg die Mensa Insel Schütt. Was das mit der Geschichte des 1. FCN zu tun hat? Mehr als Sie vielleicht denken, denn der Club – Achtung Wortspiel – speiste sich gerade in seinen Anfangsjahren zum größten Teil aus (angehenden) Akademikern. So fanden sich in den ersten Meistermannschaften ein promovierter Jurist, Tierärzte, Lehrer und Architekten. Sie alle kickten erfolgreich für den Verein.

Der sich nun anschließende fahrerisch herausforderndste Part der Tour führt über Kopfsteinpflaster einen steilen Anstieg die Grübelstraße und Landauergasse hinauf zum Webersplatz. Hier werden einem die bis dato dunkelsten Stunden der Vereinsgeschichte in Erinnerung gerufen. Webersplatz 9, so lautete die Anschrift von Franz Anton Salomon. Der Kaufmann wurde am 30. April 1933 als eines von insgesamt 143 Mitgliedern jüdischen Glaubens aus dem Verein ausgeschlossen. Der 1. FCN informierte die »werten Mitglieder« mit »sportlicher Hochachtung«, dass sie als Juden zum 1. Mai 1933 nicht mehr Vereinsmitglied seien. Freilich tat dies nicht nur der 1. FCN. Auch alle anderen deutschen Fußballvereine (inklusive des Deutschen Fußballbundes) unterwarfen sich schließlich den neuen nationalsozialistischen Machthabern. Doch der Club tat es sehr schnell und sehr konsequent.

Gegen das Vergessen: Stolpersteine und Jenö-Konrad-Cup

So sehr sich der Club zu dieser Zeit in negativer Weise hervorgetan hat, so vorbildlich ist die Aufarbeitung der NS-Zeit heute. Der 1. FCN hat sich intensiv und vergleichsweise früh mit seiner eigenen Geschichte zwischen 1933 und 1945 auseinandergesetzt. Zu verdanken ist dies insbesondere auch Bernd Siegler, der bereits seit einigen Jahren intensiv zur Vereinsgeschichte des Clubs in der Zeit des Nationalsozialismus forscht. In der Mitgliederversammlung 2021 schließlich wurde der Ausschluss von jüdischen Vereinsmitgliedern während der NS-Zeit symbolisch zurückgenommen und für unrechtmäßig erklärt.

Auch ein anderer Vorfall ist bis heute im Gedächtnis geblieben. Es war die Nacht vom 5. auf den 6. August 1932, als der damalige Club-Trainer Jenö Konrad mit seiner Familie aufgrund antisemitischer Hetze in Julius Streichers *Der Stürmer* Hals über Kopf nach Wien fliehen und seine Mannschaft zurücklassen musste. Heute erinnern zwei Stolpersteine des Künstlers Gunter Demnig an den ehemaligen jüdischen Club-Trainer.

Verlegt wurden sie vor dem Max-Morlock-Stadion und vor seinem früheren Wohnhaus in der Bingstraße 9. Den Anstoß zu dieser Aktion gegen das Vergessen gaben engagierte Schüler des Sonderpädagogischen Förderzentrums Jean-Paul-Platz und Lehrerin Marika Schönfeld im Zuge des Jenö-Konrad-Cups. Mit Letzterem bietet der 1. FCN seit 2018 gemeinsam mit Maccabi Nürnberg unter der Überschrift »Fußball trifft auf Geschichte« ein Fußballturnier, das geschichtliches Wissen vermittelt, sportliche Begegnungen möglich macht und ein starkes Zeichen gegen Rassismus, Antisemitismus und Fremdenfeindlichkeit setzt. Ins Leben gerufen wurde der Jenö-Konrad-Cup von Katharina Fritsch, Leiterin Community & Membership beim 1. FC Nürnberg, und Bernd Siegler.

Nürnberg statt Madrid

Für uns geht es nun weiter die Hirschelgasse entlang und wir biegen die erste mögliche Straße rechts ab zum Äußeren Laufer Platz. Hier erinnert uns ein Lotto-Toto-Geschäft daran, dass Fußballspieler längst nicht immer millionenschwere Vollprofis waren, sondern sich in früheren Tagen oft ein Zubrot verdienen mussten. Eine beliebte Verdienstmöglichkeit bestand im Betreiben eines solchen Lotto-Toto-Geschäfts, wie es Ferdinand Wenauer (Meister mit dem 1. FCN 1961 und 1968) tat. Der in Nürnberg geborene begnadete Stopper war so gut, dass er sogar ein Angebot für einen Wechsel zu Real Madrid bekommen hatte, dieses jedoch ganz bodenständig fränkisch ausschlug und stattdessen lieber weiter beim Club spielte. Und nach seiner aktiven Zeit widmete er sich voll und ganz – wem? Natürlich seinem Geschäft am Äußeren Laufer Platz.

Doch auch der ein oder andere Wirt war unter den früheren Club-Profis. Der berühmteste hatte seine Gaststätte im Schulgässchen 1 im Schatten der Sebalduskirche. Dorthin geht es die Äußere Laufer Gasse entlang über den Inneren Laufer Platz in die Innere Laufer Gasse, weiter in die Theresienstraße und vorbei an der Polizeiwache Rathaus. Wir biegen links ab in den Rathausplatz und stehen fast schon vor der ehrwürdigen, mittelalterlichen Sebalduskirche. Statten Sie der ältesten Pfarrkirche Nürnbergs unbedingt einen Besuch ab.

Ein Stolperstein erinnert vor dem Stadion an den jüdischen Trainer Jenö Konrad.

In der Weißgerbergasse ist das historische Nürnberg spürbar.

Originelle Bierkneipe mit prominentem Wirt

Weltliche Stärkung bekommen Sie praktischerweise auch direkt vor Ort, im Bratwursthäusle bei St. Sebald. Seit 1312 gibt es hier echte Nürnberger Rostbratwürste – gegrillt über Buchenholzfeuer, versteht sich. Im praktischen Trio sind die »Brodwärschd« das fränkische Fastfood schlechthin – umweltfreundlich und nachhaltig verpackt im »Weggla«.

Nachdem der kleine Hunger unterwegs gestillt ist, biegen wir rechts ab ins Schulgässchen und erreichen den Ort, wo sich einst in einem schmucken Fachwerkhäuschen die Sebaldusklause (benannt nach dem heiligen Sebaldus, Nürnbergs Schutzpatron) befand. Die Wirtschaft, vermutlich eine der ältesten Schankstuben in der Stadt und, wenn man Aufzeichnungen aus dem Jahr 1904 glauben darf, zur damaligen Zeit auch die originellste Nürnberger Bierkneipe, hatte in den 1920er- und 1930er-Jahren einen prominenten Wirt: Heiner Stuhlfauth, nach dem in Nürnberg sogar eine Straße benannt ist. Der vielleicht größte Torhüter aller Zeiten und fünfmalige Deutsche Meister mit dem 1. FCN war nicht nur so etwas wie der erste internationale Star des deutschen

Fußballs, sondern auch leidenschaftlicher Wirt. Seine Sebaldusklause betrieb er bis zu deren Zerstörung im Zweiten Weltkrieg. Mit ihr ging ein beliebter Treffpunkt der Fußballszene und der Prominenz aus Sport, Kultur und Politik für immer verloren.

Durch eine der schönsten Straßen Nürnbergs

Wer heute einen aktiven oder ehemaligen Club-Spieler treffen möchte, hat rund um die Weißgerbergasse keine allzu schlechten Chancen. Dorthin gelangen wir, indem wir dem Schulgässchen bis zu seinem Ende folgen, hinter der Sebalduskirche rechts in die Winklerstraße abbiegen und schließlich nach links auf den Weinmarkt fahren, der uns schnurstracks in eine der schönsten Straßen Nürnbergs führt. In der Weißgerbergasse mit ihren rund zwanzig historischen Fachwerkhäusern, die die schweren Luftangriffe auf Nürnberg während des Zweiten Weltkriegs weitgehend unbeschadet überstanden haben, können Sie das historische Nürnberg spüren wie kaum anderswo. Kein Wunder, dass die Gasse mit ihren vielen kleinen Bars, Kneipen und Cafés auch für Club-Spieler immer schon anziehend war. Halten Sie also die Augen offen.

»Augen auf« heißt es auch bei unserer Fahrt zu einem weiteren innerstädtischen Idyll mit Club-Bezug. Am Ende der Weißgerbergasse überqueren wir vorsichtig den Maxplatz und fahren auf den Radweg, der uns unter dem Westtorgraben hindurch vorbei am *Schnepperschütz* (ein Zwischenstopp mit einem kühlen oder heißen Getränk und einem der legendären belegten Brote in diesem wunderbaren Café mit Blick auf die Hallerwiese ist fast schon ein Muss) entlang der Hallerwiese und Pegnitz bis zum Großweidenmühlensteg führt. Dieser bringt uns über die Pegnitz in die Kleinweidenmühle.

Das Dorf in der Stadt

Im kleinen Dorf mitten in der Stadt, in dem jedes hektische Treiben plötzlich meilenweit entfernt zu sein scheint, gab in den 1930er-Jahren ein begnadeter Mittelläufer des 1. FCN ebenfalls den Wirt: Robert Gebhardt, genannt »Zapf«. Dreimal dürfen Sie raten, woher der Spitzname kommt. Seine Wirtschaft *Zum Hippel,*

Feierort (oben) und Geburtsort (unten) des 1. FCN

einige Zeit sogar Vereinslokal, war in der Nachkriegszeit besonders wichtig für die Mannschaft. Das Essen war in dieser Zeit knapp in Deutschland und die Mannschaften traten zu sogenannten »Fressspielen« an. Für einen Korb Kirschen pro Spieler ging es beispielsweise gegen Kalchreuth und Heroldsberg, für zwanzig Zentner Kohlen gegen Essen. Und Robert Gebhardt? Der hatte durch sein wirtliches Dasein einen guten Draht zum hiesigen Schlachthof und kam so an Extra-Fleischrationen für die Mannschaft. Heute hat hier das *eleon* sein Zuhause, ein feines griechisches Restaurant, das nicht mit den obligatorischen und »typisch deutschen« fleischüberladenen Athen- oder Mykonos-Platten von sich reden macht, sondern mit authentisch griechischen Mezes überzeugt.

Die erste Spielstätte des Clubs

Gut gestärkt geht es weiter zu dem Ort, wo der 1. FCN sein erstes offizielles Heimspiel ausgetragen hat. Wir folgen der Kleinweidenmühle bis zu deren Ende und biegen links in den Radweg ein, der uns zur Deutschherrnwiese bringt. Hier ist sie also, die erste Spielstätte des Clubs, der am 20. Oktober 1901 an diesem Ort gegen den 1. FC Bamberg mit 5:1 gewonnen hat. Ein schöner (Fußball-)Platz mit einem kleinen, aber entscheidenden Haken: Er durfte nicht eingezäunt werden, was es schwierig machte, Eintrittsgeld zu kassieren – damals eine der wenigen Einnahmequellen für die Vereine. Deshalb zog der Club bereits 1905 um in den Stadtteil Steinbühl, wo der 1. FCN den 10.000 Quadratmeter großen Sportplatz an der Ziegelgasse pachtete und 14.000 Mark für eine Umkleidehütte, ein Kassenhäuschen, eine Holztribüne mit 300 Sitzplätzen und natürlich einen Zaun investierte. Über Schweinau und Zerzabelshof (»Zabo«) ging es schließlich in den 1960er-Jahren ins heutige Wohnzimmer, das Max-Morlock-Stadion (vormals Städtisches Stadion, Frankenstadion, easyCredit-Stadion, Stadion Nürnberg und Grundig Stadion).

Eine Gaststätte als Geburtsort

Um schließlich an den Ort zu gelangen, wo der 1. FCN am 4. Mai 1900 gegründet wurde, müssen wir noch ein Stück weiter. Am

Ende der Sportstätten biegen wir links ab in die Deutschherrnstraße. In der Höhe von Hausnummer 11 haben wir das Ziel erreicht. Vom Geburtsort des Clubs ist heute allerdings leider nichts mehr zu sehen. Wo einst das Wirtshaus *Zur Burenhütte* war, steht heute ein schnöder Fahrradständer. In besagter Gaststätte kamen an jenem Tag im Mai auf Initiative von Christoph Heinz 18 junge Männer zusammen, um den 1. Fußballclub Nürnberg aus der Taufe zu heben. Genau genommen hätte der Club eigentlich 3. FCN heißen müssen, da es bereits zwei Vorgängervereine gab. Ein Grund für einen nachträglichen empörten Aufschrei von allen Übergenauen (»Foul!«) ist das trotzdem nicht, denn diese übten sich noch in einem Spiel, das eher dem Rugby ähnlich war als dem Fußball, wie wir ihn kennen (und meistens auch lieben).

»Stadtgrabenliga« und »Fußballerkanzlei«

Der Weg zurück zum ClubHaus, dem Ausgangspunkt unserer kleinen Tour, führt uns noch zu zwei weiteren Stationen. Wir folgen der Deutschherrnstraße noch ein kleines Stück und biegen links ab in die Praterstraße. Dort nehmen wir den abzweigenden Radweg und fahren durch den idyllischen Kontumazgarten in den Westtorgraben. Diesem und in der Folge dem Spittlertorgraben folgen wir nun an der Stadtmauer entlang in Richtung Plärrer (weg von der Pegnitz). Auf dem Weg dorthin radeln wir an einem vermeintlich unscheinbaren Bolzplatz vorbei, der für das goldene Zeitalter des 1. FCN von großer Bedeutung war, denn hier kickten in den 1920er-Jahren Kinder und Jugendliche in der sogenannten »Stadtgrabenliga« gegeneinander und lernten das kleine und große Fußballeinmaleins. Später sollten einige von ihnen Meisterspieler des Clubs und Nationalspieler werden.

Eine letzte Steigung müssen wir noch hinter uns bringen. In Höhe des Spittlertorturms geht es schnaufend hinauf zum Plärrer. Wir fahren direkt in die Ludwigstraße. Der Imbiss an der Ecke (Ludwigstraße 76) soll noch einmal unsere Aufmerksamkeit bekommen. Wo heute Döner und andere türkische Spezialitäten verkauft werden, versammelten sich von 1921 mit Unterbrechungen bis 1964 insgesamt 35 Jahre Clubpräsidentschaft. In der sogenannten Fußballerkanzlei stellten Ludwig Bäumler, Ludwig Franz und Karl Müller die wichtigsten Weichen für den Club.

Anlaufstelle für alle »Cluberer«: das ClubHaus am Josephsplatz

Noch mehr über Titel, Tore, Triumphe und Talfahrten

Zurück in die Gegenwart des 1. FCN radeln wir die Spittlertormauer entlang bis zur Schlotfegergasse, die uns im Verlauf als Vordere Ledergasse zurück zum ClubHaus am Josephsplatz bringt. Haben Sie Lust bekommen, noch tiefer in die traditionsreiche Geschichte des 1. FCN einzutauchen? Dann schmökern Sie bei Kaffee und einem leckeren Stück Kuchen doch noch ein wenig in der lesenswerten Vereinschronik (»Der Club – Die Chronik«), die Sie an der Anlaufstelle für »Cluberer« natürlich genauso bekommen wie alles andere, was das Clubherz begehrt.

Wer immer noch nicht genug hat: Das äußerst sehenswerte Club-Museum am Sportpark Valznerweiher, kuratiert von Bernd Siegler, bietet unter dem Motto »Die Legende lebt« auf knapp 150 Quadratmetern noch viele weitere Informationen über Triumphe, Titel, Tore, Dramen und Talfahrten des 1. FCN. Denn eines ist sicher, langweilig war und ist es mit diesem Club niemals.

Michael Kniess
Mit freundlicher Unterstützung des 1. FCN

Ausgewählte Adressen und Tipps

- ClubHaus, Josephsplatz 4, 90403 Nürnberg, Tel. 0911/94079797, www.fcn.de. Mo–Sa 10–18 Uhr.
- Club-Museum, Valznerweiherstr. 200, 90480 Nürnberg, Tel. 0911/94079100, www.fcn.de. Mo–Fr 9–12.30 und 13.30–17 Uhr. Der Eintritt ist frei.
- Max-Morlock-Stadion, Max-Morlock-Platz 1, 90471 Nürnberg, Tel. 0911/81860, www.stadion-nuernberg.de. Öffentliche Führungen von Apr. bis Okt. immer Do, Apr. und Okt. 16 Uhr, Mai bis Sep. 17 Uhr.
- *Café Opa Helmut,* Webersplatz 5, 90403 Nürnberg, Tel. 0177/4110506, www.opahelmut.de. Fr–So 11–18 Uhr. Kleines, gemütliches Café, das leckere Stullen und Pancakes anbietet.
- *Bratwursthäusle Nürnberg,* Rathausplatz 1, 90403 Nürnberg, Tel. 0911/227695, www.bratwursthaeuslenuernberg.de. Mo–Sa 11–22 Uhr, So 11–20 Uhr. Hauseigene Nürnberger Rostbratwürste auf Buchenholzfeuer gegrillt, als »Drei im Weggla« auch zum Mitnehmen für unterwegs.
- *Die kleine Eismanufaktur,* Weißgerbergasse 28, 90403 Nürnberg, Tel. 0151/43101426. Mo–So 12–20 Uhr. Gutes, außergewöhnliches und handgemachtes Eis aus natürlichen Zutaten.
- *Schnepperschütz,* Am Hallertor 3, 90403 Nürnberg. Mo–So 10–22 Uhr. Feine belegte Brote und leckere Kuchen, Bier und Wein, Kaffee und Softdrinks, alles inklusive wunderbarem Blick auf die Hallerwiese.
- *eleon,* Kleinweidenmühle 5, 90419 Nürnberg, Tel. 0911/4193662, www.eleon-online.de. Mi–So ab 17 Uhr (warme Küche bis 21 Uhr). Authentische griechische Küche, lauschiger Biergarten im Sommer, »Greek Streetfood« zum Mitnehmen.
- *Gasthaus Pegnitztal,* Deutschherrnstr. 31, 90429 Nürnberg, Tel. 0911/264444, www.gasthaus-pegnitztal.de. Di–Fr und So 11.30–14 und 17–22 Uhr, Sa 17–22 Uhr. Alteingesessenes Gasthaus mit fränkischen Spezialitäten. Schöner Garten.

Trödeln und Treideln

2

Am Ludwigskanal zwischen Nürnberg und Altdorf

Deutschland ist zweigeteilt, gewässertechnisch. Entweder fließt ein Regentropfen via Rhein in die Nordsee oder mit der Donau Richtung Schwarzes Meer. Die Idee, die beiden Wassersysteme und damit einen großen Teil Europas miteinander zu verbinden, ist alt, uralt. Schon die Römer sollen's versucht haben, später soll Karl der Große südlich von Nürnberg einen Verbindungsgraben angelegt haben. Ob über die Fossa Carolina allerdings je ein Kahn schipperte, ist zweifelhaft. Knapp tausend Jahre später wollte König Ludwig von Bayern, der Großvater des gleichnamigen Märchenkönigs, das Werk vollenden. Er beauftragte seinen königlichen Baurat Heinrich Freiherr von Pechstein mit den Planungen, der Bau wurde 1836 begonnen, bereits 1843 konnte das erste Schiff unter dem Jubel der Bevölkerung von Bamberg nach Nürnberg getreidelt werden, 1845 folgte der südliche Abschnitt. Und heute ist der Alte Kanal einer der schönsten deutschen Radwege!

Die Strecke: Nürnberg-Eibach – Worzeldorf – Wendelstein – Röthenbach bei St. Wolfgang – Pfeifferhütte – Burgthann – Schwarzenbach – Rasch – Altdorf.

Länge: ca. 48 km.

Markierung: *LDM* (Ludwig-Donau-Main).

Höhenprofil: ca. 100 Höhenmeter, meist eben, da direkt am Kanal, kurze, steile Anstiege bei den Schleusen.

Wegbeschaffenheit: gut, überwiegend leicht geschotterte Treidelpfade, selten Asphaltstrecken.

Familien: für raderfahrene Kinder gut zu schaffen, auch für Fahrradanhänger. Vorsicht an den wenigen Engstellen und scharfen Kurven! An schönen Wochenenden ist recht lebhafter Verkehr möglich.

An-/Abreise: *ÖPNV:* mit der S-Bahn nach Nürnberg-Eibach, weitere 20 Min. mit dem Rad zum Marthweg 202 (weißes Häusla), dort findet sich der Einstieg in die Kanaltour. Rückfahrt ab Altdorf ebenfalls mit der S-Bahn. *Kfz:* Nürnberg, Marthweg 200 ins Navi eingeben, Parkplätze vorhanden, zurück zum Pkw mit der S-Bahn ab Altdorf nach Nürnberg-Eibach (direkte S-Bahn-Linie), weitere 20 Min. mit dem Rad.

Varianten: Alternativer und sehr origineller Start am Parkplatz der Autobahnraststätte Feucht. Dort kann man bequem sein Auto stehen lassen und erreicht über einen kleinen, für Autos gesperrten Zubringer den Ludwigskanal mit dem Radweg. Das einzige Problem ist: Man muss den Rückweg wieder mit dem Rad absolvieren. Fortsetzungstour: Unser Radweg ist zugleich Teil des *Fünf-Flüsse-Radwegs.* Wer will, kann über Neumarkt und Berching zur Altmühl weiterradeln, dann über Kelheim zur Donau, nach Regensburg und entlang von Naab und Vils über Amberg und Sulzbach wieder hinein ins Nürnberger Land. Wir haben auch diese Strecke für Sie getestet. 300 Kilometer, von denen Sie keinen einzigen bereuen werden.

Fahrradverleih: viele Möglichkeiten in Nürnberg, z. B. rent a bike nuernberg, Dovestr. 10, 90459 Nürnberg, Tel. 0911/99447059, www.rentabike-nuernberg.de. Die VAG-Räder sind nicht tourentauglich.

E-Bike-Ladestationen: aktuell noch keine offiziellen Ladepunkte im Plan von Frankentourismus notiert, es gibt jedoch genügend Einkehrmöglichkeiten, bei denen man freundlich nach einer Steckdose fragen kann.

Kanalkräne und Schleusenwärterhäuschen

Unsere Radtour beginnt unweit des neuen Hafens. Kaum sind wir auf dem alten Treidelpfad, auf dem einst Pferde die Kähne gezogen haben, tut sich eine grüne Idylle auf. Malerisch spiegeln sich stolze Alleebäume im Wasser, Seerosen blühen, in der Ferne schwingt sich eine steinerne Brücke über den alten Kanal – man glaubt, in einem Schlosspark gelandet zu sein. Zum Glück hat man den Ludwigskanal im südöstlichen Teil des Nürnberger Stadtgebiets nicht überbaut.

Die erste Station ist Worzeldorf, wo man den Kanal zu einem Hafen erweitert hat. Ein historischer Kran steht so unternehmungslustig am Ufer, als käme gleich ein Kahn vorbei, um den guten Sandstein aufzunehmen, den man seit dem Mittelalter in Worzeldorf bricht. Vor dem Bau des Kanals hatte man die Steine mühsam per Kutsche nach Nürnberg bringen müssen. Der rötliche Sandstein wurde unter anderem für den Bau der Kaiserburg verwendet, die edelsten Platten bedecken bis heute die Gräber von Veit Stoß und Albrecht Dürer auf dem Johannisfriedhof.

Der Konstrukteur der Kanalkräne war Johann Wilhelm Späth (1786–1854), dessen Name eng mit dem beginnenden Industriezeitalter Nürnbergs in Verbindung steht. Späth war früh dran. In der Nähe des Dutzendteiches hatte Späth ein Stahlwerk errichtet, die erste Bayerische Maschinenfabrik. Auch zum Bau der ersten deutschen Eisenbahn trug Späth viel bei, in seinen Werkshallen wurde der Bausatz des Adlers zusammengebaut.

Weiter geht's unter den schattigen Kanalbäumen entlang Richtung Osten. Hin und wieder eine Schleuse mit dem typischen Schleusenwärterhäuschen. Auch wenn man es nicht unbedingt vermutet, sie sind von einem echten Star-Architekten entworfen worden. Leo von Klenze (1784–1864) steht auf einer Stufe mit Karl-Friedrich Schinkel. Was Schinkel für Preußen, das war Klenze für Bayern. Bestimmt kennen Sie einige seiner wichtigsten Werke, von denen die meisten in München stehen, dem Ort seines Arbeitgebers König Ludwig I.: die Alte Pinakothek, der

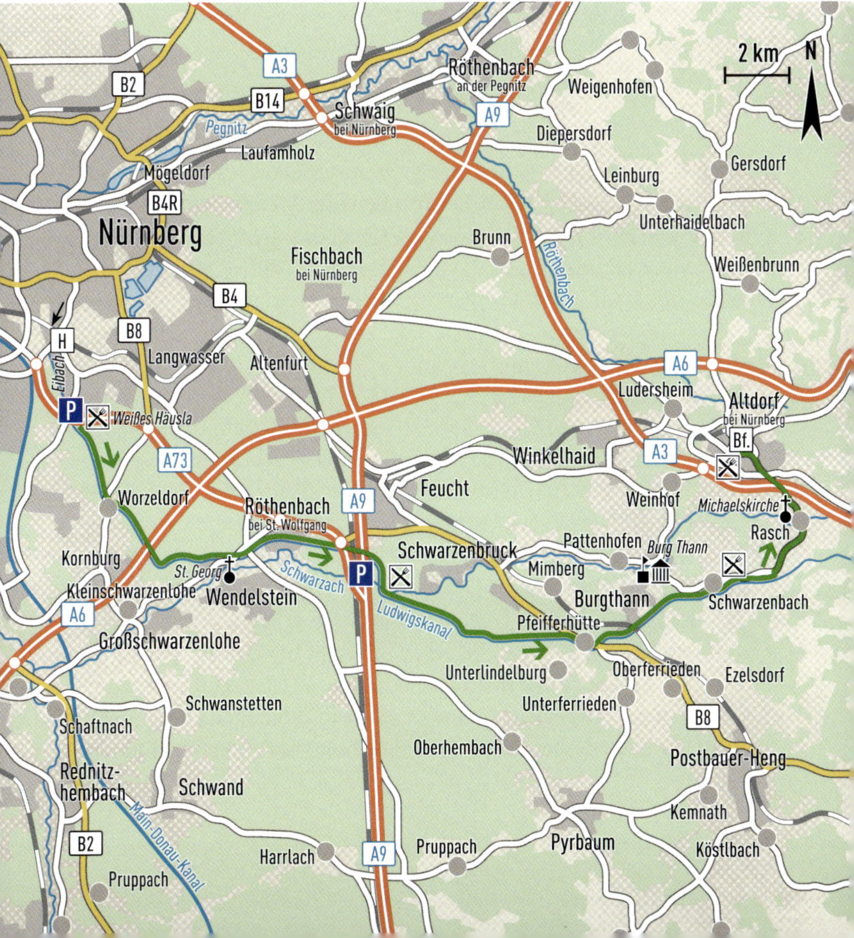

Wer war der Architekt? Klenze oder Pechmann?

Königsplatz mit der Glyptothek, die Residenz, die Ruhmeshalle bei der Bavaria, um nur einige zu nennen. Aber auch außerhalb Münchens schuf der Baumeister des Klassizismus weltbekannte Bauten: die Walhalla bei Regensburg, die Befreiungshalle von Kelheim und eben auch die Schleusenwärterhäuschen, Letztere zusammen mit dem Freiherrn von Pechmann. Klenze-Häuser erkennen Sie daran, dass ihre Giebelseite den Kanal grüßt und die Fenster Rundbogen tragen.

Dem Schleusenwärter oblag nicht nur das Öffnen und Schließen der Schleusen, bis zu sechs benachbarte Schiffsaufzüge hatte er mit seinen Gehilfen zu betätigen. Im Garten hinter seinem Haus pflegte er die Treidelpferde, auch um das Treideln selbst und die Treidelwege musste er sich kümmern und im Winter die Schleusen vom Eis befreien. Besonders wichtig: Er war dafür verantwortlich, dass der Kanal immer genug Wasser hatte. Die Besoldung war knapp. Sein Gemüse baute er selbst an, hielt sich auch Hühner oder züchtete Hasen für den Eigenbedarf. Das Geld, das als Pacht für die Uferbäume hereinkam, hatte er abzuführen. Viele Tausend Obstbäume haben entlang des Kanals einmal geblüht, mancher Apfelbaum leuchtet heute wieder in der Sonne.

Sehenswertes in Wendelstein

Wir unterqueren die A 6. Wenig später ist die Ortschaft Wendelstein erreicht, die sich sogar Markt nennen darf. Beim Hineinschlenkern in den hübschen Ortskern werden wir kräftig durchgerüttelt – so schön die Pflastersteine auch sind, radtauglich sind sie nur bedingt. Auf einem Sandsteinfelsen hoch über einer Flussschleife der Schwarzach steht die Kirche St. Georg, umgeben von einer trutzigen Mauer. Kirchenburgen sind in Franken nicht selten, in kriegerischen Zeiten hatte man sich nicht allein auf den lieben Gott verlassen, sondern besser auf dessen Häuser. Mit etwas Glück kann man einen Blick auf den Dreikönigsaltar werfen, der 1519 von Hans Süß von Kulmbach geschaffen wurde. Der vor knapp 20 Jahren erst aufwendig restaurierte Altar steht aus Sicherheitsgründen hinter einer Glasscheibe wohl klimatisiert im hinteren Teil der Kirche, der sogenannten Achahildiskapelle. Hans von Kulmbach war ein Schüler Albrecht Dürers »und wurde von seinem Lehrmeister wegen wol ergriffener Manier sehr geliebt«, wie ein Zeitzeuge berichtet.

Auf dem Marktplatz steht die Skulptur eines Steinmetzes, der einen Stein zur Seite dreht. Die Wendelsteiner Heraldiker interpretieren den Ortsnamen im Wappen durch einen zu wendenden Stein, hat man doch auch in Wendelstein Burgsandstein gebrochen. Vermutlich aber geht der Ortsname auf die Wenden zurück, wie man die Slawen nannte, die hier einst ansässig waren.

Zur Schwarzachklamm

In Röthenbach, das sich »bei St. Wolfgang« nennt, um nicht mit Röthenbach an der Pegnitz oder Röthenbach bei Altdorf verwechselt zu werden, gibt es in der Kirche einen Schlupfaltar. Das Wort gefällt uns, wie alles, was schlupft: Schlupfwespe, Schlupfloch, Unterschlupf, Schlupf-ins-Bett … Wer durch einen Altar schlupfte, hoffte sich damit von Schmerzen oder Schuld zu befreien, Tiefenpsychologen interpretieren dies als Rebirthing, als einen rituell wiederholten Geburtsakt.

Kurz hinter Röthenbach tunneln wir kurz hintereinander die A 73, die ICE-Trasse nach München und die A 9. Ob man auch aus diesen Verkehrstrassen einmal lauschige Fahrradwege machen wird? Schwer vorstellbar. Die Moderne arbeitet mit Dimensionen, die wenig Romantik aufkommen lassen. Mit dem Verlassen des letzten Tunnels haben wir endgültig Nürnberger Land unter unseren Rädern.

Wer seine Fahrt erst hier beginnen möchte und genug Platz in oder an seinem Auto hat, kann sein Fahrrad auf dem Parkplatz der Autobahnraststätte Feucht entladen. Ein kleiner Zubringer führt hinunter zum Kanal. Auch Wanderer können hier starten und einen schönen Spaziergang zum Brückkanal machen.

Der Brückkanal lohnt in zweierlei Hinsicht. Einmal, um über das architektonische Meisterwerk zu staunen, musste doch die tiefe Schlucht der Schwarzach so gekonnt überquert werden, dass das Wasser nicht hinauslief, zum anderen wegen der *Waldschänke* mit ihrem lauschigen Biergarten, an dessen gut gefüllten Tischen der Gerstensaft in der Sonne leuchtet. »Versuchungen soll man nachgeben«, riet Oscar Wilde, »wer weiß, ob sie wiederkommen.« Wir jedoch bleiben standhaft und verzichten auf das gute Bier, stattdessen entscheiden wir uns für einen Rhabarberschmandkuchen und einen Cappuccino, der im Haferl serviert wird. Der Brückkanal, 1841 fertiggestellt, bereitete anfangs Probleme. Als man das Wasser flutete, quoll auf der Südseite Erdreich auf und drohte, die Außenmauern der massiv errichteten Brücke zu sprengen. Die Konsequenz: Man musste die Kanalbrücke wieder abtragen und auf neue Weise errichten, wobei man den Innenraum nun hohl ließ und die Widerlager mit Gewölben versah. Leider kann man nur an seltenen Tagen einen Blick in die geheimen Räume werfen. Wenn Sie von der Gelegenheit hören, unbedingt hinfahren! Man fühlt sich wie in einer gotischen Kathedrale und auch die Akustik ist grandios. Sie suchen nach einem passenden Lied? Summen Sie den Kanon in D-Dur von Johann Pachelbel. Vielleicht wurde der Nürnberger Komponist bei einem Ausflug ins Nürnberger Land zu der wundersamen Melodie inspiriert, es täte uns nicht wundern.

Wer rastet, der rostet, weiter geht's den fränkischen »Canale Grande« entlang. Wir schwingen uns auf unsere Räder, müssen jedoch gleich darauf wieder absteigen, wollen wir nicht das Verkehrsschild vor der Brückenquerung ignorieren. Von oben sehen wir tief in das wildromantische Schwarzachtal hinab. In nur zehn Jahren Bauzeit hat man den Kanal errichtet, unvorstellbar,

Wasserfall an einer Schleuse

wenn man die technischen Möglichkeiten jener Jahre bedenkt. Eine logistische Meisterleistung. Hut ab vor den Planern, galt es doch insbesondere im Bereich des Nürnberger Landes erhebliche Steigungen zu überwinden. Die Steigungen erkennen wir an der zunehmenden Anzahl von Schleusen, wie auf Treppen geht es die Hänge hinauf. Insgesamt waren 100 Schleusen notwendig, nicht alle hat man erhalten und auch nicht alle Schleusenwärterhäuschen. In vielen aber scheint bis heute lustiges Leben zu herrschen, jedenfalls ist uns noch kein unbewohntes Häuschen aufgefallen, auch einen Franken-*Tatort* hat man jüngst in einem gedreht.

Weiter zur Pfeifferhütte und zur Burg Thann

Acht Kilometer radeln wir durch lauschiges Gelände, auf dem Wasser wiegen sich blühende Pflanzen, Enten schnäbeln in den Wellen, gelegentlich hockt ein Angler am Ufer und badet seinen Wurm. Der Ludwigskanal markiert ziemlich genau die südliche Grenze des Nürnberger Landes.

Pfeifferhütte nennt sich die nächste Siedlung. Ihren Namen hat sie einem Mann namens Michael Götz zu verdanken, einem Blinden, dem der zuständige Oberamtmann im Jahr 1714 gestattete, eine Bettelhütte zu errichten. Gebettelt aber hat Michael Götz gar nicht, sondern zu Ton gegriffen und kleine Pfeifen daraus geformt und verkauft. So wurde aus der Bettelhütte die Pfeifferhütte. Selbst in dieser Einsamkeit hat man einen Hafen angelegt, vermutlich, um das Holz aus den Wäldern zu verladen.

Bald darauf kreuzen wir die Eisenbahnlinie Richtung Neumarkt–Regensburg. Der Eisenbahnbau war der Totengräber des Kanals. Mit den Zügen ging der Transport deutlich schneller, bald wurde das Treideln unrentabel, für die 173 Kilometer von Kelheim nach Bamberg brauchte man fast sechs Tage. Zeit ist Geld, das ist die Maxime der Moderne. Auch unsere klassischen Tritt-kräftig-in-die-Pedale-oder-du-bleibst-stehen-Räder gehören wohl bald schon in die Mottenkiste, immer wieder überholen uns E-Bikes, lässig und ohne jede Anstrengung.

An Burgthann und der Burg Thann sollte man auch nicht mit einem E-Bike achtlos vorüberflitzen. Die Burg ist immer noch ansehnlich und hat eine bewegte Geschichte hinter sich, die bis ins 12. Jahrhundert zurückreicht. Nicht sehr gerne und schon

Immer noch im Dienst: die gute »Elfriede«

gar nicht freiwillig hat der gefürchtete Ritter Eppelein auf der Burg genächtigt. Der Räuber war den Nürnbergern entkommen, indem er mit einem Satz über Stadtmauer und Zwinger setzte. Die Geschichte muss wahr sein, der Hufabdruck seines Pferdes ist auf der Burgmauer schließlich noch deutlich zu erkennen. Nürnberg setzte ein Kopfgeld auf den Flüchtenden aus. Als die Neumarkter den Parcoursreiter auf Burg Thann festsetzten und ihn anschließend richteten, vergaßen die Nürnberger ihr Versprechen jedoch schnell wieder. In der Moderne hat man versucht, die aufgebrachten Neumarkter mit Schoko-Goldtalern zu trösten. Das Burgmuseum, das von der Geschichte des Kanals erzählt, lohnt den Besuch. Während der Öffnungszeiten kann man zudem den hohen Bergfried besteigen, wo man eine herrliche Aussicht genießt. Leider ist das Museum oft geschlossen.

Vom höchsten Punkt nach Altdorf

Mit der Schleuse Rübleinshof haben wir die Scheitelhaltung erreicht, den höchstgelegenen Abschnitt des Kanals, von hier aus geht's wieder bergab. Der Schleusenwärter von Rübleinshof hatte von allen Wärtern wohl den schwersten Job. Wie hat er es nur geschafft, in trockenen Sommern seinen Kanal zu wässern, oben auf der Kuppe?

Auf unserer letzten Etappe kommen wir uns vor wie auf einer Himmelsstraße. Weit übers Land kann der Blick schweifen, saftige grüne Matten grüßen, eine Szenerie wie im Voralpenland. In Schwarzenbach lädt die *Gaststätte Zum Ludwigskanal* zur Einkehr. Auf den Wassern des Kanals dümpelt »Elfriede«. An manchen Sommersonntagen setzt sich das alte Kanalschiff in Bewegung, gezogen vom Kaltblüter Florian. Treideln wie in den guten alten Zeiten. Fahren Sie mit! 45 Minuten dauert die Fahrt, bei der man Interessantes über den Alten Kanal erfährt. Als nach dem Ersten Weltkrieg die Pferde knapp waren, musste der Schiffer selber ran. Oder seine Frau.

Nun geht es durch ein markantes Tal, steil wachsen die Wände zu beiden Seiten des Kanals in die Höhe. Der Dörlbacher Einschnitt ist eine weitere ingenieurtechnische Meisterleistung, an der der Nürnberger Unternehmer Späth beteiligt war. Sein dampfbetriebener Schaufelbagger unterstützte die Arbeiter, für die man eine eigene Kaserne angelegt hatte. In Rekordzeit gelang es, die enormen Massen des Schwarzen Juras zu sprengen und abzutragen, nie zuvor hatte man sich im Königreich Bayern für ein Bauprojekt in eine solche Tiefe vorgearbeitet. Für die Arbeiter muss es ein echtes Abenteuer gewesen sein, konnte man doch bei jedem Spatenstich auf ein seltsames Tier stoßen. Das vielleicht merkwürdigste Fossil war der 1,60 Meter lange Kopf eines Fischsaurieres. Das Original ist im Markgräflichen Museum Ansbach zu bestaunen, ein Abguss im Burgthanner Kanalmuseum.

Das Ende des Einschnitts ist zugleich das Ende unserer Kanaltour, die Grenze des Nürnberger Landes ist erreicht. Vor uns liegt die Oberpfalz, nicht weit ist es nach Neumarkt, ebenfalls ein lohnendes Ziel, wenn man kein Raubritter ist. Wer will, kann dem Kanal noch weiter bis nach Kelheim folgen, jetzt schon aber sei verraten, die schönste und besterhaltene Strecke endet in Neumarkt.

1950 war das Ende des Kanals gekommen. Schon Jahrzehnte zuvor hatte man Überlegungen für eine breitere Schifffahrtsstraße angestellt und eine neue Trasse ins Auge gefasst. Allen Bedenken der Naturschützer zum Trotz wurde der Europakanal gebaut, 1992 fertiggestellt. Auch dieser Kanal aber sollte die Erwartungen an den Gütertransport nicht erfüllen. Genau wie bei seinem Vorgänger, dem Ludwigskanal, dominiert mehr und mehr die touristische Nutzung. Kreuzfahrten kann man auf dem alten Kanal nicht unternehmen, Radfahrer aber kommen voll auf ihre Kosten.

Fährt man nach Altdorf, um die S-Bahn zu nehmen, kommt man durch Rasch, eine Ortschaft, die sich hübsch ins grüne Tal kuschelt. Die Michaelskirche von Rasch sollten Sie unbedingt besuchen. Hinter der Kirche steht die sogenannte Schäferkapelle. An diesem Platz haben schon unsere heidnischen Vorfahren ihren Göttern gehuldigt, uralte Runen über den Fenstern zeugen davon, einzigartig in Süddeutschland. Der Rabe mit seinen ausgebreiteten Schwingen steht für Wodan. Sympathisch, dass man die Symbole nach der Christianisierung nicht zerstört hat, Zeichen für die Toleranz in Mittelfranken. Ein Körnchen Wahrheit steckt schließlich in jedem Glauben. (Über die Herkunft der Runen streitet die Wissenschaft noch, was aber gibt es Schöneres als ein Geheimnis, das es noch zu entschlüsseln gilt?)

Bevor wir in Altdorf in die S-Bahn steigen, sollten wir der historischen Nürnberger Universitätsstadt unbedingt einen Besuch

Germanische Runen? Die Schäferkapelle von Rasch

abstatten. Wohl, weil die damals ausschließlich männlichen Studierenden zuweilen Probleme hatten, Androgen- und Alkoholspiegel richtig auszutarieren, haben die klugen Patrizier eine Campus-Uni errichtet. Hier studierten unter anderem das Universalgenie Leibniz und der spätere Haudegen Wallenstein, dem zu Ehren Altdorf regelmäßig historische Festspiele veranstaltet. Sehenswert sind neben dem Stadtbild und den noch erhaltenen Stadttürmen die auch in ihrem äußeren Erscheinungsbild weitgehend erhaltene historische Universität und die Universitätskirche. Und in den Gasthöfen lässt es sich wunderbar tafeln.

Johannes Wilkes

Ausgewählte Adressen und Tipps

Für Wasserratten: Überall entlang des Kanals sieht man an heißen Sommertagen Anwohner schwimmen. Das Wasser soll meist von guter Qualität sein, dennoch sich bitte vergewissern, ob das Baden erlaubt ist. In Altdorf gibt es außerdem ein Freibad (www.freibad-altdorf.de).

Schwarzenbruck

Waldschänke Brückkanal, Am Brückkanal 3, 90537 Feucht-Schwarzenbruck, Tel. 09128/4326, www.brueckkanal.com. Tägl. außer Mo 11–21 Uhr.

Burgthann

Burg Thann mit Heimat- und Kanalmuseum, Burgstr. 1, 90559 Burgthann, Führungen buchbar unter Tel. 09187/41805, www.museum-burgthann.de. Apr. bis Okt. jeden 1. und 3. So im Monat, Nov. bis März jeden 1. So im Monat, jeweils 13.30–17 Uhr.

Schwarzenbach

Treidelschiff Elfriede, www.burgthann.de. An Sommersonntagen ab 13 Uhr.

Gasthaus Zum Ludwigskanal, Dammweg 8, 90559 Burgthann, Tel. 09183/250, www.ludwigskanal.de. Mo 10–14 Uhr, Mi ab 15 Uhr, Do–So ab 10 Uhr, Di Ruhetag.

Altdorf

Hotel-Gasthof Alte Nagelschmiede, Oberer Markt 13, 90518 Altdorf, Tel. 09187/95270, www.alte-nagelschmiede.de. Lieblingslokal des Autors!

Unterwegs auf den Spuren der Hohenzollern 3

Der »ErlebnisRadweg Hohenzollern« von Nürnberg nach Ansbach

Hohenzollern? Das sind doch die in Preußen. – Stimmt! Aber auch weite Teile des heutigen Frankens wurden lange Zeit von den Hohenzollern regiert, und zwar schon lange vor Preußens Herrlichkeit. Der »ErlebnisRadweg Hohenzollern« verbindet wichtige Orte, die von der einstigen Macht des Herrscherhauses zeugen. Die Tour ist auch etwas für technikaffine Geschichtsfans, denn mittels einer App kann man sich vor Ort wichtige Infos auf sein Smartphone scannen und Historie per Augmented Reality lebendig werden lassen. Auch viele praktische Infos liefert die App. Doch keine Angst: Wer darauf verzichten will, findet in diesem Kapitel alles Wesentliche. Und vielleicht noch mehr.

Die App »Erlebnisradweg Hohenzollern«

Sie erhalten allgemeine Informationen über die Hohenzollern, die Route, den aktuellen Standort (GPS-Funktion) und einiges mehr.
Zu elf Highlights am Wege erfährt man aus dem Mund eines Hohenzollernfürsten Näheres, man muss dazu vor Ort angebrachte Codes scannen, dann bewegen sich die Objekte wie von Geisterhand in 3-D-Optik auf dem Bildschirm, durch geschickte Wischbewegungen kann man jedes Objekt von allen Seiten und sogar aus der Vogelperspektive betrachten. Allerdings ist es nicht immer leicht, vor Ort das Schild mit dem Scan zu finden! (Erleichternde Hinweise finden sich in dieser Tourbeschreibung an der jeweiligen Stelle.)

Die Strecke: Nürnberg – Fürth – Langenzenn – Cadolzburg – Roßtal – Heilsbronn – Neuendettelsau – Lichtenau – Ansbach.
Länge: 93 km. Es wird empfohlen, die Tour auf zwei Tagesetappen zu verteilen, Übernachtungsmöglichkeiten siehe »Ausgewählte Adressen und Tipps«.
Markierung: gut ausgeschildert. Logo: *Wappen der Hohenzollern*, vier Felder, weiß und schwarz diagonal angeordnet, mit einem Fahrrad in der Mitte.
Höhenprofil: im mittleren Teil wenige, steilere Anstiege, insgesamt ca. 80 m Höhendifferenz.
Wegbeschaffenheit: sehr gut, meist asphaltiert oder fein geschottert.

Familien: Mit Kindern sollte man besser zwei Übernachtungen einplanen, sonst gut in zwei Tagesetappen zu schaffen.

An-/Rückreise: *ÖPNV:* mit der Bahn bequem nach Nürnberg. Startpunkt an der Burg (Burghof). Zurück von Ansbach mit dem Zug zum Nürnberger Hauptbahnhof (Fahrtzeit S-Bahn 42 Min., mit dem fahrradreservierungspflichtigen IC 24 Min.). *Kfz:* z. B. DB-Parkhaus am Nürnberger Hauptbahnhof.

Varianten: Unterbrechungen der Radtour sind bequem möglich, es gibt mehrere Haltestellen der Bahn, so in Cadolzburg, Roßtal oder Heilsbronn.

E-Bike-Ladestationen: Zentralrad Fürth, Moststr. 25, 90762 Fürth, Tel. 0911/746090, www.zentralrad-fuerth.de (mit Reparaturgeschäft); *ZennOase,* Alte Zennstr. 18, 90579 Langenzenn; *Hotel Fantasie,* Eyber Str. 75, 91522 Ansbach, Tel. 0981/95200.

Von der Kaiserburg in Nürnberg nach Fürth (8 km)

Willkommen auf der Kaiserburg! Den stolzen Namen kennt jeder, dennoch ist er erklärungsbedürftig. Die deutschen Kaiser sind ja Wandersleut' gewesen. Auch wenn Nürnberg ihr bevorzugtes Reiseziel war, die meiste Zeit hing das Schild »Zimmer frei« an den Burgmauern. Einen Teil der Burg aber gab es, der deutlich bewohnter war, zumindest im 13. und 14. Jahrhundert. In ihm herrschte der Burggraf, oft misstrauisch beäugt von den Nürnberger Patriziern, fühlten sie sich doch als die eigentlichen Herren der Stadt. Der Burggraf blickte aus dem Fenster übers Land und breitete sich vor den Stadtmauern aus. Durch geschickte Heiratspolitik und Zukäufe machte er sich weite Teile der Umgebung untertan, gelegentlich auch durch den ein oder anderen Kriegszug. Das Amt des Burgherrn übten seit 1192 die Hohenzollern aus, ein aus dem Schwabenland stammendes Herrschergeschlecht. (Der Name Zollern rührt von der Grafschaft Zollern her mit der Burg Hohenzollern bei Hechingen.) In den fränkischen Hoheitsgebieten entwickelten sich über die Jahre zwei Zentren: die Markgrafschaften Ansbach im Westen und Kulmbach/Bayreuth im Norden. Die Koexistenz mit der Freien Reichsstadt Nürnberg war oft keine friedliche, was nicht zuletzt die heute noch imposante Stadtmauer Nürnbergs demonstriert, die einiges auszuhalten hatte. Als die Burggrafenburg 1420 im

Krieg von Herzog Ludwig VII. von Bayern-Ingolstadt zerstört wurde, bauten sie die Hohenzollern nicht wieder auf, sondern verkauften die Ruine mitsamt dem Burggrafenamt an die Stadt Nürnberg, um auf die nahe Cadolzburg zu ziehen und von dort Unfrieden zu stiften. Kurz zuvor, im Jahr 1415, war Burggraf Friedrich VI. mit der Mark Brandenburg belehnt worden, ein wichtiges Datum, denn damit war der Anfang des Berliner Preußentums gemacht. (Als Franke sollte man also nicht über die Preußen schimpfen, sie sind schließlich eine fränkische Erfindung.)

Aus den genannten Gründen ist es folgerichtig, eine Tour auf den Spuren der fränkischen Hohenzollern auf der Burggrafenburg zu beginnen. Sind Sie von auswärts angereist, ist eine Übernachtung im schönen Nürnberg dringend zu empfehlen, am

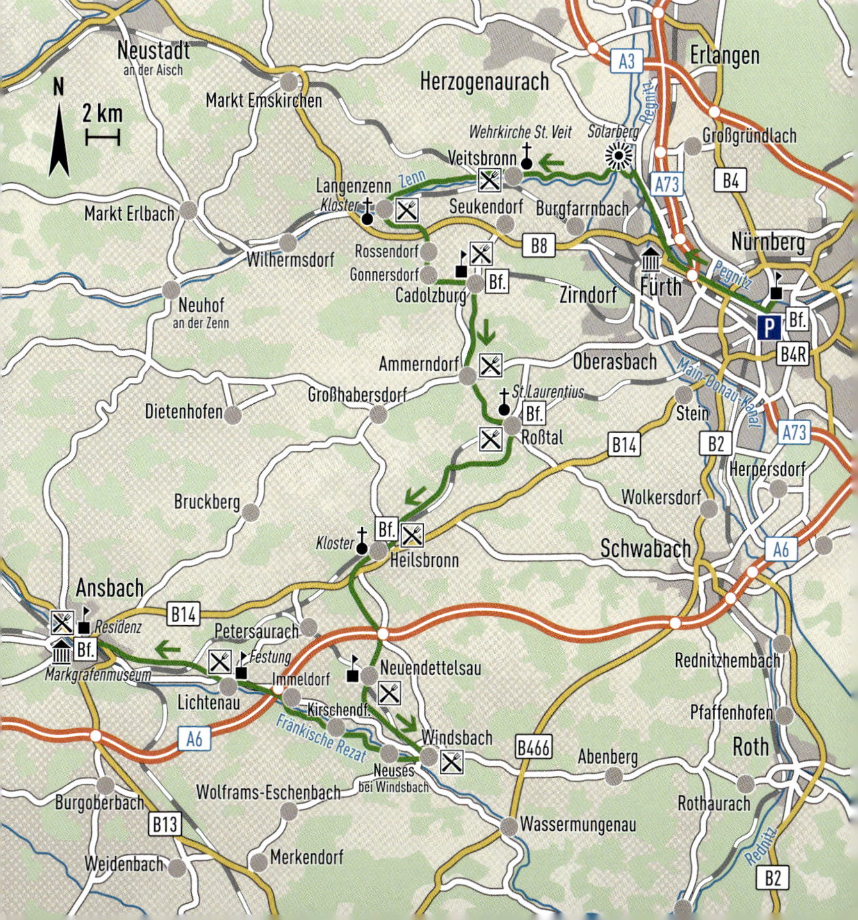

stilechtesten in der Burg selbst. In der alten Kaiserstallung ist die vermutlich schönste Jugendherberge der Welt untergebracht. So kommen Sie auch in den nächtlichen Genuss der fantasievoll angestrahlten Burggemäuer.

Der offizielle Radweg führt westlich an der Stadtmauer entlang Richtung Pegnitz, schöner fast noch aber ist die Variante Burgstraße–St. Sebald–Weinstraße–Weißgerbergasse und durch das Hallertor hinaus der Pegnitz folgend, wo wir wieder auf den offiziellen ErlebnisRadweg treffen. Besonders die Weißgerbergasse mit ihren herausgeputzten Fachwerkhäusern ist ein echtes Schmuckstück.

Weiter geht's in sanften Schleifen durch die Pegnitzau, ein Schöpfrad am Wege demonstriert anschaulich die alte Kunst der Wiesenwässerung. Auf ruhigen, sehr grünen Pfaden verlässt man Nürnberg und sieht immer wieder den Fluss zu seiner Linken plätschern. Die Pegnitz entwickelt auf ihrem Weg nach Fürth ein solches Tempo, dass man ihr sogar eine stehende Welle spendiert hat, auf der sich die Surfer tummeln, wilder noch als auf dem Eisbach im Englischen Garten. Auch ein Flussbad gibt es, wer will, kann jetzt schon ins Wasser springen.

Vom Pegnitz- in den Regnitzgrund in Fürth

Mit viel Grün empfängt uns auch die Stadt Fürth, der Wegweiser führt uns ins nahe Zentrum, wo in der Schwabacher Straße, der Fußgängerzone, das zweite Highlight des Hohenzollernradwegs auf uns wartet, der Dreiherrschaftbrunnen. Jahrhundertelang hatten die Nürnberger Patrizier, der Markgraf von Ansbach und der Bischof von Bamberg Fürth unter sich aufgeteilt, nicht sauber und ordentlich jedoch, wie Tante Bertha eine Torte dritteln würde, sondern kunterbunt und wild durcheinander. Nicht ganz einfach für die Fürther. Andererseits konnten sie die drei Herren gegeneinander ausspielen und günstige Steuern heraushandeln mit der Drohung, sonst ins Nachbarhaus zu ziehen. (Falls Sie die virtuelle Tour machen, hier ein Tipp: Das Schild mit der zu scannenden App befindet sich etwas versteckt an dem benachbarten Bäckereihäuschen, leicht von einer Coca-Cola-Flasche verdeckt. Erfolgreich gescannt, wird der Ansbacher Markgraf sogleich lebendig und beginnt zu erzählen.)

Dreiherrschaftbrunnen: das Kleeblatt, das über Fürth bestimmte

Fürth hat natürlich wesentlich mehr zu bieten als den Dreiherrschaftbrunnen. Beachten sollte man auf alle Fälle das Rathaus, das mit seinem stolzen Geschlechterturm an einen italienischen Palazzo erinnert. In unmittelbarer Nachbarschaft befindet sich das älteste Kaufhaus Bayerns und das erst vor wenigen Jahren errichtete Ludwig-Erhard-Zentrum, das nicht nur an Fürths großen Sohn, sondern auch an die Wirtschaftswunderjahre erinnert. Fürth ist wohl die einzige Stadt, die einen Bundeskanzler und einen amerikanischen Außenminister hervorgebracht hat. Henry Kissinger musste wegen seines jüdischen Glaubens fliehen. Viele andere Juden haben Fürth und seine Geschichte geprägt und durch großzügige Stiftungen dem Gemeinwohl gedient. Ein Besuch im Jüdischen Museum Franken empfiehlt sich. Wer hingegen einen Kriminalroman schreiben will: Im Rathaus befindet sich das Kriminalmuseum, eingerichtet von einem ehemaligen Fürther Kriminalbeamten.

Als Radfahrer aber bleibt uns leider nicht die Zeit für so viele Museumsbesuche (in der Grundig-Stadt Fürth gibt es auch noch das Rundfunk-Museum). Weiter geht es, zurück in den Pegnitzgrund, der bald darauf Regnitzgrund heißt, denn mit der Aufnahme der Rednitz verwandelt sich der Flussname. Nach

360-Grad-Panorama vom Fürther Solarberg

wenigen Kilometern schwenkt der Hohenzollernradweg nach Westen ab und führt uns zum Europakanal, zum Solarberg. Hier ist ein Halt sehr zu empfehlen, verbunden mit der Besteigung des mit Solarzellen bewachsenen Hügels. Von oben hat man nämlich einen grandiosen 360-Grad-Blick und kann im Norden weitere von den fränkischen Hohenzollern regierte Gebiete entdecken, Erlangen zum Beispiel, dessen Aufstieg zur Universitätsstadt Wilhelmine von Bayreuth zu verdanken ist, Lieblingsschwester Friedrichs des Großen. Weil die Studenten in Bayreuth nicht aufhörten, sich mit den dortigen Soldaten zu prügeln, verlegte das Markgrafentum Bayreuth seine Universität nach Erlangen. Als die Hugenottenstadt auf dem Erbweg preußisch wurde, galt es für die Berliner Jungs als schick, ein paar Semester in Franken zu studieren.

Entlang der Zenn nach Langenzenn und weiter nach Cadolzburg (29 km)

Unser neuer Wegbegleiter ist nun das Flüsschen Zenn. Der ihm folgende Radweg führt bis zur Quelle, bis Langenzenn sind unsere Wege identisch. Der *Zenn-Radweg* ist ebenfalls sehr zu empfehlen, aufgrund seiner landschaftlichen Idylle etwas für wahre Zenn-Buddhisten. In Veitsbronn sucht man vergeblich nach einem Hohenzollernwappen zum Scannen, unbedingt beachten aber sollte man die Wehrkirche St. Veit. Ist es Zeit für einen Imbiss, kann die *Metzgerei Popp (»Das Wurstlädla«)* in der Nürnberger Straße 5 sehr empfohlen werden. Ein Leberkäs-Weggla im Schatten der Kirchenburg genossen, und dem Körper wachsen neue Kräfte zu. Einst gab es eine lebhafte Wallfahrt, besonders die Herzogenauracher pilgerten regelmäßig herbei, um eine wundertätige Quelle am Kirchberg aufzusuchen, deren Wasser vor allem Augenleiden heilen sollte. Weiter geht es den Zenngrund entlang, bis wir Langenzenn erreichen.

Das nächste Hohenzollern-Highlight, das Kloster Langenzenn, wartet mit einem der schönsten Kreuzgänge Mittelfrankens auf. Beachtenswert ist auch eine Engelskonsole auf der Südwand des Westflügels aus dem Jahre 1467. Die Klosteranlage wurde 1409 als Augustiner-Chorherrenstift von den Nürnberger Burggrafen Johann III. und Friedrich VI. gegründet. Die beiden Brüder schrieben Geschichte. Johann regierte später von der Kulmbacher Plassenburg den oberen Teil des fränkischen Hohenzollernlandes, dessen Herrschaftssitz schließlich nach Bayreuth verlegt wurde, Friedrich erhielt das untere Land mit Ansbach als Hauptstadt und der Cadolzburg als bevorzugtem Aufenthaltsort. Mehr jedoch hatte Friedrich als erster Markgraf von Brandenburg in Berlin zu tun, wo er die lästigen Raubritter in Schach halten musste. Zugleich war er Erzkämmerer des Heiligen Römischen Reiches Deutscher Nation. Die Hohenzollern konnten es gut mit dem Kaiser und sicherten sich hierdurch Besitz und Privilegien, unter anderem die Stimme bei der Kaiserwahl, wodurch sie zu einem der führenden deutschen Herrschaftshäuser aufstiegen, misstrauisch beäugt von den altangestammten Adelsfamilien wie den bayerischen Wittelsbachern. Auch Friedrichs Bruder Johann wurde zu einem echten Machtpolitiker, indem er die Schwester Kaisers Karl IV. heiratete und auf seinen Schwager großen Einfluss nahm.

Der Zenn zum Abschied fröhlich zuwinkend folgen wir weiter dem *Hohenzollernwappen* und fahren in einem leichten Zickzack gen Süden. Wenn Sie in Rossendorf rechts abbiegen und nicht nach Greimersdorf weiterradeln, kommen Sie, ohne einen Umweg zu machen, nach Gonnersdorf. Der Schwenk lohnt sich wegen der dortigen *GeNuss-Schmiede,* im Hofladen gibt es den wahrscheinlich besten Nussaufstrich der Republik; ist der Laden geschlossen, steht ein Automat in der Alten Schmiede 24/7 zur Verfügung. Wo werden in Deutschland schon noch Haselnüsse angebaut?

Bald gerät eine mächtige Burg in unseren Blick, die Cadolzburg. Die auf einem Bergsporn thronende Burganlage war über Jahrhunderte der bevorzugte Aufenthaltsort der fränkischen Hohenzollern, von denen manche in Personalunion über beide Markgrafschaften herrschten, Ansbach und Kulmbach/Bayreuth. Gelegentlich in den Krieg zu ziehen, gehörte zum Leben eines mittelalterlichen Fürsten dazu, übertrieben aber hat es der gebürtige Ansbacher Markgraf Albrecht II., genannt Alcibiades (1522–1557), ein wahrhaft wilder Geselle. Schon in seiner Jugend neigte er zu Übertreibungen, er soff mit seinen Hofleuten um die Wette, bis fünf von ihnen starben und er ins Koma fiel. Albrecht hatte Glück und erwachte nach vier Tagen wieder. Er hat sich so ziemlich überall herumgetrieben und in wechselnden Koalitionen Deutschland verheert. Schließlich aber schlug man ihn bei der berühmten Schlacht von Sievershausen im Solling und nahm blutige Rache, indem man seine fränkischen Stammlande in Schutt und Asche legte.

Die Cadolzburg gab es schon, bevor sie die Hohenzollern bezogen, diese aber bauten sie zu dem aus, was wir heute sehen. Aufmerksamen Betrachtern entgeht das Hohenzollernwappen in der Mauer nicht. Vor wenigen Jahren erst hat man die Cadolzburg zu einem Museum ausgebaut, auf anschauliche Weise kann man das Burgleben erkunden, kann sich im Stechen üben, im Erschnüffeln von Gewürzen bis hin zu einem Tanz in höfischem Gewand. Auch hübsche Einkehrmöglichkeiten gibt es in Cadolzburg, wer möchte, kann zudem einen der bestgerösteten Kaffees Mittelfrankens gleich beim Röster erwerben (*Espressone,* Am Farrnbach 8).

Über Roßtal und durch den Rangau nach Neuendettelsau (29 km)

Nun geht es in südlicher Richtung weiter durch die flachwellige Keuperlandschaft nach Ammerndorf, wo Braumeisterin Claudia ein ausgezeichnetes Bier braut. »Schmeggd nach Heimat, frängisch, goud!« lautet der Werbespruch – und was soll man sagen?

Stachel im Fleisch der Reichsstadt Nürnberg: die Cadolzburg

»Schmeckt nach Heimat, fränkisch gut!« Hinter Ammerndorf teilt sich unser Radweg, wir können zwischen zwei Varianten wählen, der westlichen über Großhabersdorf, wo sich mit dem *Roten Ross* einer der schönsten Traditionsgasthöfe im fränkischen Hohenzollernland befindet, und der östlichen über Roßtal. Wir entscheiden uns für Roßtal, weil wir uns die Laurentiuskirche nicht entgehen lassen wollen (und weil sie vier Kilometer kürzer ist). Keine Sorge! Vor Heilsbronn werden die beiden Varianten wieder zusammengeführt.

In Roßtal, dem ältesten Ort des Markgrafentums, staunen wir über die Ausmaße der Kirche. Die Wirkung des Gotteshauses St. Laurentius verstärkt sich dadurch, dass sie wie der historische Kern des Ortes auf einem Hügel liegt. Auch der ausgedehnte Wehrfriedhof ist erstaunlich. Langhaus und Turm wurden im 12. und 13. Jahrhundert errichtet, die »schöne Else«, Gemahlin von Friedrich, dem ersten Kurfürsten in Brandenburg, sorgte im 15. Jahrhundert für gotische Zutaten. Dass die Hohenzollern auch in Roßtal das Sagen hatten, erkennt man an zwei Wappen, eines außen, eines im Inneren der Kirche angebracht. Wer genau hinschaut, erkennt noch ein zweites Herrschaftswappen an der Empore des Langhauses. Es ist das Wappen der Wittelsbacher, denn die schöne Else war ein bayerisches Mädchen, Preußen und Bayern friedlich vereint, auch keine Selbstverständlichkeit. Wer wissen will, wie schön die schöne Else gewesen ist: Auf der Südseite des 52 Meter hohen Turmes fällt oberhalb des gotischen Fensters ein Fries auf, der mit Köpfen verziert ist. Von dort lächelt uns das Antlitz der schönen Else an. Die Roßtaler verehren sie nicht nur wegen ihrer Schönheit, sondern auch, weil sie die beim Städtekrieg 1388 zerstörte Kirche wieder hatte herrichten lassen. Die gebürtige Landshuterin ist die Stammmutter aller preußischen Könige und Kaiser, sie besaß einen hellen Verstand und beteiligte sich rege an den Regierungsgeschäften. Als einzige Frau stand sie in Stein gemeißelt auf der Berliner Siegesallee. Ältester Teil von St. Laurentius ist die Krypta, zwischen 1025 und 1042 errichtet, wird sie heute für Meditationsandachten genutzt. Natürlich darf in einer Laurentiuskirche auch der heilige Laurentius nicht fehlen, die Skulptur im Chorraum stammt aus dem 15. Jahrhundert. Lorenz, wie er in Deutschland genannt wird, war ein cooler Typ, würde die Jugend sagen. Als ihn der römische Kaiser auf dem Grill rösten ließ, bemerkte Lorenz nach ei-

Wehrkirche mit prächtigem Gottesacker: St. Laurentius in Roßtal

ner Weile, man könne ihn nun umdrehen, sein Rücken sei schon gut durchgebraten. Laurentius gilt als Schutzheiliger der Köche.

Wir verlassen Roßtal. Durch sattes Grün radeln wir südwärts, am Wegesrand lädt eine lustige Sitzgelegenheit (Bild S. 48) unter einer Kastanie zur Rast. Die Landschaft, die wir durchradeln, trägt den alten Namen Rangau, womit einer der frühmittelalterlichen Gaue Frankens bezeichnet wurde. Später entsprach der Rangau ziemlich genau dem Gebiet der Markgrafschaft Ansbach. Der Bach Rannach gab dem Gau seinen Namen, er fließt weiter nördlich in die Aisch und mit ihr in die Regnitz. Kurz vor Heilsbronn aufgepasst! Erlebnisradler von rechts! Die beiden Varianten des Hohenzollern-ErlebnisRadwegs sind wieder friedlich vereint.

Heilsbronn liegt in einem waldreichen Tal, das einst von den Zisterziensern, den vielleicht fleißigsten Mönchen des Mittelalters, urbar gemacht worden ist. Bischof Otto von Bamberg hatte im Jahr 1132 verkündet, er wolle ein Kloster stiften »zu Gottes Lob und Ehre«. Mutterkloster war die Zisterzienserabtei Ebrach. Rasch entwickelte sich auch Heilsbronn zu einem blühenden Klosterbetrieb. Obwohl die Mönche siebenmal am Tag ihre Stundengebete in der Klosterkirche verrichteten, blieb ihnen noch Zeit,

Warten auf Godot, fränkische Variante

sich um den Wirtschaftsbetrieb zu kümmern, eine Stadt im Kleinen, die sich selbst versorgte. Mit Glück und Geschick erweiterte man den zugehörigen Landbesitz, in seiner Blütezeit gehörten fast 300 Orte zum Kloster. 1578 beendete die Reformation das Klosterleben. Heilsbronn und seine Kirche wurden evangelisch, die meisten Klostergebäude abgerissen. Heute ist die Klosterkirche eine wahre Pilgerstätte für Hohenzollern-Fans, liegen doch in der alten Klosterkirche viele Fürsten mit ihren Familien begraben. (App-Besitzer aufgepasst: Als wir die Route fuhren, fand sich anders als angegeben kein Emblem zum Scannen im Schaukasten vor dem Kircheneingang, wohl aber befindet sich ein zweites im Inneren des Gotteshauses, und zwar beim Epitaph des Ritters Georg von Sack.) In ihren Särgen fanden die Hohenzollern leider nicht ihre letzte Ruhe. Tillys Truppen brachen im Dreißigjährigen Krieg die Särge auf und verteilten die Knochen im Kirchenraum, weshalb sich kein Hohenzollernfürst mehr traute, sich an diesem Ort bestatten zu lassen, und man die Ansbacher Pfarrkirche St. Johannis zur neuen Begräbniskirche auserkor. Die Knochenreste ließen sich nicht mehr zuverlässig zu Originalskeletten zusammenpuzzeln, sodass man beschloss, sie in einen gemeinsamen Sarg zu legen. Die

Reihe der Gräber eröffnete 1297 Burggraf Friedrich III., er wurde in der Chorgruft bestattet, seine Nachfolger in der Gruft unter dem Hauptschiff, Letzter war vor der Plünderung durch Tilly-Truppen im Jahr 1625 Joachim Ernst. Gehen Sie hinunter in die kleine Krypta, hier plätschert es oft leise, denn hier entspringt die heilige Quelle, die Heilsbronn ihren Namen gab, der heilende Brunnen.

Nicht weit ist es jetzt bis Neuendettelsau, Richtung Süden, die A 6 gekreuzt und dann immer geradeaus.

Die Geschichte Neuendettelsaus ist untrennbar mit der Familie von Eyb verbunden, ihr Schloss ist das nächste Highlight des ErlebnisRadwegs. Zwar kann es nur von außen besichtigt werden, da die Adelsfamilie das Anwesen noch bewohnt, dennoch ist es den Abstecher wert. Zudem können Besitzer der App sich zumindest virtuell auf Besichtigungstour begeben. Die Reichsfreiherren von Eyb leisteten den fränkischen Hohenzollern oft nützliche Dienste, besonders hervor tat sich dabei Ritter Ludwig (1417–1502), der als eine Art Steuerberater für die Kurfürsten von Brandenburg fungierte und die Finanzen ordnete. Die von Eybs herrschten jahrhundertelang wie kleine Könige über Neuendettelsau. Sie verpachteten das Land an die Bauern und kassierten den Zehnten dafür, sie sprachen Recht, außer es ging um Mord und Totschlag, sie setzten den Pfarrer ein, den Lehrer …

Den Namen Neuendettelsau verbinden viele mit der dortigen Diakonissenanstalt, die heute den Namen DIAKONEO trägt und der größte Arbeitgeber Westmittelfrankens ist. Dem Gründer des großen Sozialprojekts der evangelischen Kirche sind wir vielleicht schon in seiner Geburtsstadt Fürth begegnet. Wilhelm Löhe steht in Bronze gegossen vor der Michaeliskirche. Einen besonderen Namen hat er sich mit den sogenannten Indianermissionen gemacht. Die Gründung der Ortschaften Frankenmuth, Frankentrost, Frankenlust und Frankenhilf im US-Staat Michigan ist auf sein Wirken zurückzuführen.

Nach Windsbach und an der Rezat entlang nach Lichtenau und Ansbach (27 km)

Auf geht's zum nächsten Hohenzollernort. In südöstlicher Richtung verlassen wir Neuendettelsau und sind nach wenigen grünen Kilometern schon in Windsbach.

Bereits 1292 erwarben die Burggrafen von Nürnberg erste Güter in Windsbach, 1400 vergrößerten sie ihren Besitz erheblich. Bald führte Windsbach den von Silber (heute Weiß) und Schwarz geviertelten Hohenzollernschild im Wappen, und das bis heute, ergänzt noch um die Rezat. Das historische Zentrum Windsbachs beherrscht das Triumvirat aus Stadtturm, Rathaus und Rentamt. Der Stadtturm diente früher als Wachturm des Schlosses, von dem sonst nichts mehr übriggeblieben ist, das so hübsch aufpolierte Rentamt dem Ansbacher Markgrafen als Verwaltungsgebäude. So schön es ist, viele Windsbacher werden es mit Bauchgrimmen betreten haben, war seine wichtigste Funktion doch, die Steuern für den Markgrafen einzutreiben. Wenn man Glück hat, kommt man in Windsbach zu einem besonderen musikalischen Genuss. Der Windsbacher Knabenchor ist einer der renommiertesten Chöre Deutschlands, viele der jungen Sänger wohnen in einem Internat mit angeschlossenem Gymnasium.

Bewundern wir noch die steinerne Brücke aus der Barockzeit. Nun führt uns der Hohenzollern-Radweg west-nordwestwärts entlang der Fränkischen Rezat (es gibt auch eine schwäbische). Neuses, Kirschendorf …, bei Immeldorf queren wir erneut die A 6, dann ist es nicht mehr weit und wir erreichen eine der mächtigsten Verteidigungsanlagen Mittelfrankens, die Festung Lichtenau.

Lichtenau ist dabei, sich prächtig zu putzen, nicht nur die Festung, auch der Ort drumherum erhält ein neues, schickes Outfit. 1246 als »Castrum Lihtenow« erstmals erwähnt und 1406 an die Reichsstadt Nürnberg verkauft, wurde die Festung mehreren Bewährungsproben unterzogen, von denen sie zwei nicht bestand: Nachdem sie 1449 von Markgraf Albrecht Achilles zerstört worden war und man sie gerade wieder hergestellt hatte, kam der nächste Markgraf daher, Albrecht Alcibiades, und legte sie erneut in Schutt und Asche. 1630 konnte sie wieder bewundert werden, im Stil der Spätrenaissance, mit deutlichen Anleihen an die Nürnberger Kaiserburg, wohl, um die dortigen Patrizier zu ärgern. Die Außenanlagen sind zu besichtigen. Durch das innere Tor, dessen Dreiecksgiebel mit Voluten und Muscheln bekrönt ist, betreten Sie den Innenhof der Festung. Als ziemlich einzigartig im deutschsprachigen Raum gilt die steinerne Doppelwendeltreppe in einem der neun Rundtürme. Die Zeiten änderten sich und so auch die Funktion der Festung. Kam es lange darauf an, keinen hereinzulassen, so nun darauf, keinen herauszulassen: Die Festung wurde zum Gefängnis. Es folgte ein Obdachlosenheim, ein Arbeitsdienstlager und die Nutzung als Bayerischer Landesjugendhof. 1983 rückten Bücherbusse an, sie transportierten Unmengen an Akten herbei, heute kann man fast einen Halbmarathon entlang der Regale absolvieren, sage und schreibe 17 Regalkilometer hat das Bayerische Staatsarchiv gefüllt. Sage noch einer, Staatsdienern würde es an Fleiß mangeln!

Wir folgen der Fränkischen Rezat in westlicher Richtung und rollen dem Ziel unserer Reise entgegen, der Metropole der Markgrafschaft, dem heutigen Regierungssitz des Bezirks Mittelfranken, der Stadt Ansbach. Mittelfranken hieß nicht immer Mittelfranken. Als Franken an Bayern fiel und man neue Verwaltungseinheiten schuf, orientierte man sich an dem System Napoleons. In seiner französischen Heimat schuf er Departements, die er nach Flüssen benannte. Den Regierungssitz bestimmte er meist nach seiner geografischen Lage. Innerhalb eines Tages sollte jeder Präfekt jeden Ort seines Departements mit dem Pferd erreichen können. Franken wurde unterteilt in den Obermainkreis, das heutige Oberfranken, den Untermainkreis, das heutige Unterfranken, und den Rezatkreis, das heutige Mittelfranken mit Ansbach als Regierungssitz.

Festung Lichtenau: eindrucksvolle Türme in Nürnberg-Optik

Die Residenz Ansbach

Das letzte Highlight unserer fränkischen Hohenzollernreise ist die Ansbacher Residenz, das Versailles Mittelfrankens. Das Schönste an vielen Schlössern sind oft die Parkanlagen, auch in Ansbach lohnt ein Gang durch das gepflegte Grün. Halb barocker, halb englischer Garten, findet hier jeder etwas nach seinem Geschmack. Wer möchte, kann an einer Stele verweilen, die an das vielleicht merkwürdigste Verbrechen Europas erinnert, den Tod Kaspar Hausers. Bevor der unglückliche junge Mann im Dezember 1833 an dieser Stelle erstochen wurde (manche meinen, von eigener Hand), hatte man schon seine Seele ermordet, indem man ihn über Jahre als Kind in einem unbekannten Verlies versteckt gehalten hatte. War er der legitime Sohn einer bedeutenden Adelsfamilie? Der Thronerbe des Hauses Baden? Ein Stiefsohn Napoleons gar? Die Schrift *Beispiel eines Verbrechens am Seelenleben eines Menschen* von Anselm Feuerbach ist heute noch lesenswert. Der Reformjurist und Mitbegründer des modernen Strafrechts war Präsident am Appellationsgericht in Ansbach und hatte sich nach dem Auffinden Kaspar Hausers in Nürnberg engagiert seiner angenommen. Den Tod seines Schützlings hatte er nicht verhindern können.

Doch nun zum Schloss, zur Residenz der Markgrafen. Trendsetter war der französische Sonnenkönig, jeder Provinzfürst wollte es ihm gleichtun und sich ein Barockschloss in seinen Garten stellen. Die Umbauarbeiten durch Leopoldo Retti, einen Meister des Spätbarocks, veranlasste Markgraf Carl Wilhelm Friedrich; feiern ließ sich der »wilde Markgraf« mit einem riesigen Deckenfresko im zweigeschossigen Festsaal, das vor Allegorien nur so strotzt. »Wilder Markgraf« hieß er wegen seines Faibles für die Jagd, er jagte mit Falken und genauso erfolgreich nach Schürzen, vier Kinder zeugte er mit der Tochter seines Falkners. Das Deckenfresko wurde 1735/36 von Carl Carlone geschaffen, die Stuckaturen von seinem Bruder Diego. Natürlich durfte auch ein Spiegelkabinett nicht fehlen, ein repräsentatives Audienzzimmer, zudem ein Kachelsaal, bei dem die Fliesenleger 2800 Kacheln verlegen mussten, alle in Ansbach gebrannt. Ansbach besaß lange eine renommierte Fayence- und Porzellanmanufaktur, einige der schönsten Stücke können in einer Ausstellung besichtigt werden, genauso wie die Staatsgalerie mit bedeutenden Gemälden des 17. und 18. Jahrhunderts. Nicht das ganze Schloss steht den Besuchern zur Verfügung, in Ansbach wird ja noch regiert. Vielleicht nicht mehr ganz so prachtvoll wie zu Zeiten der Markgrafen, dafür aber demokratisch legitimiert, wofür man dankbar sein muss.

Unsere Reise ist zu Ende. Viel haben wir über die Hohenzollern erfahren. Das Herrschaftshaus existiert noch, die aktuellen Repräsentanten kümmern sich intensiv darum, die nach dem Zweiten Weltkrieg enteigneten Güter und Kunstwerke zurückzubekommen, die Prozessakten würden sich zu einem Turm von der Höhe des Brandenburger Tors aufstapeln lassen. Knackpunkt bei den Streitigkeiten ist, inwieweit die Hohenzollern mit Hitler paktiert haben, denn dann hätten sie bei Restitutionen schlechte Karten. Doch das ist ein weites Feld … Zum Ende der Tour ist eine Übernachtung in Ansbach auf jeden Fall zu empfehlen. Es gibt noch einiges anzuschauen. Wer noch mehr über die fränkischen Hohenzollern wissen möchte, der besuche das Ansbacher Markgrafenmuseum. Auch über das Schicksal Kaspar Hausers erfährt man hier viel.

Johannes Wilkes

Lustwandeln im Schlossgarten der Ansbacher Residenz

Ausgewählte Adressen und Tipps

Nürnberg

DJH Jugendherberge Nürnberg, Burg 2, 90403 Nürnberg, Tel. 0911/2309360, www.jugendherberge.de. Frisch saniert ist sie die zugleich älteste und modernste Jugendherberge Deutschlands. Für Hohenzollernreisende ein Muss!

Auf die Aufzählung der Nürnberger Sehenswürdigkeiten wird verzichtet, erstens aus Platzgründen und zweitens, weil Radfahrer zu Beginn einer längeren Tour vor allem hungrig auf Kilometer sind. Wer sich für das Leben Kaspar Hausers interessiert, das in Ansbach, dem Ziel der Reise, so traurig endete, der besuche in Nürnberg den **Unschlittplatz** gleich hinter der Maxbrücke, dort wurde »das Kind Europas«, dessen trauriges und rätselhaftes Leben bis heute die Menschen beschäftigt, am 26. Mai 1828 als hilfloses Wesen von zwei Schneidern aufgefunden (Gedenktafel).

Fürth

Ludwig-Erhard-Zentrum, Ludwig-Erhard-Str. 6, 90762 Fürth, Tel. 0911/6218080, www.ludwig-erhard-zentrum.de.

Kriminalmuseum, Brandenburger-/Ludwig-Erhard-Str., 90762 Fürth, Tel. 0911/2395870, www.kriminalmuseum-fuerth.de. Gewöhnlich sonntagnachmittags geöffnet.

Jüdisches Museum Franken, Königstr. 89, 90762 Fürth, Tel. 0911/9509880, www.juedisches-museum.org. Mit historischer Mikwe.

Veitsbronn

Metzgerei Popp (»Das Wurstlädla«), Nürnberger Str. 5, 90587 Veitsbronn, Tel. 0911/7530763, www.das-wurstlaedla.de.

Langenzenn

Kloster Langenzenn, Prinzregentenplatz 2, 90579 Langenzenn.

ZennOase, Alte Zennstr. 18, 90579 Langenzenn, www.biergartenoase.de. Biergarten am Ufer der Zenn. Biergarten zur Saison tägl. 11–22 Uhr.

Cadolzburg

Burg Cadolzburg mit Ausstellung, 90556 Cadolzburg, Tel. 09103/7008615 (Kasse), www.burg-cadolzburg.de. Mo geschlossen (auch an Feiertagen). Der Burggarten ist ganzjährig geöffnet. Der *Kiosk »Vesperhäusla«* lädt zu einer Rast ein.

Franken GeNuss, GeNuss-Schmiede, Gonnersdorf 6, 90556 Cadolzburg, Tel. 09103/7142248, www.franken-genuss.com. Weltbester Nussaufstrich und mehr.

Ammerndorf

Restaurant Bar Pension San Marco, Erlenweg 1, 90614 Ammerndorf, Tel. 09127/578001, www.restaurant-pension-sanmarco.de. Italienisch-mediterran. 11–14 und 17–23 Uhr, Mi Ruhetag, bei schönem Wetter an Sonn- und Feiertagen durchgehend.

Roßtal

Gasthof Weißes Lamm, Marktplatz 6, 90574 Roßtal, Tel. 09127/57585. Tägl. geöffnet.

Gasthof Kapellenhof, Fürther Str. 10, 90574 Roßtal, Tel. 09127/57514, www.kapellenhof.com. Di Ruhetag. Günstige Zimmer. 11–14 und 17–22 Uhr, Do Ruhetag.

Apartmenthaus Zum Birnbaum, Felsenstr. 12, 90574 Roßtal, Tel. 0175/5779309, www.apartmenthaus-rosstal.com. Apartments und Ferienwohnungen.

Heilsbronn

Museum Vom Kloster zur Stadt, Hauptstr. 5, 91560 Heilsbronn, Tel. 09872/805113, www.museum-heilsbronn.de. Fr–So 14–16 Uhr (Jan. und Feb. nur So). Im Dachgeschoss des Konventhauses. Mit Dokumentation zur Grablege der Hohenzollern im Münster.

Gasthof Goldner Stern, Ansbacher Str. 3, 91560 Heilsbronn, Tel. 09872/1262, www.goldner-stern-heilsbronn.de. Restaurant Do Ruhetag. Fränkische Küche, gemütliche Zimmer.

Gasthaus Rotes Roß, Zum Mitterfeld 2, 91560 Heilsbronn, Tel. 09872/954295. Fränkisch, gutes Preis-Leistungs-Verhältnis.

Neuendettelsau

DiaLog Hotel/Restaurant, Wilhelm-Löhe-Str. 22–24, 91564 Neuendettelsau, Tel. 09874/82237, www.dialog-hotel.de. Küche mit regionalen Produkten, Sauna.

Novamare – Erlebnisbad, Altendettelsauer Str. 11, 91564 Neuendettelsau, Tel. 09874/502835, www.novamare.de. Spaßbad mit großzügigem Schwimmbecken.

Windsbach

Landgasthof Dorschner, Heinrich-Brandt-Str. 21, 91575 Windsbach, Tel. 09871/276, www.landgasthof-dorschner.de. Uriger Gasthof mit regionaler Küche und gemütlichen Zimmern.

Restaurant Ilios (Zur Sonne), Hauptstr. 19, 91575 Windsbach, Tel. 09871/7051657, www.ilios-windsbach.de. Griechische Genüsse in schönem Fachwerkhaus.

Pizza & Eis Venezia, Hauptstr. 18, 91575 Windsbach, Tel. 09871/706907.

Waldstrandbad – Freibad mit Kiosk, Retzendorf 22, 91575 Windsbach, Tel. 09871/7068172, www.waldstrandbad-windsbach.de.

Lichtenau

Zum Eberhardt, Lindenstr. 8, 91586 Lichtenau, Tel. 09827/240822, www.zum-eberhardt.de. Wirtshaus mit Fleisch und Würsten aus eigener Metzgerei. Do–Sa 17–22 Uhr, So und Fei 10–14 und 17–22 Uhr.

Eiscafé – Pizzeria Antonio, Unterrottmannsdorfer Str. 6, 91586 Lichtenau, Tel. 09827/528, www.eiscafé-pizzeria-antonio.de. Auch Gästezimmer.

Ansbach

Residenz Ansbach mit Gemäldegalerie und Porzellanausstellung, Promenade 27, 91522 Ansbach, Tel. 0981/9538390, www.schloesser.bayern.de. Tägl. außer Mo, im Sommer 9–18 Uhr.

Markgrafenmuseum, Kaspar-Hauser-Platz 1, 91522 Ansbach, Tel. 0981/9775056, www.ansbach.de. 700 Jahre alter Gebäudekomplex mit begehbarer Stadtmauer.

Zahlreiche Einkehr- und Übernachtungsmöglichkeiten, persönlicher Tipp: *Hotel Platengarten,* Promenade 30, 91522 Ansbach, Tel. 0981/971420, www.hotel-platengarten.de. Stilecht für Hohenzollern-Erlebniswegradler, da direkt am Schloss gelegen, Blick in den Hofgarten. Ehemaliges markgräfliches Kavaliers- und Küchenmeisterhaus.

Der Themenradweg »Industriegeschichte« 4

Zeitreise durch die industrielle Entwicklung im Nürnberger Land

Die »Radtour Industriegeschichte« ist (nicht nur) für historisch interessierte Radler ein besonderer Leckerbissen. Entlang der Flussläufe von Pegnitz und Schnaittach führt die abwechslungsreiche Tour durch historische Ortschaften und reizvolle Natur vorbei an traditionellen und modernen Gewerbestandorten. Insgesamt 26 Stationen und sechs Museen entlang der 42 Kilometer langen Route liefern allerlei Wissenswertes zur industriellen Entwicklung im Nürnberger Land.

Die Strecke: Nürnberg (Hammer) – Schwaig – Röthenbach a. d. Pegnitz – Rückersdorf – Lauf – Ottensoos – Neunkirchen am Sand – Speikern – Rollhofen – Schnaittach – Hedersdorf – Simmelsdorf.

Länge: 42 km.

Markierung: Die Route ist durchgängig mit den roten Schildern *Radtour Industriegeschichte* gekennzeichnet.

Höhenprofil: auf der von uns gefahrenen Hauptroute (mit dem Abstecher nach Rückersdorf) lediglich kleinere Anstiege, die südliche Erweiterung über Leinburg führt über den Moritzberg (steil).

Wegbeschaffenheit: gut, durchgehend asphaltierte Radwege, geschotterte Feld- und Forstwege und wenig befahrene Straßen.

Familien: Die Tour ist auch für Familien mit größeren und geschichtlich interessierten Kindern geeignet.

An-/Abreise: *ÖPNV:* Mit der S-Bahn (S 1) ist der Ausgangsort, die historische Industriesiedlung Hammer, vom Hbf. Nürnberg in wenigen Minuten gut über die S-Bahn-Station Nürnberg-Laufamholz erreichbar (der Ottensooser und Heuchlinger Straße bis zur Laufamholzstraße folgen). Von der Haltestelle Simmelsdorf-Hüttenbach (Zielort) erreicht man den Hbf. Nürnberg mit der Regionalbahn über Schnaittach und Lauf in ca. 45 Min. *Kfz:* In unmittelbarer Nähe der historischen Industriesiedlung Hammer gibt es (mit Glück) an der Laufamholzstraße kostenfreie Parkplätze.

Varianten: Die Hauptroute der »Radtour Industriegeschichte« führt von Röthenbach direkt nach Lauf (ohne den Umweg über Rückersdorf, 5 km, einfach der Beschilderung folgen). Die Alternativstrecke über Leinburg (ebenfalls entsprechend beschildert) erweitert die Tour um anstrengende 22 km (führt über den Moritzberg).

Fahrradverleih: keiner in unmittelbarer Nähe.
E-Bike-Ladestationen: Rathaus Röthenbach, Friedrichsplatz 21, 90552 Röthenbach an der Pegnitz; Städtische Werke Lauf, Schlossplatz 1 (an der Kaiserburg), Sichartstr. 49 (Stadtwerke Gebäude), 91207 Lauf an der Pegnitz, www.stwl.lauf.de; Gemeinde Ottensoos, Dorfplatz 3 (vor dem Rathaus), 91242 Ottensoos.

Streifzug durch ein 650-jähriges Fabrikdorf

Wissen Sie, wo der weltweit gefragte Schuko-Stecker erfunden wurde, wer einst der größte Rechenmaschinenhersteller war oder warum der Hopfen stets rechtsherum um die Stange wächst? Nein? Dann nichts wie los. Am Ende der »Radtour Industriegeschichte« werden Sie (nicht nur) diese Fragen locker beantworten können, denn der Themenradweg führt uns auf seinen knapp 42 Kilometern zu historischen und modernen Gewerbestandorten in Nürnberg und im Nürnberger Land. Sie alle können viel erzählen über die wirtschaftliche Entwicklung der Region. Lassen wir uns entführen und tauchen wir ein in die spannende Industriegeschichte entlang der Pegnitz und der Schnaittach.

Ausgangspunkt der »Radtour Industriegeschichte« ist die historische Industriesiedlung Hammer in Nürnberg. Erstmals 1372 urkundlich erwähnt, gehörte das Fabrikgut, im Stadtteil Laufamholz am südlichen Ufer der Pegnitz gelegen, in seinen Hochzeiten zu den bedeutendsten mittelalterlichen Industriesiedlungen in Europa. In der ehemaligen Messingblech- und Messingfolienfabrik wurden bis zum Zweiten Weltkrieg fast ohne Unterbrechung Messingprodukte hergestellt. Bombenangriffe zerstörten die Anlage jedoch weitgehend, ein Wiederaufbau scheiterte, sodass das Werk 1958 stillgelegt wurde. Heute steht die ehemalige Industriesiedlung als industriegeschichtliches Ensemble unter Denkmalschutz. Machen Sie unbedingt einen Streifzug durch die rund 650-jährige Geschichte des Fabrikdorfes, zu dem neben der Schmiede des Messingwerkes und dem Walzwerk unter anderem auch Arbeiterhäuser (einige sind heute wieder bewohnt) und sogar ein eigenes Wirtshaus gehörten.

Durch ein Naturidyll entlang der Pegnitz

Wir verlassen das malerische Industriedenkmal vom Christoph-Carl-Platz aus (seinen klangvollen Namen hat der Platz vom einstigen Hammerwerkbesitzer Christoph Conrad Carl von Forster erhalten) durch das Pegnitztal Ost entlang des Rüblander Ufers und folgen der Beschilderung in Richtung Lauf. Was hatten die Erbauer doch für einen Sinn für Schönheit in der Arbeitswelt – ein Gespür, das heute irgendwie abhandengekommen zu sein scheint. Der geschotterte Fahrradweg führt uns entlang der Pegnitz durch diese besondere Naturidylle mitten in der Stadt. Seit 2018 ist das Pegnitztal Ost Naturschutzgebiet und bietet Lebensraum für eine Vielzahl an gefährdeten Tier- und Pflanzenarten. Schauen Sie also genau hin, was da am Wegesrand blüht

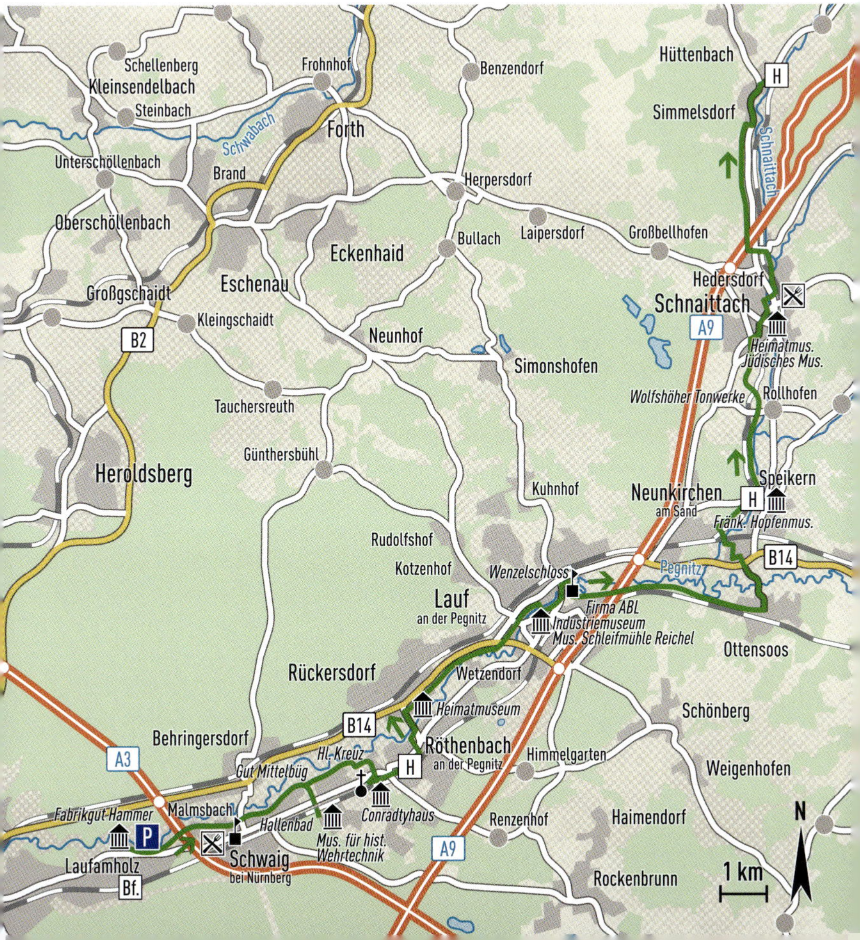

Die historische Industriesiedlung Hammer: Ausgangspunkt unserer Zeitreise

und krabbelt. Vielleicht entdecken Sie ja einen Kurzschwänzigen Bläuling oder einen Großen Wiesenknopf.

Nicht zu übersehen bzw. zu überhören ist dagegen die Autobahn A 3, die sich durch das gleichmäßige Dröhnen der Fahrzeuge schon von Weitem ankündigt. Wir unterqueren die Fernverbindungsstraße und freuen uns, dass uns Schwaig mit äußerst farbenfrohen Häusern willkommen heißt. Direkt geradeaus steuern wir, durch den Ortsteil Malmsbach fahrend, auf den Brunnen zu. Hier finden wir eine erste schöne Rast- und Sitzmöglichkeit. Wir folgen nun der Mustleitenstraße durch ein Wohngebiet und stoßen nach einem kurzen Anstieg schließlich auf die Parkstraße.

Kirschenpflücken am Schwaiger Schloss

Wir halten uns links und sehen bereits zwischen Bäumen hindurch das Schwaiger Schloss. Halten Sie dort Ausschau nach der »Weißen Frau«, die hier einer Sage nach in früheren Zeiten gesehen worden sein soll. Mit etwas höherer Wahrscheinlichkeit erblicken Sie (je nach Jahreszeit) statt dieser Dame ein paar reife Kirschen am Schlossbaum, die anscheinend nur darauf warten, gepflückt zu werden.

Das Schloss (hier finden verschiedene Veranstaltungen, Trauungen und das jährliche Schlossfest statt) und den historischen Ortskern von Schwaig lassen wir hinter uns und überqueren die Behringersdorfer Straße. Dem sich anschließenden Mittelbügweg folgen wir nun vorbei an den Sportanlagen des SV Schwaig und dem Hallen- und Freibad Pegnitzaue. Nach einiger Zeit erreichen wir das Hoftor von Gut Mittelbüg, dem Biobauernhof des Nürnberger Tiergartens. Auf knapp 90 Hektar wird hier das Bio-Futter für Zebras, Nashorn, Ponys, Rinder und Co. angebaut und erzeugt. Bevor wir dort geradeaus den Fahrradweg in Richtung Lauf und Röthenbach nehmen, folgen wir zunächst weiter der Rechtskurve des Mittelbügwegs, der uns geradewegs in die Heinrich-Diehl-Straße und zum ersten Museum unserer »Radtour Industriegeschichte« bringt.

Militärgeschichte, Rechenmaschinen und ein historisches Navi

Das ehrenamtlich geführte Museum für historische Wehrtechnik hat es sich zur Aufgabe gemacht, die militärtechnologischen Entwicklungen des 19. und 20. Jahrhunderts umfangreich zu dokumentieren. Tausende militärhistorische Gegenstände, darunter extrem seltene Exponate, können besichtigt werden.

Ausgestellt werden aber nicht nur Waffen und Munition, die mitunter nebenan auf dem Werksgelände der Firma Diehl hergestellt wurden – das Familienunternehmen war mit seinem Standort Röthenbach während des Zweiten Weltkrieges im Rahmen der staatlichen Rüstungsplanung in die Produktion eingebunden. Von 1952 bis 1978 war Diehl auch ein gefragter und bedeutender, nein »der« bedeutendste Rechenmaschinenhersteller mit den innovativsten Maschinen der damaligen Zeit. Museumschef Werner Sünkel hat etliche der etwa 50 in Mittelfranken von Diehl produzierten Modelle mechanischer Rechenmaschinen und elektronischer Rechner zusammengetragen und seine historischen Schätze, zu denen auch die Konkurrenz von Rheinmetall, Walther oder Archimedes aus Glashütte gehört, im Museum ausgestellt. Wie eine solche Wundermaschine ganz analog eine komplizierte Division durchführt und am Ende das richtige Ergebnis ausspuckt: Hier kann man es live erleben. Außerdem zu sehen: vielfältige Exponate zum Thema Kommunikation und Orientierung, darunter sogar ein russisches Navi aus den 1960er-Jahren.

Heute entwickelt und produziert Diehl, das 1902 als Kunstgießerei in Nürnberg gegründet wurde, auf dem Werksgelände nur einen Steinwurf vom Wehrtechnik-Museum entfernt mit seinem Teilkonzern *Diehl Defence* wieder wehrtechnische Produkte. Mit seinen zukunftsweisenden Produkten und Technologien im Bereich der Metallverarbeitung ist *Diehl Metall Röthenbach* darüber hinaus ein bedeutender Lieferant unter anderem für die Automobilindustrie. In zahlreichen Getrieben von Fahrzeugen weltweit finden sich Komponenten »made in Röthenbach«.

Einmaliger Einblick in das Leben von Arbeiterfamilien

Derart aufgeschlaut radeln wir zurück zum Gut Mittelbüg und legen die knapp zwei Kilometer bis Röthenbach auf geschotterter Piste zurück. Die Arbeiterstadt erreichen wir im Pegnitzgrund. Vorbei an der Kläranlage geht es (immer noch auf dem Mittelbügweg) zunächst halbrechts in die Georg-Beck-Straße und rechts in die Pegnitzstraße, der wir bis zum Friedrichsplatz folgen (diesen überqueren wir an der Ampel). Nicht zu übersehen ist vor uns das schmucke Rathaus aus dem Jahr 1902. Der Bau ist untrennbar verbunden mit der nächsten historischen Station unserer Radtour auf den Spuren der industriellen Entwicklung im Pegnitz- und Schnaittachtal.

Wer weiß, ob das 1311 erstmals urkundlich erwähnte und 1953 zur Stadt erhobene Röthenbach jemals über den Status eines unscheinbaren und verschlafenen Ortes am Rande des Reichswaldes hinausgekommen wäre, wenn es Conrad Conradty nicht gegeben hätte. Der Aufstieg Röthenbachs zur Stadt ist untrennbar mit dem Chemie-Industriellen verbunden. Über all das informiert sehr anschaulich das Stadtmuseum Conradtyhaus, zu dem wir gerade unterwegs sind. Wir umfahren das Röthenbacher Rathaus und dessen Vorplatz, biegen ab in die Sterngasse und stehen schließlich in der Mühlgasse 1 vor einem originalgetreu restaurierten Arbeiterhaus, in dem das Museum untergebracht ist.

Blick ins Wehrtechnik-Museum (oben) und auf das Rathaus von Röthenbach (unten)

Genau genommen befinden wir uns in einem begehbaren Denkmal der Industriegeschichte, denn bis zum Ausbruch des Ersten Weltkrieges ließ Conrad Conradty ab 1882 180 solcher Häuser mit über 700 Wohnungen für die Arbeiter seiner 1881 neu gegründeten Bleistiftfabrik und deren Familien errichten. Das war dringend nötig, denn die Einwohnerzahl Röthenbachs stieg – oder besser: explodierte – von gerade einmal 400 Einwohnern 1880 auf 2100 im Jahr 1900. In den Folgejahren entstanden zudem ein eigenes Betriebskrankenhaus, ein Betsaal für Katholiken, die evangelische Heilig-Kreuz-Kirche, deren im neugotischen Stil gefasste Außenfassade zu den bedeutendsten ihrer Zeit zählt, und eben das Rathaus.

Wie das Leben der Arbeiterfamilien, die aus der Oberpfalz, aus Oberfranken, Niederbayern, aber auch aus Böhmen zugezogen waren, damals ausgesehen hat, kann man unmittelbar nacherleben, sobald man über die Schwelle der Eingangstür des Museums getreten ist. Die Ausstellungsräume beschreiben nicht nur die sozialgeschichtliche und städtebauliche Entwicklung Röthenbachs. Sie erzählen darüber hinaus auch anschaulich und für Laien verständlich von der Familien- und Firmengeschichte Conradtys sowie von der Umstellung der Produktion auf Koh-

Begehbares Denkmal der Industriegeschichte: das Stadtmuseum Conradtyhaus

lestifte für elektrische Bogenlampen und der späteren Erweiterung der Produktpalette. Kurzum: Ein Besuch lohnt sich.

Heimatgefühle in Rückersdorf

Wir verlassen die Conradty-Siedlung, in der heute wieder viele Familien leben, fahren die Schulstraße hinauf und folgen dem Radweg (Am Bahndamm) entlang der Bahngleise in Richtung Lauf. Kurz nach der S-Bahn-Station Röthenbach-Steinberg verlassen wir die eigentliche Hauptroute der »Radtour Industriegeschichte« und fahren eine ihrer Schlaufen, nämlich die über Rückersdorf nach Lauf. Dazu verlassen wir die Fichtestraße (in diese mündet der Radweg) und biegen rechts ein in die Eintrachtstraße, der wir bis zur Hauptstraße (Rückersdorfer Straße) folgen. Diese flugs überquert, geht es weiter durch die Feldgasse in den Alten Kirchenweg. Diesem folgen wir (rechts halten) ein kurzes Stück, bis er wieder auf die Rückersdorfer Straße stößt, die uns weiter über die Kirchgasse und die Pegnitz nach Rückersdorf bringt.

Am Ortseingang lädt uns der Sarner Park mit seiner eindrucksvollen, mehr als 120 Jahre alten Luitpoldeiche zu einer wohlverdienten Verschnaufpause ein. Nachdem wir kurz die Füße hochgelegt haben, folgen wir der Schlossgasse bis zum Rückersdorfer Heimatmuseum. Untergebracht im alten Tucherschloss mit angrenzender großer Scheune und Nebengebäude, bringt es uns vor allem das hiesige Handwerk aus der Zeit vor der Industrialisierung näher. Das kleine Museum beherbergt einen Schatz an alltäglichen Werkzeugen aus dem bäuerlichen, handwerklichen und hauswirtschaftlichen Bereich. Besonders sehenswert: die vollständig eingerichtete Schusterei, die Schreinerwerkstatt, die Schmiede und die kleine Museumsdruckerei.

Jetzt haben wir uns eine kleine Stärkung verdient – und zwar eine ganz besondere. Kennen Sie ihn noch, den Duft von frisch gebackenen und in Handarbeit hergestellten Semmeln (für alle Nichtfranken: gemeint sind Brötchen, Schrippen, Wecken, Rundstücke), Broten und Co.? Die aussterbende Spezies des echten Backhandwerks wird von Klaus Deinzer am Leben gehalten. Im kleinen Rückersdorfer Ladengeschäft *Zum BROT-Sommelier* an der Hauptstraße versorgen wir uns mit dem fränkischen Klassiker, Salzstangen frisch aus der Backstube. Gut gestärkt folgen wir dem Radweg zunächst entlang der Hauptstraße, dann entlang der B 14 in Richtung Lauf, das wir nach 1,5 Kilometern erreichen.

Arbeits- und Lebenswelten aus rund 120 Jahren Industriegeschichte

Wir folgen dem Radweg entlang der Nürnberger Straße bis zur Einmündung rechts in die Luitpoldstraße bzw. in den Schlachthofplatz. Nach ein paar Metern geht es links in die Sichartstraße und wir radeln entlang der Pegnitz zum Industriemuseum Lauf, wo wir unseren nächsten Halt machen. Auf dem rund 3600 Quadratmeter großen Areal erfährt der interessierte Radler hier in 14 denkmalgeschützten Gebäuden und auf großen Freiflächen anschaulich und lebendig alles über die Arbeits- und Lebenswelten aus rund 120 Jahren Industriegeschichte.

Die kleine Zeitreise führt durch die frühindustrielle Phase, die mit einem Eisenhammerwerk mit originaler Ausstattung oder einer immer noch ratternden und rumpelnden Roggenmühle wieder zum Leben erweckt wird, bis in die Phase der Hochindustrie. In einer kompletten und im Originalzustand belassenen Fabrik kann man wie kaum anderswo in die Abläufe eines Industriebetriebs der 1930er- bis 1970er-Jahre eintauchen (Ölgeruch inklusive). Schlanke 23 Tonnen bringt die Dampfmaschine aus dem Jahr 1902 auf die Waage, die bei Vorführungen immer noch regelmäßig dampft und stampft.

Im Bereich »Handwerk und Gewerbe« sind darüber hinaus unter anderem eine Schusterwerkstatt, eine Hut- und Schirmmacherei oder ein historischer Friseursalon ausgestellt. Wussten Sie, dass in Friseurgeschäften noch bis vor wenigen Jahrzehnten strikt nach Männlein und Weiblein getrennt wurde oder noch in den 1960er-Jahren beinahe jeder hierzulande eine Kopfbedeckung trug? Im Industriemuseum Lauf werden Sie auf charmante Weise daran erinnert. Einen Besuch abstatten sollten Sie unbedingt auch dem Museumsgarten, wo es sich herrlich entspannen lässt.

Ihr Brotmesser ist stumpf? Hier wird Ihnen geholfen

Unsere Tour führt uns weiter über einen Steg (direkt am Museum), der die Pegnitz überspannt. Doch wir fahren nicht über

Blick auf die Johannisbrücke und die Reichel'sche Schleif in Lauf

einen x-beliebigen seiner Art, sondern über den Justin-Wunder-Steg. Überrollen Sie ihn würdevoll, denn dem Namensgeber Dr. Justin Wunder haben wir zu verdanken, dass unser Leben bunt(er) geworden ist. Er ist seines Zeichens Entwickler des Verfahrens zur industriellen Herstellung roter Ultramarinfarbe.

Wir folgen den kleinen Berg hinauf der Samstagstraße, die in die Siebenkeesstraße übergeht, vorbei am sehenswerten Barth-Park bis zum Schlossplatz. Das vor uns thronende Wenzelschloss (mehr über diese sehenswerte Burg siehe Tour 18) lassen wir rechts liegen, überqueren auf der Johannisbrücke die Pegnitz und stehen vor der Reichel'schen Schleif. Die alte Schleifmühle (1595 erstmals erwähnt) ist heute ein Museum. Dank der Altstadtfreunde Lauf kann man heute wie damals dasselbe tun: sein Werkzeug schleifen lassen. Wenn also Ihr Brotzeitmesser stumpf sein sollte, hier können Sie es nachschärfen lassen.

Mit geschärften Sinnen (und Brotmessern) fahren wir in die Spitalstraße und folgen dem Radweg (Alter Schulhof, Anna-Diez-Weg, Beschilderung *Parkplatz Pegnitzwiese*) bis zur Pegnitzwiese. Es geht entlang der Pegnitz ein Stück auf dem Radweg und einen kurzen Anstieg hinauf in die Eichenhainstraße. Dieser

Eine der 23 denkmalgeschützten Brücken auf der Bahnlinie durchs Pegnitztal

folgen wir durch ein ruhiges Wohngebiet stadtauswärts in Richtung Ottensoos (an der Abzweigung Eichenhainstraße/Ottensooser Straße Letzterer folgen). Ein unscheinbarer Ort, mögen Sie denken. Doch für unseren Streifzug durch die Industriegeschichte und (mindestens) ganz Europa ist dieses Fleckchen von großer historischer Bedeutung. Wir stehen an der Rückseite des Firmengeländes der ABL GmbH.

Wo der Schuko-Stecker zu Hause ist

Hier und nirgendwo anders ist die Steckdose in der Form, wie wir sie kennen, zu Hause. Der Laufer Unternehmer Albert Büttner erfand mit seiner Firma in den 1920er-Jahren das weltbekannte Schutzkontakt-System (Schuko-Stecker), das uns davor schützt, beim Ein- und Ausstecken einen Stromschlag zu bekommen. An diesem Ort also wurde die alltägliche Nutzung von Elektrizität deutlich sicherer gemacht.

Der Ottensooser Straße folgen wir entlang der Bahnlinie Nürnberg–Ottensoos, bis auch wir nach gut 3,5 Kilometern in

Ottensoos in der Hans-Pirner-Straße ankommen. Wir sind damit in guter Gesellschaft, denn die Bahnlinie war eine der ersten Nahverkehrsstrecken, die um die Jahrhundertwende vorwiegend wohlhabende Nürnberger zur Sommerfrische nach Ottensoos brachte. Wir folgen der Hans-Pirner-Straße ortsauswärts (am Dorfplatz links abbiegen) und nutzen den sich anschließenden Fahrradweg, der uns über die Pegnitz bis zu einem monströsen Kreisverkehr (korrekte amtsdeutsche Bezeichnung: »Höhenfreier Knotenpunkt«) führt.

Zwei parallele Bahnlinien auf 30 Kilometern

Jetzt wird es ein wenig knifflig. Wir folgen der Beschilderung ins Gewerbegebiet Bräunleinsberg und radeln so lange geradeaus, bis die Straße einen Linksbogen macht. Diesen nehmen wir und schließlich stehen wir vor einem bebaumten Kreisel. Wir fahren auf den Radweg, etwas versteckt zwischen zwei Metallzäunen rechts am Ende der Straße, erreichen nach kurzer Zeit eine Holzbrücke und stehen unter einer imposanten Eisenbahnbrücke. Genauer gesagt stehen wir nun genau unter der Bahnlinie »rechts der Pegnitz«, die von Nürnberg über 23 denkmalgeschützte Brücken durchs Pegnitztal bis ins tschechische Eger führt. Nur wenige Meter weiter verläuft parallel ebenfalls eine Bahnlinie. Die eingleisige Schnaittachtalbahn, die auf knapp 10 Kilometern Neunkirchen am Sand mit Simmelsdorf-Hüttenbach verbindet, bleibt von nun an unser treuer Begleiter bis zum Ende dieser Tour.

Das Kuriosum, zwei parallele Bahnlinien auf einer Strecke von 30 Kilometern zu haben, war für die Region insbesondere während der Industrialisierung ein wichtiger Standortfaktor und für die wirtschaftliche Entwicklung günstig. Die Industriebetriebe entlang der Strecken konnten auf diese Weise leicht mit Energiequellen und Rohstoffen auch von weit her versorgt werden.

Hier dreht sich alles um den Hopfen

Wir überqueren zum ersten Mal das Gleis der Schnaittachtalbahn und erreichen den Ortsrand von Neunkirchen am Sand (Haidweg). Doch das Intermezzo ist nur ein kurzes, denn es geht sofort durch den Wald in Richtung Speikern (der Beschilderung folgen). Wir stoßen auf die *Fränkische Eisenstraße,* die neben der bekannten *Goldenen Straße* von Nürnberg nach Prag im Mittelalter und in der Frühen Neuzeit ebenfalls ein sehr wichtiger Verkehrsweg war. Sie verband die Abbaustätten (Eisen) mit den Standorten der Eisenverarbeitung (Hammerwerke). Uns führt sie geradewegs zur Bahnhaltestelle Speikern.

Bevor wir dort links in den Bruckwiesenweg und weiter in Richtung Rollhofen radeln, machen wir zunächst noch einen Abstecher zum Fränkischen Hopfenmuseum. Dazu folgen wir der Kersbacher Straße, bis uns das Hinweisschild direkt zum Museum führt. Im kleinen und liebevoll eingerichteten Museum dreht sich – wie könnte es anders sein – alles um den Hopfen. Es zeigt einmalige Gegenstände rund um den Hopfen – unter anderem die älteste Hopfenpflückmaschine der Welt aus dem Jahr 1906. Sie erfahren außerdem alles über die Entwicklung der Hopfentrocknung, wie dieser weiter zu Bier verarbeitet und schließlich abgefüllt wird. Und Sie erfahren natürlich auch, warum der Hopfen stets rechtsherum um die Stange wächst. Außerdem ermöglicht das kleine Museum, untergebracht in einer alten Scheune, einen Einblick in das Leben früherer Tage.

Wir radeln zurück zur Bahnhaltestelle und folgen dem Bruckwiesenweg, der kurz nach den Sportstätten der Spielvereinigung Neunkirchen-Speikern-Rollhofen zum geschotterten Feldweg wird. Rollhofen erreichen wir nach knapp 1,4 Kilometern auf dem Rollhofener Kirchenweg, dem wir über den Neukirchener Weg bis zur Brückenstraße folgen. Die überqueren wir und fahren entlang des Schnaittacher Wegs durch ein Wohngebiet, vorbei an den Wolfshöher Tonwerken, bis dieser beim Wendehammer und Gleisübergang zum asphaltierten Radweg wird. An blühenden Feldern und Wiesen entlang geht es geradewegs auf Schnaittach zu (Vorsicht beim Überqueren der Staatsstraße).

Dinge und Erinnerungen: ein Ort, zwei Museen

Wir folgen der Erlenstraße bis zur Nürnberger Straße, in die wir rechts abbiegen und dann nach kurzer Zeit den idyllischen Bürgerweiher in der Mitte der Marktgemeinde erreichen. Ein guter Platz für eine Pause, finden Sie nicht auch? Ein Weilchen beobachten wir die Enten und Kanadagänse, die hier brüten und leben (und leider auch ihre Hinterlassenschaften hinterlassen, deshalb: »Obacht«, wohin Sie treten). Dann geht es weiter die Nürnberger Straße bis zum Abzweig in die Birkensteingasse (rechts neben dem Parkplatz vor der örtlichen Filiale der Raiffeisen Spar+Kreditbank) und weiter in die Museumsgasse.

Hier finden Sie, in einem Gebäude (der ehemaligen Synagoge) vereint, das Heimatmuseum Schnaittach und das Jüdische Museum Franken. Um es vorwegzunehmen: Beide sind äußerst sehens- und besuchenswerte Erinnerungsorte. Das Heimatmuseum widmet sich vor allem der Schnaittacher Lebenswelt (Wohnen, Leben, Wirtschaften). Eine Besonderheit ist die umfangreiche Sammlung von Christbaumschmuck, der nicht nur zur Weihnachtszeit bestaunt werden kann. Das Jüdische Museum Franken zeigt die ländliche Lebenswelt und Alltagskultur der heimatlosen jüdischen Menschen, die sich spätestens seit Ende des 15. Jahrhunderts in Schnaittach niedergelassen haben. Die ausgestellten Objekte erzählen eindrucksvoll von der Blütezeit jüdischen Lebens in Schnaittach und den benachbarten jüdischen Gemeinden, von ihrem gewaltsamen Ende im Nationalsozialismus und der Fremdnutzung nach 1938.

Unser treuer Begleiter: die eingleisige Schnaittachtalbahn

Besuchenswerter Erinnerungsort: das Jüdische Museum Franken in Schnaittach

Durch kleine und große Brücken hindurch ans Ziel

Nach unserem Exkurs fahren wir zurück auf die Nürnberger Straße und folgen ihr (wird zur Festungsstraße) bis zur Staatsstraße. Wir biegen vor dieser links in den kleinen Schotterweg ein und fahren an der Schnaittach entlang nach Hedersdorf. Bei der Unterquerung der Staatsstraße sind Ihr Mut, Ihre akrobatischen Fähigkeiten und Ihre Größe gefragt. 1,60 Meter hoch dürfen Sie und Ihr Drahtesel sein, um die kleine Unterführung unbeschadet durchfahren zu können. Also entweder »Augen zu und durch« oder doch besser absteigen und schieben.

In Hedersdorf geht es über eine kleine Holzbrücke vorbei an einer Kleingartenanlage (links) und der ehemaligen Lohmühle (rechts). Der Fahrradweg geht schließlich über in den Kirchenweg, dessen Verlauf wir bis zur Brückenstraße folgen. Wir überqueren an der Bahnhaltestelle Hedersdorf ein weiteres Mal die Schnaittachtalbahn und fahren auf dem asphaltierten Radweg unserem Zielort Simmelsdorf entgegen. Auf den knapp drei Kilometern dorthin durchfahren wir die Talbrücke Schnaittach der A 9. Das imposante 1288 Meter lange Bauwerk, das in einer Höhe von maximal 30 Metern über uns verläuft, ist die zweitlängste Brücke Bayerns.

In Simmelsdorf angekommen, folgen wir der Nürnberger Straße (der Radweg endet kurz nach dem Ortseingang) und biegen rechts in die Bahnhofstraße ein. Dort erreichen wir schließlich das Ziel unserer Zeitreise durch die industrielle Entwicklung im Nürnberger Land. Die Haltestation Simmelsdorf-Hüttenbach ist zugleich Endhaltestelle der Schnaittachtalbahn. In welchen Zug Sie nach den gut 42 Kilometern auf dem Rad nun erschöpft, aber voller neuer Eindrücke einsteigen, bleibt also ganz Ihnen überlassen. Alle führen über Neunkirchen am Sand und Lauf zurück nach Nürnberg.

Michael Kniess

Ausgewählte Adressen und Tipps

Nürnberg

Fabrikgut Hammer, Beim Hammerwerk 19/Christoph-Carl-Platz 19, 90482 Nürnberg, museen-in-bayern.

Schwaig

Gasthof Roter Löwe, Wieseneckstr. 1, 90571 Schwaig bei Nürnberg, Tel. 0911/505998. Mo ab 15 Uhr, sonst 11.30–20.30 Uhr, Do Ruhetag. Fränkisches, gutbürgerliches Essen (Schnitzel bis Stadtwurst mit Musik).

Taverna Elia, Behringersdorfer Str. 21, 90571 Schwaig bei Nürnberg, Tel. 0911/500200, www.elia-schwaig.de. 17–23 Uhr, So auch 11.30–14 Uhr, Mi Ruhetag. Gute griechische Küche.

Hallen- und Freibad »Pegnitzaue«, Mittelbügweg 15, 90571 Schwaig bei Nürnberg, Tel. 0911/505793, www.schwaig.de. Di–Fr 8–20.30 Uhr, Sa/So 9–17 Uhr.

Röthenbach

Museum für historische Wehrtechnik, Heinrich-Diehl-Str. 9, 90552 Röthenbach an der Pegnitz, Tel. 09158/928851, www.wehrtechnikmuseum.de. Geöffnet an jedem ersten Sa im Monat 14–17 Uhr. In der Regel ist der Besuch nach rechtzeitiger vorheriger Rücksprache und Abstimmung auch an anderen Tagen möglich.

Stadtmuseum Conradtyhaus, Mühlgasse 1, 90552 Röthenbach an der Pegnitz, Tel. 0911/9575121, www.stadtmuseum-conradtyhaus.de. So und Fei 10–16 Uhr. Andere Termine nach Vereinbarung.

Rückersdorf

Heimatmuseum Rückersdorf, Schlossgasse 1, 90607 Rückersdorf, Tel. 0911/570540. Führungen nach telefonischer Vereinbarung.

Zum BROT-Sommelier, Hauptstr. 61, 90607 Rückersdorf, Tel. 09155/336, www.brotsommelier-deinzer.de. Di–Fr 6.45–14 Uhr, Sa 6.45–13 Uhr.

Lauf

Industriemuseum Lauf, Sichartstr. 5–25, 91207 Lauf an der Pegnitz, Tel. 09123/1844060, www.industriemuseum-lauf.de. Mi–So 11–17 Uhr. Führungen sind ganzjährig auch außerhalb der regulären Öffnungszeiten möglich.

Museum Schleifmühle Reichel, Höllgasse 20, 91207 Lauf an der Pegnitz, Tel. 09123/5423. Besichtigungen Apr. bis Okt. jeden 1. Sa im Monat 10–13 Uhr und jeden 3. Sa im Monat 14–16 Uhr.

Ottensoos

Rotes Haus, Dorfplatz 10, 91242 Ottensoos, Tel. 09123/9980123, www.roteshaus-ottensoos.com. Do–So 9–18 Uhr. Café, Laden und vieles mehr unter einem Dach.

Original Fränkische Holzofenbäckerei GmbH, Bräunleinsberg 27, 91242 Ottensoos (Gewerbegebiet Bräunleinsberg), Tel. 09123/81041, www.holzofenbrot-franken.de. Mo–Fr 8–13 Uhr. Frisches Holzofenbrot zum Mitnehmen.

Osteria da Peppe, Bahnhofstr. 6, 91242 Ottensoos, Tel. 09123/13141, www.osteria-da-peppe.de. 11.30–14.30 (außer Sa.) und 17.30–23 Uhr, Mi Ruhetag. Gute italienische Küche, Pizza, Pasta, Fleisch- und Fischgerichte.

Speikern

Fränkisches Hopfenmuseum, Kersbacher Str. 18, 91233 Neunkirchen a. Sand, Tel. 09123/75640, www.heimat-geschichtsverein.de. Mai bis Okt. So und Fei 13–16.30 Uhr.

Schnaittach

Jüdisches Museum Franken und Heimatmuseum Schnaittach, Museumsgasse 12–16, 91220 Schnaittach, Tel. 09153/7434, www.juedisches-museum.org. Sa/So 12–17 Uhr.

Pizzeria La Rustica, Mühlgasse 10, 91220 Schnaittach, Tel. 09153/970848, www.larustica-schnaittach.de. Mo und Mi–Sa 17–22 Uhr, So und Fei 11.30–22 Uhr. Leckere italienische Gerichte und Holzofenpizza.

5 Gemüse, Kirschblüte und Poesie

Durchs Knoblauchsland nach Kalchreuth

Eine Tour für alle, die etwas für den heimischen Obst- und Gemüseanbau übrighaben, gerne auf literarischen Irrwegen wandeln und die Ruhe des Waldes lieben. Familien mit Kindern kommen dank besuchenswerter Spielplätze genauso auf ihre Kosten wie Freunde des gepflegten Kriminalfalles. Auf dieser Tour können Sie drei Welten radelnd erleben: Aus dem trubeligen Umfeld des Albrecht Dürer Airport Nürnberg kommend, geht es durch die Weiten des ländlichen Gemüseanbaugebiets Knoblauchsland und den grünen und ruhigen Sebalder Reichswald bis nach Kalchreuth, dem Kirschendorf im Erlanger Oberland.

Die Strecke: Albrecht Dürer Airport Nürnberg – Kraftshof – Neunhof – Kalchreuth.

Länge: 13 km.

Markierung: keine ausgeschilderte Tour, bitte den Straßenschildern und den Hinweisen im Text folgen.

Höhenprofil: nahezu eben, am Ende der Tour kurz vor Kalchreuth ein steiler Anstieg über knapp 2 km.

Wegbeschaffenheit: ausgezeichnet, durchgehend asphaltierte Radwege und wenig befahrene Straßen.

Familien: Auch für Familien mit Kindern ist die Tour gut geeignet. Der Schlussanstieg muss evtl. (gemeinsam) geschoben werden.

An-/Abreise: *ÖPNV:* Mit der U-Bahn (U 2) ist der Albrecht Dürer Airport Nürnberg (Ausgangsort) vom Hbf. in wenigen Minuten erreichbar. Von Kalchreuth (Zielort) mit der Regionalbahn Richtung Nürnberg bis zur Haltestelle Nürnberg Nordost. Von dort weiter mit der U-Bahn (U 2) zum Hbf. Nürnberg oder zurück zum Albrecht Dürer Airport Nürnberg. *Kfz:* Der Albrecht Dürer Airport Nürnberg ist schnell und bequem über die Autobahn A 3 (Frankfurt–Nürnberg) zu erreichen. Am Flughafen stehen zahlreiche kostenpflichtige Parkplätze zur Verfügung (am besten die Kurzzeit-Parkfläche P5 nutzen).

Fahrradverleih: keiner in unmittelbarer Nähe.

E-Bike-Ladestationen: keine in unmittelbarer Nähe.

Wo Tomaten, Spargel, Zwiebeln und Co. zu Hause sind

Dort wo Menschen bepackt mit schweren Koffern in aller Herren Länder aufbrechen, beginnt auch unsere kleine Fahrradreise. Aber keine Angst, wir brauchen dazu kein schweres Gepäck und müssen auch nicht abheben. In andere Welten führt uns die kleine Tour dennoch. Unser Startpunkt, der U-Bahnhof Flughafen, ist ein echtes Unikat, den es so kein zweites Mal in Deutschland gibt. Tatsache: Seitdem der Flughafen Tempelhof in Berlin geschlossen ist, gibt es nur noch in Nürnberg einen Flughafen mit direktem U-Bahn-Anschluss.

Mit stolz geschwellter (mittel-)fränkischer Brust folgen wir der Flughafenstraße vorbei an den zahlreichen Parkplätzen und abgestellten Flugzeugen in Richtung Tower. Flugs passieren wir

Startpunkt der Tour ist der U-Bahnhof Flughafen an Nürnbergs Tor zur Welt.

die Schranke, die für uns Radler kein Hindernis darstellt, und sind in einer anderen Welt. Der Trubel des Flughafens liegt sofort weit hinter uns. Vor uns erstrecken sich die schier unendlichen Weiten des Knoblauchslandes und der Besucherhügel, von dem aus sich Start- und Landevorgänge nach bzw. von Westen hervorragend beobachten lassen. Der kleine Aufstieg lohnt sich. Wo sonst hat man schließlich noch die Möglichkeit, Flugzeuge aus nächster Nähe beim Starten und Landen beobachten zu können? Versuchen Sie das einmal in München, Berlin oder Düsseldorf.

Während wir noch sinnieren, wohin die Maschine fliegen mag, die mit lautem Dröhnen in den Himmel steigt, welche Sorgen, Träume und Hoffnungen die Menschen an Bord wohl haben, ist unser Ziel klar: Kraftshof. Wir folgen der Irrhainstraße, die zunächst parallel zur Start- und Landebahn verläuft, diese dann an deren Kopf quert. Noch ein letzter Blick auf die Lichter der Flughafenbefeuerung, dann ist der Airport schnell aus den Augen und aus dem Sinn. Denn plötzlich wird es nass. Ein ungläubiger Blick in den strahlend blauen Himmel. Keine Wolke ist zu sehen. Hat sich da am Ende etwa ein Flugzeug kurz vor der Landung noch ein wenig erleichtert? Keine Sorge, Sie fahren mitten durch eines der größten Gemüseanbaugebiete in Deutschland.

Bereits im Mittelalter wurde hier, in der Mitte des Städtedreiecks Nürnberg–Fürth–Erlangen, Gemüseanbau betrieben. Dreimal dürfen Sie raten, was damals besonders weit verbreitet war. Zwiebeln? Kraut? Erbsen? Alles richtig. Aber vor allem natürlich auch der namensgebende Knoblauch. Heute lässt sich die Reihe beinahe endlos fortsetzen: Kartoffeln, Kohl, Sellerie, Kohlrabi, Lauch, Radieschen, Rettich, Spargel, Zwiebeln, Karotten, Zucchini, Gurken, viele Salatsorten, aber auch Erdbeeren, Tomaten und sogar Ingwer werden im Freiland und in den typischen Gewächshäusern angebaut. Damit Salat, Kartoffeln und Co. auf den Feldern auch ordentlich wachsen, muss natürlich reichlich bewässert werden. Und wer auf einer Straße radelt, die mitten durch die Felder führt, braucht sich über kühles Nass nicht zu wundern …

Eine literarische Gedenkstätte mit Irrwegen

Gut erfrischt erreichen wir die ersten (Gewächs-)Häuser von Kraftshof. Am Ende der Irrhainstraße haben Sie die Wahl. Sollten Sie mit Kindern unterwegs sein, dann unbedingt nach rechts in die Schiestlstraße in Richtung Golf Club abbiegen. Der radelnde Nachwuchs wird sich über eine kleine Pause auf dem Spielplatz Schiestlstraße sicherlich freuen. Ein wirklich toller Ort für kleine und auch große Kinder. Verschiedene Klettermöglichkeiten, Seilbahn, Rutsche, eine große Wiese zum Toben, junges und junggebliebenes Herz, was willst du mehr?

Unsere Tour führt uns dann weiter in die andere Richtung. Wir folgen der Schiestlstraße bis zum Friedhof, lassen diesen rechts liegen und machen einen lohnenswerten Abstecher rechts in die Lachfelderstraße entlang der Friedhofsmauer. Aus der Straße wird nach wenigen Metern ein Schotterweg, wir biegen an der ersten Kreuzung links ab und vor uns liegt, ein wenig versteckt, das Eingangstor zum Irrhain, einem ursprünglich irrgartenähnlichen Wald.

Doch keine Sorge, sich heute im Irrhain zu verirren wäre Irrsinn, der Infotafel sei Dank. Wo Sie sich hier befinden? Am Versammlungsort des Pegnesischen Blumenordens, der 1644 in

Nürnberg gegründeten und ältesten noch bestehenden Gesellschaft zur Pflege von Sprache und Dichtung. 1676 entstand in dem ursprünglich verwilderten Eichenwäldchen – als Symbol für die Verworrenheit der Welt – ein labyrinthischer Irrgarten, den Dichter fortan zum Meditieren aufsuchten. Seinen Gedanken nachhängen kann man an diesem wunderbar verwunschenen Ort auch heute noch ganz vorzüglich.

Wir verlassen die literarische Gedenkstätte mit Irrwegen, fahren zurück zum Kraftshofer Friedhof und folgen der Schiestlstraße weiter Richtung Ortsmitte, vorbei an St. Georg, einer stolzen und malerischen Kirchenburg. Kleine Stärkung gefällig? Gegenüber der Kirche gibt es in der *Alten Post* Drei im Weggla oder Schnitzel mit Pommes (ja, Sie lesen richtig) in der Box auf die Hand. Ohnehin brauchen Sie im Knoblauchsland eines nicht: Angst haben, zu verhungern. Wen der kleine Hunger packt, findet in beinahe jedem der 21 Orte einen Automaten, der 24 Stunden am Tag Erdbeeren, Tomaten, Eier, fränkische Wurstwaren, Käse, Milch und noch vieles mehr ausspuckt. Besonders erfreulich: In Kraftshof denkt der Automat der *Landmetzgerei Fleischmann* auch an die kleinen Radler. Einfach »B33« (beliebtes Fruchtsaftgetränk mit sonnigem Gemüt im Standbodenbeutel) und »B37« (»Das Frühstückchen morgens halb zehn in Deutschland«) wählen und die Kinder sind gestärkt für den weiteren Ausflug.

Mord und Totschlag im Knoblauchsland

Wir folgen der Kraftshofer Hauptstraße in Richtung Neunhof. Wie viele Leute wohl schon an jener kleinen Parkanlage mit ihren Steinkreuzen und der beeindruckenden Steinsäule an der Oberen Dorfstraße am südlichen Ortsrand vorbeigefahren sind, ohne zu wissen, an welch bedeutsamer Stätte sie sich hier befinden? Das soll uns nicht passieren. Deshalb halten wir kurz an, denn bei der fast dreieinhalb Meter hohen Martersäule mit ihrem eindrucksvollen »Steinkreuznest« handelt es sich nicht nur um eines der schönsten Flurdenkmäler in Franken, sondern auch um das älteste in der Gegend rund um Nürnberg.

Um 1435 musste die »Neunhofer Marter« vom Täter als Sühnemal für einen begangenen Totschlag gesetzt werden. Das geht

Der Irrhain: eine literarische Gedenkstätte mit Irrwegen

aus einem Gerichtsbuch aus den Jahren 1433 bis 1436 hervor. In der frühen Neuzeit war es nun einmal gängige Praxis, als Totschläger auf diese Weise im kirchlichen Sinne Buße zu tun und Abbitte bei den Hinterbliebenen zu leisten. Im Volksmund heißt die Gruppe übrigens »Die dreißig Pfarrherren«. Der Sage nach sollen an der Stelle während des Bauernkrieges 30 katholische Pfarrherren von den Bauern hingerichtet worden sein. Andere vermuten hier ein Soldatengrab aus dem Dreißigjährigen Krieg.

Durch den Sebalder Reichswald

Reichlich bepackt mit Wissen folgen wir der Oberen Dorfstraße zum Ortsausgang von Neunhof. Wir lassen Nürnberg hinter uns. Vor uns liegt ein wunderbarer Fuß- und Radweg durch den Sebalder Reichswald, den nördlich der Pegnitz gelegenen Teil des Nürnberger Reichswaldes, der uns bis an unseren Zielort Kalchreuth führt. Sie tun gut daran, die befestigten Wege des »Steckerlaswaldes« nicht zu verlassen, denn in einem großen Teil des Waldes herrscht aufgrund seiner historischen Nutzung Lebensgefahr. »Obacht«: Im Boden lauert funktionsfähige Sprengmunition, die

Eines der schönsten Flurdenkmäler Frankens steht am Ortseingang von Neunhof.

hier zu Übungszwecken vor und während des Zweiten Weltkrieges verschossen wurde. Hinweisschilder machen zwar deutlich darauf aufmerksam. Dennoch sind immer wieder lebensmüde Pilzsammler, Beerenpflücker und Hundebesitzer uneinsichtig und kommen vom Weg ab.

Wir bleiben natürlich auf unserem (Fahrrad-)Weg und freuen uns über den Anblick von Bambi und seinen Freunden. Kurz hinter der Grenze zum Landkreis Erlangen-Höchstadt befindet sich das kostenfrei und jederzeit zugängliche Damwild Freigehege Neunhof – ein wunderbarer Ort für eine kleine Pause. Hier können die Kleinsten mit Rehen Nase an Nase stehen oder sich von der Beobachtungsplattform aus selbst ein Bild machen, was Dam- von Reh- und Reh- von Rotwild unterscheidet. Kleiner Tipp: Ein intensiver Blick auf Geweih und Fell ist hilfreich. Nur Füttern ist nicht gerne gesehen. Aber unsere Brotzeit können wir selbst gut brauchen, denn vor uns liegt die schweißtreibendste Herausforderung dieser Tour.

Bis Kalchreuth geht es nun knapp zwei Kilometer »naufwärts«. Wer sein Fahrrad liebt, der schiebt – dieser Spruch hat hier womöglich nicht nur für die kleinen Mitradler seine Berechtigung. Hat man den größten Teil des Anstieges hinter sich, wartet auf alle Bergerklimmer eine Belohnung. Wer die gelbe Fahne im Wind wehen sieht, hat es fast geschafft und kann die Bratwürste vielleicht schon riechen. Am Waldrand, abseits der Straße ein kühles Bier oder eine erfrischende Limo auf dem Felsenkeller Kalchreuth genießen – herrlich. Ein kleines Stück müssen wir danach aber trotzdem noch strampeln, bis wir schließlich Kalchreuth erreichen.

Hier dreht sich alles um die Kirsche

In der Gemeinde im Erlanger Oberland dreht sich (fast) alles um die Kirsche. Mehr als 5000 Bäume mit den wohlschmeckenden roten Früchtchen warten hier jedes Jahr ab Mitte Juni darauf, abgeerntet zu werden. Ein Besuch in dieser Zeit lohnt sich ganz besonders, denn dann können Sie Ochsenherz, Froschmaul oder Hedelfinger direkt vom Baum pflücken und probieren. Übertreiben sollte man es allerdings nicht, denn zu viel Kirschen im Bauch sorgen womöglich nicht nur für Schmerzen im selbigen,

In den Kalchreuther Kirschgärten genießen wir die Aussicht und natürlich Prunus avium.

sondern auch für reichlich Unmut bei den Besitzern. Wir kaufen uns deshalb lieber ein Schälchen für daheim und tragen so aktiv zum Erhalt der traditionell bewirtschafteten Kirsch-Streuobstbestände der Kalchreuther Höhe bei, die Teil des größten und ältesten Süßkirschen-Anbaugebiets in Europa sind.

Wer mehr über *Prunus avium* und ihren Anbau erfahren möchte, sollte unbedingt sein Fahrrad auf dem Dorfplatz parken (folgen Sie dazu einfach der Fürther Straße geradewegs durch den Kreisverkehr, zweite Ausfahrt, und biegen Sie danach links ab in die Hallerstraße). Dort beginnt der Naturerlebnispfad Kirschgärten, ein ca. drei Kilometer langer Rundweg, der viel Interessantes und Wissenswertes rund um die Kirsche bietet. Dank Mitmachstationen wird der Spaziergang durch die Kalchreuther Kirschgärten auch für Kinder zum Erlebnis. Am Dorfplatz befindet sich außerdem die sehenswerte St.-Andreas-Kirche. Ihr Hauptaltar stammt aus der Werkstatt Wohlgemuts (Lehrherr von Albrecht Dürer), über dem Chorgestühl thronen Tonapostel aus dem ausgehenden 14. Jahrhundert.

Egal ob Sie sich für den kleinen Abstecher in die Welt der Kirschen und Kirchen entscheiden oder nicht, wer die Tour mit Kindern macht, findet für diese in jedem Fall auf dem Spielplatz an der Erlanger Straße einen krönenden Abschluss (den Kreisverkehr von Neunhof kommend an der dritten Ausfahrt verlassen). Hier kann am rotierenden Kletterturm, Drehkarussell, Holzturm mit Balancierseil, Kletterrampe und Rutsche noch mal ausgiebig getobt werden, falls die Kraft dafür reicht. Oder Sie machen einfach ein leckeres Picknick und genießen die Aussicht, bevor es zum Bahnhof, dem Ziel unserer Tour, geht (einfach der Beschilderung im Ort folgen).

Dort angekommen, können Sie natürlich einfach in den Zug steigen. Oder Sie werfen noch einen Blick ins Programm des Kulturbahnhofs, der sich im 1908 gebauten und unter Denkmalschutz stehenden Stationsgebäude befindet. Der Verein »Kulturbahnhof Kalchreuth«, kurz »kubaka«, hat das Gebäude liebevoll restauriert und nutzt es für kulturelle Veranstaltungen wie Ausstellungen, Filmabende oder Feste. Vielleicht ein weiterer Grund noch mal wiederzukommen ins mittelfränkische Kirschendorf.

Michael Kniess

Ausgewählte Adressen und Tipps

Nürnberg

- Albrecht Dürer Airport Nürnberg, Flughafenstr. 100, 90411 Nürnberg, www.airport-nuernberg.de.

Kraftshof

- Irrhain, Lachfelderstr., 90427 Nürnberg, www.blumenorden.de/der-irrhain/.
- *Alte Post*, Kraftshofer Hauptstr. 164, 90427 Nürnberg, Tel. 0911/305863, www.altepost.net. Warme Küche von 11.30–21 Uhr, Mi und Do Ruhetag. Traditionelles fränkisches Essen (»To go«: Drei im Weggla oder Schnitzel mit Pommes in der Box).
- *Landmetzgerei Fleischmann*, Kraftshofer Hauptstr. 198, 90427 Nürnberg, Tel. 0911/303182, www.landmetzgerei-fleischmann.de. Fränkische Bauernwurstwaren, 24-Stunden-Automat mit Wurstwaren, Käse, süßen Snacks, Getränken.

Neunhof

- Heimatmuseum Neunhof, Neunhofer Schloßplatz 4, 90427 Nürnberg, 0911/305352, www.trachtenverein-neunhof.de/museum.htm. Kleines Museum, das mit seinen circa 3000 Ausstellungsstücken, verteilt auf fünf Räume über zwei Etagen, eine Zeitreise in die Vergangenheit bietet. Für Kinder eher ungeeignet.
- *Landgasthof Hotel Grüner Baum*, Obere Dorfstr. 21, 90427 Nürnberg, Tel. 0911/936440, www.gruener-baum.com. Restaurant Mi–Sa 8–22 Uhr, So und Fei 11–15 Uhr. Traditionelles fränkisches Essen.

Kalchreuth

- Kulturbahnhof Kalchreuth e. V., Bahnhofstr. 2, 90562 Kalchreuth, www.kulturbahnhof-kalchreuth.de.
- *Felsenkeller Kalchreuth*, Fürther Str., 90562 Kalchreuth, Tel. 0911/5180868, www.landgasthof-sussner-kalchreuth.de/felsenkeller. Biergarten mit verschiedensten fränkischen Wurst- und Käsespezialitäten sowie hausgemachten Kuchen.
- *Gaststätte Sußner*, Erlanger Str. 1, 90562 Kalchreuth, Tel. 0911/5180868, www.landgasthof-sussner-kalchreuth.de. Traditionelles fränkisches Essen.
- *Gasthaus Drei Linden*, Buchenbühler Str. 2, 90562 Kalchreuth, Tel. 0911/5188479, www.gasthausdreilinden.de. Mi–Sa 11–23.30 Uhr, So und Fei 11–16.30 Uhr. Traditionelles fränkisches Essen.

Gemütliche Familienrunde durchs Fürther Land 6

Von der Fürther Innenstadt nach Roßtal

Es gibt viel zu erleben bei dieser gemütlichen Familienrunde durch das Fürther Land. Schnell sind wir aus der Stadt und mitten im Grünen. Sogar maritimes Flair kann genossen werden. Während sich in Zirndorf (fast) alles ums Spielzeug dreht, geht es in Cadolzburg hoch hinaus. Natürlich warten entlang der Strecke dieses Familienausflugs immer wieder schöne Spielplätze und andere idyllische Pausenorte darauf, von uns erkundet zu werden. Entdecken Sie auf den 25 Kilometern durch den Landkreis Fürth dessen Vielfalt und Schätze.

Die Strecke: Fürth (Hbf.) – Zirndorf – Wachendorf – Egersdorf – Cadolzburg – Steinbach – Ammerndorf – Neuses – Buttendorf – Roßtal.
Länge: 25 km.
Markierung: Die einzelnen Teilstrecken sind gut ausgeschildert, darüber hinaus bitte den Straßenschildern und Hinweisen im Text folgen.
Höhenprofil: Tour mit zwei größeren Anstiegen, in Cadolzburg hinauf zur Burg und zum Aussichtsturm sowie in Roßtal am Ende der Tour.
Wegbeschaffenheit: gut, durchgehend asphaltierte Radwege, geschotterte Feld- und Forstwege und wenig befahrene Straßen.
Familien: Die Tour ist gut für Familien mit Kindern geeignet.
An-/Abreise: *ÖPNV:* Der Hbf. Fürth ist sehr gut an den ÖPNV angebunden. Vom Hbf. Nürnberg ist er mit der S-Bahn (7 Min.) oder U-Bahn (16 Min.) erreichbar. Für den Rückweg erreicht man den Hbf. Fürth von der Haltestelle Roßtal Wegbrücke mit der S-Bahn (S 4 und S 1, Umstieg in Nürnberg Hbf.) in 33 Min. *Kfz:* Eine Anreise mit dem Kfz zum Hbf. Fürth ist nicht empfehlenswert, da Parkplätze nur in kostenpflichtigen Parkhäusern zur Verfügung stehen.
Fahrradverleih: keiner in unmittelbarer Nähe.
E-Bike-Ladestationen: keine in unmittelbarer Nähe.

Auf den Spuren des Kleeblatts

Wer sich selbst als »Erlebnis-Landkreis« bezeichnet und »Schätze, die kein anderer hat« verspricht, hängt die Messlatte ganz

Freie Fahrt für Radler in »Färdd«

schön hoch. Genau das macht der Landkreis Fürth – und ganz ehrlich: Er übertreibt mit dieser Beschreibung nicht. Nach der Radtour, die uns über rund 25 abwechslungsreiche Kilometer von der Fürther Innenstadt aus quer durch den Landkreis führt, können wir das guten Gewissens unterschreiben. Das vorweggenommene Resümee: Es gibt wirklich viel zu erleben im Fürther Land. Aber der Reihe nach.

Ausgangspunkt unserer Radtour ist der Hauptbahnhof in der »Kleeblattstadt«.

Allen nicht mit »Färdd« vertrauten Radlern sei ein Blick auf das Stadtwappen empfohlen, der schnell Licht ins Dunkle bringt, was den blumigen Beinamen betrifft. Wer allerdings eine Antwort auf die Frage sucht, weshalb ein drei- und nicht etwa ein vierblättriges Kleeblatt das Stadtwappen ziert, muss enttäuscht werden: Zwar gibt es zahlreiche Erklärungsversuche, aber die genaue Entstehung und Bedeutung bleibt historisch im Dunklen.

Klar ist hingegen, wohin uns die Reise führt. Wir verlassen den Hauptbahnhof am Ausgang Südstadt (nicht Innenstadt). Über eine Rampe schieben wir unseren Drahtesel vom Bahnsteigtunnel hoch ans Tageslicht in die Karolinenstraße. Dieser folgen wir nach links auf dem Fahrradstreifen bis zur Schwabacher Straße, die wir an der Ampel überqueren. Ab hier können wir aufatmen, denn die Karolinenstraße, deren Verlauf wir weiter folgen, ist nun eine verkehrsberuhigte Fahrradstraße. Wir haben Vorrang.

Durch den Wiesengrund in die Idylle

Am Ende der Karolinenstraße biegen wir links in die Dambacher Straße ein, bei der es sich – welch Freude – ebenfalls um eine Fahrradstraße handelt. Entlang des Rednitzuferbereichs radeln wir nun knapp fünfeinhalb Kilometer Richtung Zirndorf. Dazu einfach der guten Beschilderung folgen, dann ist Verfahren qua-

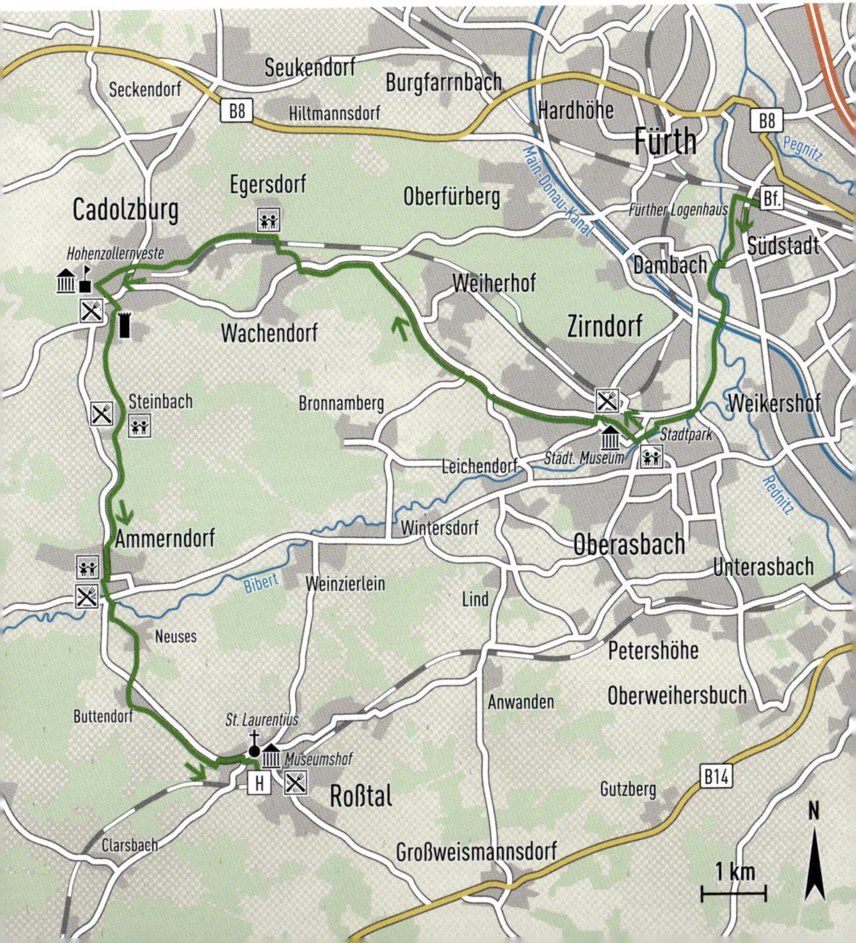

si ausgeschlossen. In diesem Wissen können wir entspannt den Blick nach rechts und links schweifen lassen auf unserem idyllischen Weg zwischen Fürther Innenstadt und Rednitzgrund.

Vor allem Letzteres sollten Sie tun, damit Sie das Fürther Logenhaus (Dambacher Straße 11) nicht verpassen. Das prächtige Baudenkmal, im Stil des Historismus errichtet, ist Heimat verschiedener Logen. Wagen Sie unbedingt einen Blick in den parkartigen Garten und auf das villenartige Gebäude. Sie werden zahlreiche freimaurerische Zeichen entdecken – zwei der bekanntesten direkt über der Tür: Winkel und Zirkel. Während Letzterer immer wieder als Symbol für den Kreislauf des Lebens, Unendlichkeit, Unsterblichkeit, aber auch für die Gemeinschaft gedeutet wird, soll das Winkelmaß für Werte wie Geradlinigkeit und Ehrlichkeit stehen. Doch die eine richtige Deutung gibt es sowieso nicht.

Noch ein kleines Stück, dann bewahrheitet sich für uns, dass Fürth tatsächlich von viel Grün umgeben ist und alle Orte schnell erreichbar sind. Der Talweg führt uns auf einen wunderschönen Radweg durch den Wiesengrund. Schnell vergessen wir, dass wir gerade eben noch in einer mittelfränkischen Großstadt unterwegs waren. Nur die gehetzten und nicht zu beneidenden Fahr-

Prächtiges Baudenkmal am Rande des Rednitzgrunds: das Fürther Logenhaus

radkuriere, die uns stets überholen, um in Windeseile Burger, Pizza und sogar (sicherlich ganz dringend benötigte) Zahnbürsten an die Frau und den Mann zu bringen, erinnern daran, dass wir städtisches Gebiet nicht ganz verlassen haben.

Maritimes Flair in Mittelfranken

Wir überqueren auf unserem Weg die Fuchsstraße und fahren immer weiter an der Rednitz entlang durch ein Wasserschutzgebiet in Richtung Zirndorf. Schon bald erreichen wir die Südwesttangente und den Main-Donau-Kanal, die wir unterqueren. Während wir bei der Schnellstraße zwischen Nürnberg und Fürth froh sind, sie nicht genauer im Blick zu haben, sieht das beim Main-Donau-Kanal anders aus. Eine Wasserstraße auf Stelzen, die in der Luft hängt – verrückt. Das müssen wir uns genauer ansehen. Der kleine Anstieg hinauf lohnt sich. Gönnen Sie sich hier eine kleine Pause, ein idealer Ort zum Entspannen und Innehalten. Es erwartet Sie fast schon maritimes Flair. Schließen Sie die Augen, atmen Sie tief ein. Können Sie das Meer schon riechen? Und ist das nicht eine Möwe, die da kreischt? Zugegeben, das Intonieren des Wattvogels ist in dem Fall nur das Quietschen des Radschilds im Wind. Aber herrlich ist es trotzdem. Ab und an kommt ein Schiff vorbei, auf seinem Weg zwischen Nordsee und Schwarzem Meer.

»Ade« Fürth, »Servus« Zirndorf

Kaum haben wir den Main-Donau-Kanal hinter uns gelassen, heißt es bereits »Ade« Fürth, »Servus« Zirndorf. Wir unterqueren die Zirndorfer Straße und erreichen die Spielzeugstadt am Rande eines Wohngebiets. Wir halten uns rechts, folgen der Straße Am Sportplatz (und weiterhin der Wegweisung *Zirndorf Zentrum*), biegen in der Parkstraße in einen schmalen Weg zwischen zwei Gartenzäunen ein (auf die Beschilderung achten) und erreichen schnell den schön angelegten Stadtpark. Direkt an der Bibert finden Sie hier unter den großen, alten Bäumen ausreichend Schatten, um kurz (oder auch länger) die Beine hochzulegen. Die mitradelnden Kinder wie auch die größeren Radler finden genügend Gelegenheiten, um noch vorhandene Energie abzubauen. Wie wäre es beispielsweise mit einer Kletterrunde oder ein paar Übungen an den Outdoor-Fitness-Geräten?

Aber haushalten Sie gut mit Ihren Kräften, wir haben schließlich noch ein gutes Stück vor uns. Außerdem lockt fast ums Eck ein weiterer Spielplatz, an dem Sie mit (Enkel-)Kindern ebenfalls ein Päuschen einlegen können. Wir orientieren uns an der Bibert und nehmen den Weg, der direkt an deren Ufer entlangführt. Folgen Sie der Beschilderung *Biberttalweg.* Wir unterqueren die Nürnberger Straße und erreichen schließlich ein Brücklein (Entenbrücke). Wenn Sie noch eine Spielplatzrunde einlegen wollen, einfach über die kleine Brücke fahren und links in die Albrecht-Dürer-Straße abbiegen. Hier erreichen Sie bereits den weitläufigen Spielplatz, mit allem, was das Kinderherz für einen kürzeren Aufenthalt begehrt: Schaukel, Wippe, Karussell, Sand zum Buddeln und einen Kletterturm.

Ein Brunnen, viele bekannte Männchen

Egal ob mit oder ohne diesen kleinen Abstecher: Unsere Tour führt uns nun weiter ins Zentrum von Zirndorf mit seinen charmanten Fachwerk-, Sandstein- und Backsteingebäuden. Wir fahren an der Entenbrücke in die Wiesenstraße (20er-Zone) und folgen dieser über die Ölstraße und Bachstraße schnurstracks bis zum Rathaus- und Marktplatz. Lassen Sie die Räder kurz stehen und schlendern Sie ein wenig durch die Straßen und Gassen. Es gibt einiges (auch Kulinarisches) zu entdecken. Die Jüngsten werden beim Anblick des Brunnens am Marktplatz sicherlich große Augen machen. Sind da etwa *Playmobil*-Figuren? Kein Wunder, immerhin sind diese in Zirndorf zu Hause. Und auch sonst dreht sich hier vieles ums Spielzeug, denn bereits seit Mitte des 19. Jahrhunderts wurde in Zirndorf Blechspielzeug produziert. Wer mehr über die Geschichte und Entwicklung der Zirndorfer Spielzeugindustrie erfahren möchte, schlendert noch ein Stück weiter zum Städtischen Museum (Spitalstraße 2).

Wieder im Sattel, verlassen wir den Marktplatz schließlich über die Hauptstraße und Banderbacher Straße und nehmen das nächste Ziel unserer Tour ins Visier: Cadolzburg. Die knapp neun Kilometer dorthin legen wir dank gut ausgebautem und

In Zirndorf daheim und allgegenwärtig: Playmobil (oben), Verfranzen unmöglich (unten)

bestens beschildertem Radweg problemlos zurück (dieser beginnt in der Banderbacher Straße auf der linken Seite kurz nach der Kreuzung Mondstraße/Albert-Einstein-Straße). Nach knapp sechs Kilometern erreichen wir Wachendorf. Kurz nach dem Ortseingang biegen wir von der Fürther Straße rechts in die Ringstraße ab. Dieser folgen wir, bis sie in die Bahnhofstraße mündet (erneut rechts abbiegen und bis zur Haltestation Egersdorf fahren). Wir überqueren das Gleis am Bahnübergang und fahren links auf den Radweg am Rand des Neubaugebiets, der uns immer entlang der Bahnstrecke fast bis nach Cadolzburg bringt.

In Cadolzburg geht's »nauf auf die Burg«

Doch zunächst wartet noch ein besonders sehenswerter Spielplatz darauf, von uns entdeckt zu werden. Den Spielplatz Neubaugebiet Egersdorf erreichen wir, indem wir in die erste Einmündung des Radwegs kurz nach der Haltestation rechts einbiegen und dann geradeaus fahren. Der moderne und sehr gepflegte Spielplatz hat viel zu bieten: Kletterfelsen, diverse Balanciermöglichkeiten, Rutsche, Hexenhäuschen, (Netz-)Schaukel, Sandkasten.

Am Ende des Neubaugebiets haben wir noch gut 500 Meter, die wir auf der (wenig befahrenen) Egersdorfer Straße bis zum Ortseingang von Cadolzburg zurücklegen müssen. Der Egersdorfer Straße und der Unteren Bahnhofstraße folgen wir bis zur Einmündung Nürnberger Straße. Wir wollen hinauf zur Burg, folglich heißt es: »Von nun an geht's bergauf.« Wir suchen uns eine Strecke mit möglichst wenig Verkehr, deshalb vermeiden wir es, der Nürnberger Straße zu folgen. Stattdessen überqueren wir diese vorsichtig und fahren gegenüber in die Kraftsteinstraße. Wir folgen ihr und der Beschilderung zur Burg und zum Marktplatz. Einigermaßen erschöpft erreichen wir schließlich die imposante Hohenzollernveste und gönnen uns hier eine nächste Auszeit.

Alles Kohl oder was?

Eine ausgiebige Besichtigung der Anlage und des Museums (kostenpflichtig) lohnt sich und bringt uns zurück ins Mittelalter. Wir genießen den Blick ins Umland und erfahren viel Interessantes

Geschichtsträchtiger Ort mit Aussicht: die Cadolzburg

über die geschichtsträchtige Burg. Aber auch allein der kostenlose Besuch des Burggartens war die Mühen des Aufstiegs wert. Auf einer der Picknickbänke genießen wir unsere Brotzeit vor malerischer Kulisse und entspannen. Wer keine eigene dabei hat, kann sich am burgeigenen Kiosk, dem *Vesperhäusla,* mit Getränken, kleinen Mahlzeiten, Kuchen und Eis versorgen. Währenddessen tobt sich der Nachwuchs auf der gepflegten Rasenfläche aus. Im von der Bayerischen Schlösserverwaltung liebevoll angelegten Burggarten gibt es zudem Gemüseanbau par excellence zu bestaunen. Rotkohl, Grünkohl, Butterkohl oder Blumenkohl: Hand aufs Herz, hätten Sie diese erkannt und auseinanderhalten können? Außerdem zeigt die Schaupflanzung die Vielfalt historischer Getreidearten und -sorten.

Doch irgendwann muss auch die schönste Pause zu Ende sein. Wir verlassen die Burg Cadolzburg über den Marktplatz. Dort gönnen wir uns noch eine kleine Erfrischung in Form der einen oder anderen Kugel Eis. Die Auswahl fällt schwer in *Loisl's Eiscafé,* aber allen Entscheidungsunfreudigen sei an dieser Stelle gesagt: Sie müssen nur eine Vorauswahl treffen, in Ammerndorf haben Sie die Gelegenheit, sich weiter durch die klassischen und außer-

143 Stufen geht's hinauf auf den Bleistift.

gewöhnlichen Sorten zu probieren. Wenn das nicht Ansporn genug ist, weiterzuradeln. Wir verlassen den Marktplatz durch das Obere Stadttor, überqueren die Hindenburgstraße und fahren in die Haffnersgartenstraße. Ihr folgen wir bis zur Brandstätterstraße, in die wir rechts einbiegen.

Wenn die Bahn mehr Fahrkarten verkaufen möchte

Ab hier heißt es »Kopf hoch«: Sehen Sie ihn schon, den »Bleistift«? So nennen die Cadolzburger ihren Aussichtsturm seines Aussehens wegen. 143 Stufen geht es hoch zur Aussichtsplattform. Belohnt werden Sie mit einem famosen Rundblick auf den gesamten Großraum Nürnberg-Fürth-Erlangen. Errichtet wurde das Wahrzeichen 1893. Der Anlass dafür mutet heute fast ein wenig kurios an. Stellen Sie sich doch bitte einmal vor, die Bahn würde eine neue Strecke bauen und zum Ankurbeln des Fahrkartenverkaufs am Zielbahnhof eine Touristenattraktion errichten. Genauso ist das hier passiert: Zusammen mit dem Markt Cadolzburg hob die Münchner Lokalbahn-Aktiengesellschaft den »Bleistift« aus der Taufe, weil sie die Strecke Fürth–Zirndorf bis nach Cadolzburg verlängerte und den Ausflugsverkehr fördern wollte. Ganz schön pfiffig!

Beeindruckt von so viel unternehmerischer Kreativität machen wir uns auf die letzte Etappe unserer Radtour durch das Fürther Land. Es geht nach Roßtal. Dazu biegen wir kurz nach dem Aussichtsturm links ab in den Grasamerweg und rollen diesen schwungvoll hinab, bis er auf die Steinbacher Hauptstraße trifft. In diese biegen wir ein und folgen ihr weiter bis nach Steinbach. Entlang des Fahrradwegs lohnt sich ein Blick auf den Obstbaumlehrpfad. »Schmelzend, saftreich und süß mit feiner würziger Säure« – haben Sie bei dieser Beschreibung nicht auch direkt das Verlangen, in die Tafelbirne »Gute Luise« zu beißen?

Erfrischung für Groß und Klein in Ammerndorf

Den Gemeindeteil von Cadolzburg erreichen wir schließlich nach zwei Kilometern. Wir folgen der Steinbacher Straße immer weiter. Kurz bevor diese auf die Ammerndorfer Straße trifft, wechseln wir auf einen Radweg, dem wir bis nach Ammerndorf folgen können. Doch zuvor haben sich die kleineren Mitradler eine Pause verdient. Dazu in Steinbach an der Kreuzung (*Gasthaus zum Wiesental)* nicht rechts abbiegen, sondern geradeaus zur Seeleite fahren. Neben dem Feuerwehrhaus befindet sich ein Spielplatz, der gerade richtig für eine kurze Verschnaufpause ist.

In Ammerndorf sind wir nach weiteren drei Kilometern angelangt. Wir folgen der Cadolzburger Straße, bis wir rechter Hand ein Déjà-vu haben: Da ist es wieder, unser *Loisl's Eiscafé,* das wir bereits aus Cadolzburg kennen. Wir nutzen die Gelegenheit und bewaffeln uns nun mit den Eissorten, die wir bei unserem vorherigen Stopp aufgeschoben haben. Ein geeigneter Ort, um diese ganz in Ruhe zu schlecken, ist der Spielplatz Am Moosrangen (direkt nach dem Eiscafé rechts abbiegen): viel Schatten, zahlreiche Klettermöglichkeiten, Rutsche, Schaukeln und eine kleine Höhle sowie ein integrierter Bachlauf, an dem man sich an heißen Tagen wunderbar abkühlen kann. Was will man mehr?

Es ist schwer, sich hier wieder loszueisen, aber weiter geht's. Wir stoßen auf die Rothenburger Straße, biegen rechts in diese ein und erreichen den Ammerndorfer Marktplatz. Hier haben nun alle größeren Radler die Gelegenheit, sich mit einem noch echt handwerklich gebrauten, süffigen Bier quasi direkt aus dem Sudhaus zu erfrischen. Als letzte verbliebene Privatbrauerei im Fürther Land brauen hier zwei Schwestern in fast 300-jähriger Familientradition Helles, Pils, Spezial, Landbier, Weizen und noch das ein oder andere flüssige Schmankerl mehr. Die beiden Braumeisterinnen verwenden für ihr *Ammerndorfer Bier* nur Rohstoffe aus fränkisch-regionalem Anbau. Auch ein Blick hinter die Kulissen im Rahmen einer Brauereiführung lohnt sich für alle Interessierten an der fränkischen Braukunst.

Ein Besuch im idyllischen Klostergarten zum Abschluss

An der Brauerei vorbei geht es für uns weiter in die Roßtaler Straße. Wir stoßen auf die Staatsstraße, die wir an der Ampel überqueren, und folgen dem Radweg Richtung Roßtal. Nach kurzer Zeit erreichen wir Neuses. Wir folgen dort der Bibertstraße bis zur Abzweigung Am Muselbach. Der Straße folgen wir in Richtung Buttendorf (immer auf die Radwegmarkierung *Hohen-*

zollern-Radweg achten, dann sind Sie richtig), überqueren die Staatsstraße nach Roßtal und fahren einmal durch Buttendorf (der Lindenstraße folgen), bereits ein Gemeindeteil von Roßtal. Ab dem Ortsausgang führt uns dann ein schöner Radweg entlang der Staatsstraße direkt zum Zielort unserer Radtour.

Nun leider ohne Radweg folgen wir, in Roßtal angekommen, zunächst der Pelzleinstraße. Wir biegen ab in die Felsenstraße und fahren direkt wieder links den Zinkenbuck, der uns steil bergauf zum alten Ortskern und zur St. Laurentius Kirche sowie zum Museumshof Roßtal in der Schulstraße führt. Bevor Sie Ihre Entdeckungsreise durch das Fürther Land beenden, sollten Sie hier unbedingt noch einen letzten Boxenstopp einlegen. Der idyllische Klostergarten lädt wunderbar zum Ausspannen ein. Krönender Abschluss und ein letzter Schatz unserer Radtour, die schließlich an der S-Bahn-Station Roßtal Wegbrücke endet (der Schulstraße weiter folgen, bis Sie nach kurzer Zeit direkt auf der Brücke über die Bahnstrecke stehen). Wie fällt Ihr Fazit aus? Haben auch Sie die Schätze entlang der Strecke überzeugt?

Michael Kniess

Zum Abschluss der Tour lohnt ein Besuch des idyllischen Klostergartens.

Ausgewählte Adressen und Tipps

Zirndorf

- Städtisches Museum, Spitalstr. 2, 90513 Zirndorf, Tel. 0911/96060590, www.zirndorf.de. Di–So 11–16 Uhr (Juli/Aug. Fr–So bis 17 Uhr).
- *PanOlio*, Eichenhain 3, 90513 Zirndorf, Tel. 0911/96168777, www.panol.io. Mo–Sa 17–22 Uhr, So und Fei 12–22 Uhr. Feine italienische Küche: Pizza und Pasta, Antipasti, Bruschetta ... Direkt am Zirndorfer Stadtpark.
- *Goldener Löwe*, Marktplatz 5, 90513 Zirndorf, Tel. 0911/27238010, www.goldener-loewe-zirndorf.de. Mo–Sa 11.30–15 und 17–23 Uhr, So und Fei ab 11.30 Uhr. Griechische Küche im Herzen von Zirndorf in traditionsreichem Restaurant und Biergarten.
- *Altstadtklause Zirndorf*, Spitalstr. 5, 90513 Zirndorf, Tel. 0911/68929170, www.altstadtklause-zirndorf.de. Mo–Sa ab 17 Uhr, So ab 11.30 Uhr. Traditionelle fränkische Küche (und mehr) unweit des Marktplatzes.
- *Bäckerei Pillipp*, Hauptstr. 5, 90513 Zirndorf, Tel. 0911/606365, www.baeckerei-pillipp.de. Mo–Fr 6–18 Uhr, Sa 6–15 Uhr, So 8–16.30 Uhr. Traditioneller Bäcker, wo noch in Handarbeit gebacken wird.

Cadolzburg

- Museum Burg Cadolzburg, Burghof 3, 90556 Cadolzburg, Tel. 09103/7008621, www.burg-cadolzburg.de. Apr. bis 3. Okt. Di–So 9–18 Uhr, 4. Okt. bis März Di–So 10–16 Uhr. Der Burggarten ist ganzjährig geöffnet.
- Aussichtsturm Cadolzburg, Brandstätterstr. 50, 90556 Cadolzburg. Mo–So 8–18 Uhr.
- *Kiosk »Vesperhäusla« zur Cadolzburg*, Burghof 7, 90556 Cadolzburg, Tel. 09103/790666. Di–So 11–18 Uhr.
- *Gaststätte »Zur Friedenseiche«*, Nürnberger Str. 15, 90556 Cadolzburg, Tel. 09103/8260, www.list-cadolzburg.de. 11–14 Uhr, Mo/Di und Fr/Sa auch 17–20 Uhr, Do Ruhetag. Gute fränkische Küche, jeden Di Schlachtschüssel aus eigener Herstellung. Angeschlossene Metzgerei.
- *Loisl's Eiscafé*, Marktplatz 17, 90556 Cadolzburg, Tel. 09103/719680. Mo–Mi 13–20 Uhr, Do/Fr 13–19 Uhr, Sa/So 12–19 Uhr.

Cadolzburg (Steinbach)

- *Gasthaus zum Wiesental*, Seeleite 2, 90556 Cadolzburg, Tel. 09103/797327, www.gasthaus-zum-wiesental.de. Mo 11–14 Uhr, Do 11–14 und 17–23 Uhr, Fr 17–23 Uhr, Sa/So 11–23 Uhr. Fränkisches gutbürgerliches Essen.

Ammerndorf

- *Ammerndorfer Bier/Dorn Bräu*, Marktplatz 1, 90614 Ammerndorf, Tel. 09127/57544, www.ammerndorfer-bier.de. Mo–Fr 8–12 und 13–18 Uhr, Sa 8–12 Uhr. Eigener Brauereiverkauf (Getränkequelle), in dem die Ammerndorfer Bierspezialitäten sowie verschiedene alkoholfreie Getränke und Säfte angeboten werden.
- *Loisl's 18 Ammerndorf*, Cadolzburger Str. 11, 90614 Ammerndorf, Tel. 09127/9542245. Mo–Fr 13–19 Uhr, Sa/So 12–19 Uhr.
- *Gasthof zur Sonne*, Marktplatz 5, 90614 Ammerndorf, Tel. 09127/904784, www.ammerndorfer-bier.de. 11–14.30 und 17–22 Uhr, Di Ruhetag. Brauereigasthof direkt gegenüber der Brauerei mit gutbürgerlicher Küche.

Roßtal

- *Gasthof Weißes Lamm*, Marktplatz 6, 90574 Roßtal, Tel. 09127/57585. Mo–Fr 10–14 und 16–24 Uhr, Sa 10–18 Uhr, So 9–14 und 16–20 Uhr. Rustikales fränkisches Wirtshaus mir gutbürgerlicher Küche.

7 Mit Kindern unterwegs im Aurachtal

Entlang der Aurach von Erlangen nach Herzogenaurach

Zu sportlich sollte eine Radtour für unsere Kleinen nicht sein, an Abwechslung aber darf's nicht fehlen – und nicht an Geschichten und Gedichten! Zwei Dinge gibt's, die Kinder immer faszinieren: Wasser und Tiere, von beiden wird's bei dieser Radtour genug zu sehen geben. Zu sehen und zu hören. Und packen Sie die Badehose ein, egal wie das Wetter ist! Was gibt's Schöneres, als sich am Ziel in die Fluten zu stürzen? Unsere Tour führt uns immer die Aurach entlang, von Erlangen-Bruck über Frauenaurach bis nach Herzogenaurach.

Die Strecke: Erlangen-Bruck (alternativ Erlangen Hbf.) – Frauenaurach – Herzogenaurach.

Länge: 10 km.

Markierung: grüne Schrift auf weißem Grund (*Frauenaurach*, dann *Herzogenaurach*).

Höhenprofil: weitgehend eben, nur kurze, unbedeutende Anstiege.

Wegbeschaffenheit: ausgezeichnet, meist asphaltierte Radwege, in Herzogenaurach teilweise Kopfsteinpflaster.

Familien: bereits für die Kleinen gut zu schaffen, auch für Fahrradanhänger sehr taugliche Tour. Fährt man die Strecke zurück, kommt man auf insgesamt 20 km.

An-/Abreise: *ÖPNV:* per S-Bahn nach Erlangen-Bruck (alternativ Erlangen Hbf.), Haltestelle der S 1 Bamberg–Nürnberg–Hartmannshof (Vorsicht: erst ab 8 Uhr möglich!); zurück mit den Buslinien 201 oder 200 (Expressbus) der VGN (soweit Fahrradstellplätze verfügbar) von Herzogenaurach nach Erlangen. Alternativ radelt man auf demselben Weg wieder zurück (10 km) oder nimmt die unten beschriebene Route (siehe Kasten). *Kfz:* Parkmöglichkeiten in Erlangen-Bruck nahe dem Regnitzgrund.

Varianten: Rückweg über Haundorf oder Verlängerung entlang des Aurachtal-Radwegs (siehe Kasten auf S. 111).

Fahrradverleih: Fahrradkiste Erlangen, Henkestr. 59, 91054 Erlangen, Tel. 09131/209940, www.fahrradkiste.eu.

Erster Stopp in Frauenaurach

Wir starten in Erlangen-Bruck, per S-Bahn gut erreichbar. An der alten Kirche geht es den Radweg *R4* entlang durch die Regnitzau, wo wir den Main-Donau-Kanal unterqueren. Und schon liegt Frauenaurach vor uns. (Alternativ kann auch vom Erlanger Hauptbahnhof gestartet werden – gestrichelte Route –, durch die Regnitzau zum Kanal, an dessen östlichem Uferweg südlich bis zum Hinweis Frauenaurach).

In Frauenaurach an der querenden Hauptstraße angekommen, sollten wir unbedingt einen kleinen Schlenker nach rechts machen, um uns die Steinerne Brücke anzuschauen, ein Meisterwerk früherer Brückenbaukunst. Nun kehren wir wieder um und machen kurz Halt an der alten Klosterkirche. Auch das Portal und die schönen

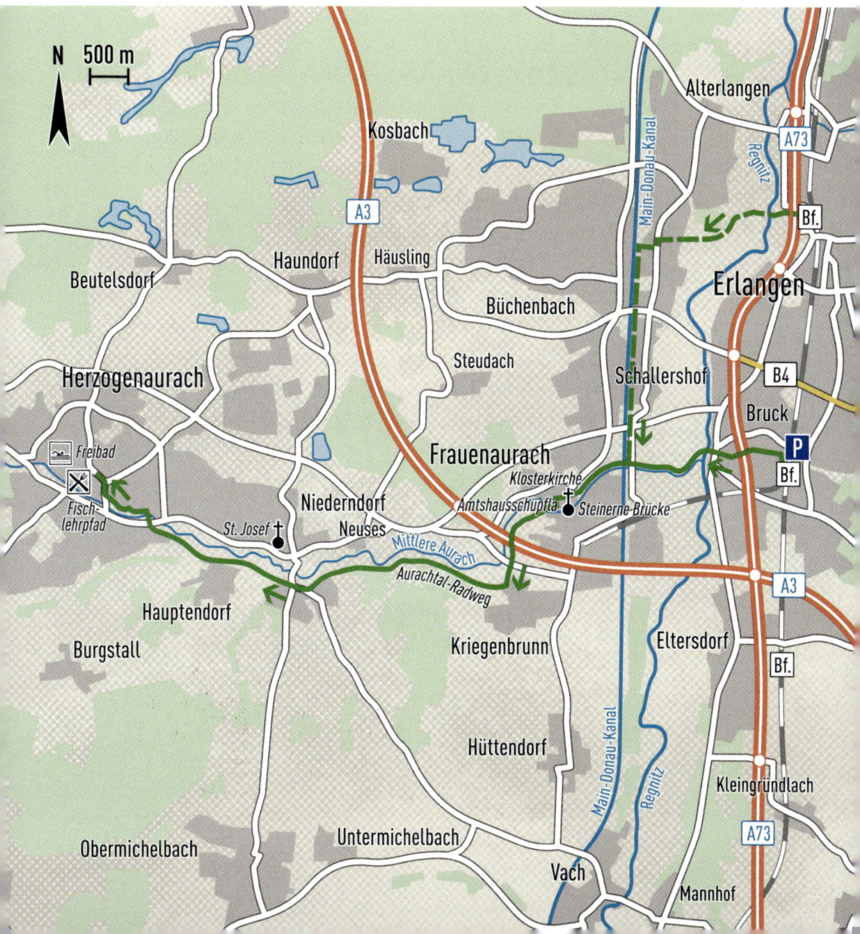

Auch im Herbst eine lohnende Tour, auf der Strecke: der Schwarze Adler von Frauenaurach

Fachwerkhäuser wollen bewundert werden. Außer der Klosterkirche finden sich von der alten Klosteranlage nur noch wenige Spuren. Der Name Frauenaurach verrät: Es handelte sich um ein Nonnenkloster, und zwar um eines der Dominikanerinnen. Herdegen von Gründlach stiftete es 1267 gemeinsam mit seiner Frau als Versorgungsanstalt für adelige Damen. Nach der Reformation wurde das Kloster ramponiert und weitgehend abgetragen, die Klosterkirche diente nun als evangelische Gemeindekirche.

Gleich um die Ecke befindet sich in einem Gebäude nahe der Klosterpforte das Amtshausschüpfla, ein liebevoll eingerichtetes Museum zur Ortsgeschichte von Frauenaurach, das oft sonntagnachmittags geöffnet hat. Gleich dahinter liegt die alte Mälzerei mit ihrem hohen Ziegelturm. Hier halten wir kurz an, um die Störche hoch oben in ihrem Nest zu beobachten. Zeit für ein erstes Gedicht – ein lustiges Mitmachgedicht von Goethe –, das letzte Wort muss erraten werden:

Der Storch, der sich von Frosch und Wurm
An unserm Teiche nähret,
Was nistet er auf dem Kirchenturm,
Wo er nicht hingehöret?

Dort klappert und klappert er genug
Verdrießlich anzuhören;
Doch wagt es weder Alt noch Jung,
Ihm in das Nest zu stören.

Wodurch – gesagt mit Reverenz –
Kann er sein Recht beweisen?
Als durch die löbliche Tendenz
Aufs Kirchendach zu ...

Also dieser Goethe! So etwas würden wir uns nie zu dichten trauen. Selbst wenn wir das Talent besäßen.

Nicht nur auf den Dächern von Frauenaurach, auch in der Aurach regt sich tierisches Leben. Ein ganz besonderer Fisch ist in ihren Wellen zu Hause, ein Fisch, von dem es heißt, dass ihn Alice Schwarzer in ihre Tischdecke gestickt haben soll. Die männlichen dreistachligen Stichlinge erfüllen nämlich alle Forderungen, welche die Frauenbewegung aufgestellt hat. Nicht nur, dass das Männchen alleine das Nest baut, es ist es auch, das die Brut beschützt und aufzieht. Kaum hat ihm die Stichlingsdame ihre Eier ins Nest gelegt, ist sie auch schon wieder auf und davon, sich selbst zu verwirklichen. Um alles Weitere muss sich nun das Männchen kümmern. Das Besamen der Eier ist dabei noch die leichteste Aufgabe, sodann fächert es mit seinen Flossen ständig frisches Wasser in das Nest und kullert herausgefallene Eier wieder besorgt zurück in die schützende Höhle. Sind die ersten Stichlingbabys geschlüpft, umschwimmt der Stichling sie liebevoll und hält sie davon ab, sich zu früh in die gefährliche Welt hinauszuwagen. Gierigen Gästen stellt er sich mutig in den Weg, selbst der Mutter gewährt er kein Umgangsrecht, weiß er doch um deren chronische Unzuverlässigkeit. Erst wenn die Kleinen zur Selbstständigkeit herangewachsen sind, kann er wieder sein eigenes Leben genießen.

Entlang der Flussaue und der Aurachtalbahn

Und weiter geht's! Hurtig aufgesessen und weitergestrampelt, immer die grüne Flussaue entlang, die sich malerisch in das Tal fügt. Unsere nächste Station ist nicht zu übersehen, eine hohe Brücke überspannt schon bald das Tal, die Autobahn 3. Nur wenige Meter, bevor wir in ihren Schatten tauchen, findet sich linker Hand ein schwarzes Loch im Hang, der Eingang zu einem dunklen Bierkeller, der nur notdürftig mit Brettern verschlossen ist. Welches Tier wohl in dieser Höhle wohnt? Ja, die Fledermaus natürlich!

Radeln wir weiter und folgen der Aurach unter der A 3 hindurch, bis wir Kriegenbrunn erreichen. Streng genommen müssen wir von der Mittleren Aurach sprechen, nicht, weil wir schon den mittleren Flusslauf erreicht hätten, sondern weil es in Franken noch zwei weitere Aurachs gibt, die das Wassersystem Regnitz speisen. Bald stehen wir vor den alten Schienen der Aurachtalbahn und bewundern die verrosteten Loks, die man hier aufs Abstellgleis geschoben hat. Nicht nur Jungs werden an den putzigen Dingern ihre Freude haben.

Weiter geht's, immer die alte Bahnstrecke entlang. Einst zockelte hier die Lokalbahn von Erlangen nach Herzogenaurach, heute sprießt das Grün zwischen den morschen Schwellen. Wir

Unbefugten ist das Mitfahren verboten

durften es vor 25 Jahren noch erleben, mit unseren Kindern bei einer Sonderfahrt die Aurach entlangzudampfen. Aber auch eine stillgelegte Bahntrasse hat ihren romantisch-melancholischen Reiz. Zu erleben, wie die Natur die technisierten Räume wieder zurückerobert, ist traurig und tröstlich zugleich. Den Politikern ist es bis heute nicht gelungen, die sinnvolle Bahntrasse wiederzubeleben, zum Glück für uns, die wir heute mit dem Rad unterwegs sind.

Rast auf der Wiese in Niederndorf

Gleich hinter Kriegenbrunn passieren wir eine unsichtbare Grenze, wir haben das Stadtgebiet Erlangen verlassen und nun Landkreisasphalt unter unseren Reifen. Rechts taucht der gedrungene, schieferverkleidete Kirchturm von Sankt Josef auf – Niederndorf –, eine weite, einladende Wiese erstreckt sich zu unserer Rechten. Wir nehmen die Einladung gerne an und lassen unsere Räder ins Gras fallen. Wenn der Wind günstig und man ganz still ist, hört man die Aurach murmeln, vor uns liegt im grünen Grunde eine alte Mühle. Falls wir Glück haben, sehen wir über die Wiese einen Hasen springen; hüpft gerade keiner, wird ihn uns das folgende Lied, das man auch als Gedicht sprechen kann, leibhaftig vor Augen führen:

Klein Häschen wollt' spazieren gehn
spazieren ganz allein,
da hat's das Wasser nicht gesehn
und plumps fiel es hinein.

Das Bächlein lief dem Tale zu,
dort wo die Mühle steht,
und wo sich ohne Rast und Ruh'
das große Mühlrad dreht.

Ganz langsam drehte sich das Rad,
fest hielt's der kleine Has'
und als er endlich oben war,
sprang er vergnügt ins Gras.

Klein Häschen läuft geschwind nach Haus,
vorbei ist die Gefahr,
die Mutter klopft das Fell ihm aus,
bis dass es trocken war.

Der Vater macht ein bös' Gesicht
und spricht zum kleinen Has':
»Pass auf, du kleiner Hasenwicht
und hüpf nicht wild durch's Gras.«

Nun aber ist es Zeit, die Kinder wieder einzusammeln. Hört die Bande nicht gleich, sagen Sie einfach, dann müssten Sie das Eis wohl allein schlecken. Schwupps! Schon sind alle wieder auf den Rädern. Wir radeln weiter geradeaus, unsere Kinder lebhaft auf die schönen Wiesen zur Linken aufmerksam machend, damit sie das gemeine Locksymbol am rechten Hügel nicht bemerken, jenes sich hoch in den Himmel reckende Logo dieses amerikanischen Schnellimbisses, in dem es weder Kloß noch Soß zu essen gibt und der dennoch aus unerfindlichen Gründen auf unsere Kleinen eine magische Anziehungskraft ausübt. Hat Ihr

Täuschungsmanöver nicht funktioniert, können Sie Ihre Kleinen mit einem Fischweiher ablenken, der gleich links am Wege liegt. Geht man dicht am Ufer vorbei, platscht es lustig, denn dann springen die Frösche ins Wasser.

Wir radeln weiter, den Blick noch immer aufmerksam nach links gerichtet, denn gleich kommt eine eingezäunte Wiese in unseren Blick, auf der Damwild weidet.

Weiter nach Herzogenaurach

Und wieder treten wir in die Pedale und radeln das saftig grüne Aurachtal entlang. In der Ferne können wir schon die Türme von Herzogenaurach erblicken, das wir bald erreicht haben. Bei den INA-Schaeffler-Werken verlassen wir den Aurachtal-Radweg, der Hinweis Richtung Innenstadt leitet uns über die Straße und dann direkt am Ufer der Aurach vorbei. Wer will, kann sich an dem Fischlehrpfad über alle Flossentiere informieren, welche die Wasser der Aurach bevölkern, auf illustrierten Tafeln werden die Fische und ihre oft zum Lachen reizenden Namen vorgestellt.

Egal wer beim WM-Finale spielt, ein Mittelfranke ist immer dabei – der Ball.

Ein Hingucker, die Altstadt von Herzogenaurach

Aufgepasst! An der Bahnhofsstraße geht's nach rechts. Eine Ehrenrunde drehen wir um den Kreisverkehr, dessen Mitte ein mächtiger Adidas-Fußball ziert, immer das neueste Modell, das die Ballistiker der adidasseligen Technikabteilung zusammengebastelt haben. Reiner Kunststoff, kein Leder. Und keine Nähte mehr, sondern nur noch Verklebungen.

Weiter Richtung Innenstadt. Nun wird unser Hinterteil angenehm massiert, denn die Herzogenauracher haben ihr Zentrum wieder gepflastert. Hinter dem Alten Rathaus machen wir einen Schlenker nach rechts und kommen zum hübschen Marktplatz und damit zum vermutlich besten Eiscafé am Aurachufer. Sind die alten Fachwerkhäuser nicht herrlich? Und auch das Schloss, der ehemalige Sitz der Bamberger Amtsmanns. An die Zugehörigkeit zum Bistum Bamberg erinnert ebenso die Brunnenfigur, Ritter Georg, Schutzheiliger und Wappenfigur des Bamberger Bistums. Er steht auf einem stolzen Turm, zwischen dessen Zinnen das Wasser quillt, zu seinen Füßen aber schlängelt sich ein böser Wasserdrache, der sein Maul gefährlich weit aufreißt. Sollte dem edlen Ritter Georg vor Schreck das Herz stillstehen, kein Problem, auch daran haben die Herzogenauracher gedacht.

Variante für den Rückweg: mit dem Rad über Haundorf nach Erlangen

Diese Strecke ist ab dem Marktplatz in Herzogenaurach gut ausgeschildert. Die deutlich hügeligere, mit 10 Kilometern aber nicht wesentlich längere Variante leitet an der hübsch bepflanzten Stadtmauer vorbei und durch den schönen Stadtpark von Herzogenaurach. Auf der Höhe angekommen, streift man das Gelände der Herzo-Base, des ehemaligen Standorts der US-Army, auf dem neben einem neuen Stadtteil die Firmenzentralen von Puma und Adidas konkurrieren. Liebhaber futuristischer Architektur kommen genauso auf ihre Kosten wie Sportler, die noch ein spezielles Kleidungsstück suchen, die Outlets sind natürlich auch für Radler geöffnet. Sowohl Puma als auch der ewige Rivale Adidas verfügen über einen Walk of Fame. Puma hat je einen Schuh eines prominenten Sportlers in Beton gießen lassen, auch den des Herzogenauracher Rekordnationalspielers Lothar Matthäus, Adidas nahm die Abdrücke der nackten Füße. Suchen Sie mal nach David Beckham, ein schönes Beispiel, dass man auch mit Plattfüßen erfolgreich Fußball spielen kann.

Mögliche Fortsetzung

Wer genügend Kondition hat, kann den Aurachtal-Radweg natürlich noch weiterradeln. Er ist von guter Wegebeschaffenheit (Waldwege am Oberlauf) und insgesamt 54 km lang. Von Herzogenaurach geht es weiter über Falkendorf nach Münchaurach, einer weiteren Klosterstadt. Auch hier steht, wie in Frauenaurach, nur mehr die Kirche. 2012 hat man in St. Peter bei Renovierungen einen seltenen romanischen Schmuckboden freigelegt. Weiter geht es über Oberniederndorf nach Wilhelmsdorf (hugenottische Tradition) zur Marktgemeinde Emskirchen (Bahnhof, wer die Fahrt abkürzen will). Nun wird der Weg immer idyllischer, die Dörfer werden immer kleiner, viele huldigen der Aurach im Namen: Kotzenaurach, Losaurach, Mettelaurach bis nach Klausaurach, wo sich westlich des Dorfes die Quelle der Aurach im Wald versteckt. Der Radweg aber führt noch weiter zum idyllischen Weinort Ipsheim, wo man unbedingt einen der edlen Tropfen probieren sollte. Von Ipsheim an ist der Aurachtal-Radweg bis zum Ziel Bad Windsheim identisch mit dem Aischtal-Radweg. Rückfahrt mit der Bahn möglich (Bahnhof Ipsheim, Umstiege in Neustadt/Aisch und Fürth).

Direkt hinter dem Brunnen befindet sich ein Defibrillator. Und während Ihre Kinder um den Brunnen herumflitzen, um gleich Ritter Georg mit dem Drachen zu kämpfen, genießen Sie in aller Ruhe eines der schönsten Turmgedichte der deutschen Sprache, das *Türmerlied* von Goethe:

Zum Sehen geboren,
Zum Schauen bestellt,
Dem Turme geschworen
Gefällt mir die Welt.

Ich blick' in die Ferne,
Ich seh' in die Näh'
Den Mond und die Sterne
Den Wald und das Reh.

So seh' ich in allen
Die ewige Zier,
Und wie mir's gefallen,
Gefall' ich auch mir.

Ihr glücklichen Augen,
Was je ihr gesehn,
Es sei, wie es wolle,
Es war doch so schön!

Ja, schön war auch die Radtour! Was man doch in so kurzer Zeit alles erleben kann! Nun aber soll die angekündigte Abkühlung erfolgen. Ist es ein heißer Sommertag, so empfehlen wir das Freibad an der Aurach gleich ums Eck. Ist es zu kühl für ein Bad im Freien, radeln wir ein Stück aus der Stadt hinaus und besuchen das Freizeitbad Atlantis. Beide Wasserstellen werden Ihre Kinder glücklich machen, versprochen!

Johannes Wilkes

Ausgewählte Adressen und Tipps

Herzogenaurach

- ℹ Tourist-Info, Hauptstr. 34, 91074 Herzogenaurach, Tel. 09132/901127, www.herzogenaurach.de.
- *Eiscafé Cortina,* Marktplatz 5, 91074 Herzogenaurach, Tel. 09132/734099.
- *Eis Café Carlo,* Erlanger Str. 8, 91074 Herzogenaurach, Tel. 09132/796931, www.eiscafe-carlo.de.
- *Gasthaus Zum Roten Ochsen,* Marktplatz 4, 91074 Herzogenaurach, Tel. 09132/745624.
- *Chilli's Mexican Restaurant,* Burgstaller Weg 2, 91074 Herzogenaurach, Tel. 09132/7475520, www.chillis-mexikanisch-essen.de. Mit schönem Biergarten.
- Freibad Herzogenaurach, Tuchmachergasse 1, 91074 Herzogenaurach, Tel. 09132/904750, www.freibad-herzogenaurach.de. Idyllisch auf einer Aurachinsel gelegen.
- Freizeitbad Atlantis, Würzburger Str. 35, 91074 Herzogenaurach, Tel. 09132/904700, www.atlantis-bad.de. Spaßbad mit Spa und Restaurant.

Die Aurach-Radtour ist in modifizierter Form in dem Buch *ER-H entdecken* erschienen. Der Abdruck erfolgt mit freundlicher Genehmigung des Mönau-Verlags.

8 Grüner geht's nicht

Im Städtedreieck Erlangen–Fürth–Nürnberg

Eine Radtour mitten durch das Städtedreieck, die bevölkertste Ecke des Frankenlandes? Unbedingt! Sie werden staunen, es geht durch schönste grüne Landschaften. Sie werden kaum einem Auto begegnen, versprochen!

Die Strecke: Erlangen – Kriegenbrunn – Vach – Fürth – Nürnberg.
Länge: 20 km.
Markierung: gut ausgeschildert, Hinweise auf *Fürth* und *Nürnberg* mit Kilometerangaben (grüne Schrift auf weißem Grund), *RegnitzRadweg*.
Höhenprofil: nur wenige Höhenmeter in der Summe, durchgehend eben, nur kurze, unbedeutende Steigungen, steiles Gefälle beim Fürther Solarberg (Vorsicht!).
Wegbeschaffenheit: ausgezeichnet, meist asphaltierte Radwege, kurze Schotterstrecken am Europakanal.
Familien: ab ca. acht Jahren gut zu schaffen, Wege durchgehend für Fahrradanhänger geeignet.
An-/Abreise: *ÖPNV:* mit der Bahn (S-Bahn, RE) zum Erlanger Hbf., den Bahnhof auf der westlichen Seite beim Großparkplatz verlassen und den Radwegweisern nach Büchenbach folgen. Am Kanal dann auf den östlichen Uferradweg abbiegen und in südlicher Richtung (Fürth, Nürnberg) zum nahen Hafen radeln. Zurück vom Nürnberger Hbf., wohin man will (zurück zum Auto nach Erlangen mit der S-Bahn: S 1 Richtung Forchheim, alle 30 Min; zum Hafen vom Erlanger Hbf. mit Buslinie 287 bis Neumühle). *Kfz:* am Hbf. (Großparkplatz) oder Nähe Erlangen-Hafen (Ulrich-Schalk-Straße ins Navi eingeben) parken.
E-Bike-Ladestation und Radreparatur: Zentralrad Fürth, Moststr. 25, 90762 Fürth, Tel. 0911/746090.

Um den Erlanger Hafen

Wir nehmen nicht den beliebten RegnitzRadweg, wir nehmen eine schönere Alternativroute und starten am Europakanal (Main-Donau-Kanal), am Hafen von Erlangen. Kräne und Halden beweisen: Der Hafen wird eifrig genutzt. Früher legte auch die regionale

Personenschifffahrt an, die Linienboote zwischen Nürnberg und Forchheim, welche leider seit Jahrzehnten ein Päuschen eingelegt haben. Stattdessen ankern jetzt häufig große Kreuzfahrtschiffe, die Route über den Main-Donau-Kanal ist beliebt, manche der eleganten Hotelboote starten am Rhein und fahren bis hinunter zum Schwarzen Meer. Abends kann man die Touristen in den hell beleuchteten schlanken Schiffen tanzen sehen.

Wir bleiben die ganze Zeit auf dem östlichen Ufer des Kanals. Vom Hafen aus haben wir durch die erhöhte Lage eine weite Sicht über die Skyline von Erlangen. Verlassen wir das Hafengelände, liegt zu unserer Linken Schallershof, eine Siedlung, auf deren Grund früher ein kleines Lustschloss stand. Nur noch Reste der Parkmauer stehen, vom Schloss ist nichts mehr zu sehen. Wir bleiben auf dem Uferweg des Kanals. Wenig später gerät

eine lustige Windhose in unseren Blick. Glück haben wir, wenn wir durch das dicke Ende des Hosenbeins schauen können, denn dann haben wir Rückenwind. Sehr freundlich von den Erlangern, uns Radfahrern eine Windhose zu spendieren, ist doch der Wind das wichtigste Wetterelement für den Ritter des Drahtesels. Heute weht der Wind von Westen, auch nicht schlecht. Auf asphaltierten und fein geschotterten Uferwegen geht's dahin, immer am Wasser lang, auf dem die Ruderer für Olympia trainieren. Unter mancher Brücke sitzen Angler, sie schauen nicht nach ihren Schwimmern, sie schauen auf ihr Handy, vielleicht, um den Fischen etwas vorzumachen? Raffiniert, raffiniert!

Kanal-Anekdote

Erschrocken bemerkte ein Spaziergänger an der Böschung Reifenspuren, die mitten in den Kanal führten. Sofort rief er die Feuerwehr, ein Auto war versunken! Die Feuerwehr kam mit Tauchern, zum Glück fand man nichts, kein Wagen schwamm auf dem Grund des Kanals, sodass man wieder abzog. Eine Stunde später der nächste Anruf, dieses Mal von einem besorgten Spaziergänger der anderen Kanalseite. An den Profilen konnte der Feuerwehrhauptmann erkennen, dass das Auto aus dem Kanal herausgefahren war. Seltsam, seltsam. Tage später klärte sich das Rätsel auf: Ein Mann meldete sich, er habe sein Amphibienfahrzeug ausprobieren wollen und sei mit ihm über den Kanal geschwommen.

Zur Kriegenbrunner Schleuse

Nach wenigen Minuten müssen wir einen Linksschlenker machen, ein weiteres Hafenbecken zwingt uns dazu. Große Logistiker haben sich hier angesiedelt, die Deutsche Post und Faber-Castell, der große fränkische Stiftehersteller, der die Welt bunter macht. Weniger bekannt ist die Firma ERLAS, ein Akronym, das für Erlanger Laser steht. Wenn Sie nach einem originellen Geschenk für Opas runden Geburtstag suchen: Senden Sie einen Scherenschnitt von Oma an ERLAS und man schneidet die Großmutter lebensgroß mit präzisem Laserstrahl in Stahl, sodass sie sich der Opa in den Garten stellen kann (Preis auf Anfrage).

An dieser Stelle aufgepasst: Nicht dem *grünen Radhinweis* folgen, der nach geradeaus zeigt, sondern mutig rechts hinein in

Industrieromantik an der Schleuse Kriegenbrunn

die Kraftwerkstraße. Keine Angst: Sie ist nur 100 Meter lang und wenig befahren. An ihrem Ende geht's scharf nach rechts (das Durchfahrtsverbotsschild keck missachten), ein kurzes Stück parallel zur A 3, dann unter ihr hinweg und erneut am Kanalufer entlang, auch wenn der Schotter hier schottriger wird. Wir fahren auf die Schleuse von Kriegenbrunn zu. Kriegenbrunn ist bekannt für die attraktivsten Männer von Erlangen, wie Eingeweihte wissen. Tafeln informieren über die Funktion der Schleuse. Die Kriegenbrunner Schleuse hebt oder senkt die Schiffe um satte 18,30 Meter, am Europakanal gibt es mit 25 Metern Höhendifferenz die leistungsfähigsten Schleusen Deutschlands. Nicht jede der insgesamt 16 Schleusen ist bemannt. So bedient der Kriegenbrunner Schleuser mit Blick auf zahlreiche Videokameras insgesamt vier Wasseraufzüge. Wer schwindelfrei ist, wirft von der Brücke einen Blick in die Tiefe oder zurück zum Erlanger Hafen. Die Kunst am Bau besteht hier aus einer abmontierten Schiffsschraube, Sinnbild für die Egoisten unter uns: Sie dreht sich ausschließlich um sich selbst und man wundert sich, dass sie dennoch vorankommt.

Über Vach zum Solarberg

Nun müssen wir kräftig in die Pedale treten, die Schiffe hebt man nach oben, Radfahrer müssen die 18,30 Meter mit Muskelkraft bewältigen. Das erhöhte Niveau, das wir nun erreichen, gewährt uns weite Blicke in die Umgebung auf Wälder, Wiesen und Felder, alles grünt so grün … – dass man sich hier im Zentrum der Metropolregion befinden soll, glaubt man nicht. In Vach lockt das Schild eines Vereinsheims, in dem griechische und deutsche Spezialitäten angeboten werden. Wir loben still den Koch. Zwar ist heute die Fusionsküche schwer angesagt, wir aber bleiben Traditionalisten. Zu Gyros gehört eben Zaziki, das Sauerkraut aber zu den Nürnberger Rostbratwürsten. Nürnberger Rostbratwürste mit Zaziki? Gyros mit Sauerkraut? Abgelehnt! Man soll nicht alles wüst vermischen.

Hinter Vach gerät der Fürther Schuttberg in den Blick, schönes Symbol dafür, dass man mit Mist Geld machen kann, ist der Müllberg doch an seiner Südseite mit Solarzellen bepflastert. Wer möchte, schiebt sein Fahrrad auf den Solarberg hinauf. Man wird belohnt mit einem hübschen Rundblick über Erlangen, Fürth und Nürnberg. Auch die umliegenden Höhen sind gut zu

»Das Schöpfrad hört' ich ächzen über'n Fluss …« Friedrich Rückert

erkennen, der Moritzberg, der Hausberg Nürnbergs, die Zirndorfer Feste und der Aussichtsturm von Cadolzburg. Bänke laden zu einer kleinen Rast ein. Wir aber sagen dem Europakanal Ade und zischen an der Nordseite des Monte solaris hinunter Richtung Regnitzau, den Weg am Holzgeländer entlang. Vorsicht! Man wird sehr, sehr schnell und die Ampel an der Straße, eine der wenigen, die wir kreuzen müssen, steht meist, ja immer auf Rot, man muss sich das Grün durch einen Druckwunsch bestellen. (Tipp für Lärmempfindliche: Nicht zu nah am Ampelmast warten, sonst droht durch das akustische Grünsignal der nächste Tinnitus.)

Durch den Regnitzgrund nach Fürth

Hinein geht es nun in den grünen Wiesengrund, wir nehmen den Fahrradweg parallel zur Straße. Bald führt uns eine Brücke über die Regnitz. An einer Stelle des Geländers wird bis heute eines Kerwa-Burschen gedacht, der hier vor Jahren zu Tode kam. Kerwa-Burschen, treue Freunde, über den Tod hinaus.

Wir radeln weiter geradeaus, bis wir hundert Meter später den offiziellen *RegnitzRadweg* erreichen, dessen Beschilderung folgen wir nun bis nach Nürnberg. Trotz oder gerade wegen der schönen Landschaftsbilder wird zur Vorsicht geraten, ist diese Wegstrecke doch etwas schmal und vor allem an sonnigen Wochenendtagen äußerst beliebt. Bald sehen wir den Hinweis auf ein nahes Wasserschöpfrad, das man unbedingt besuchen sollte. Ein hübscher Rastplatz lädt ein, die sich drehende Sehenswürdigkeit näher zu betrachten. Das Prinzip ist uralt, schon im alten Ägypten hat man mit solchen Rädern Wasser aus dem Nil geschöpft, um die nahen Wiesen zu tränken, trickreich und absolut CO2-neutral.

Durch einen lichten Uferwald mit alten Bäumen geht es weiter. Längst haben wir Fürther Boden unter uns. An der Kläranlage geht es vorbei (man riecht sie nicht), wenig später taucht zu unserer Linken die vielleicht fröhlichste Friedhofsmauer Deutschlands auf. Der Friedhof besitzt auch ein jüdisches und ein muslimisches Gräberfeld, gelebte Ökumene würde man sagen, wenn hier noch gelebt werden würde. So träumen Gläubige aller Religionen gemeinsam dem Jüngsten Tag entgegen, um Jahwe,

Wo Rednitz und Pegnitz sich küssen … die Geburt der Regnitz

Allah oder Gott in die Augen zu blicken. Und die Atheisten, die hier liegen? Nun, sie werden sich vielleicht sagen, so schön es gewesen sein mag, irgendwann muss auch mal Schluss sein. Ob es Zufall ist, dass auf dem Fürther Friedhof die vielfältigste Vogelwelt zu Hause ist? Gartenrotschwanz, Neuntöter, Gartenbaumläufer und den Pirol kann man hier noch zwitschern hören, und wenn man in der Nacht vorbeiradelt, sogar die Nachtigall. Gegenüber dem Friedhofseingang führt eine Brücke, hält man sich scharf rechts, zu einem Höhepunkt dieser Tour, dem Zusammenfluss von Pegnitz und Rednitz: »Wo Pegnitz und Rednitz sich küssen, sie ihren Namen büßen müssen und so entsteht durch diesen Kuss der wunderschöne Regnitzfluss.« Eine weise Entscheidung, einen neuen Namen für den Fluss zu wählen, führen beide Töchterflüsse doch in etwa gleich viel Wasser, sodass man keinem den Vortritt lassen wollte. Würde man das Prinzip gelten lassen, dass der mächtigere Fluss den Namen behalten darf, müsste ab Bamberg der sich hinzugesellende deutlich kleinere Main namenstechnisch der Regnitz den Vortritt lassen. Dann lägen auch Würzburg und Aschaffenburg an der Regnitz und Frankfurt am Main würde unter Frankfurt a. d. R. firmieren. Liebevoll angelegt ist diese Confluence, wie die Franzosen den Zusammenfluss bezeichnen. Einst soll hier eine kleine Martinskapelle gestanden haben, die auf Karl den Großen zurückgeht. Eine Brücke gab es noch nicht, wohl aber eine flache Stelle im Wasser, durch die man übersetzen konnte. »So eine 'übsche Furt«, hat Charlemagne, wie die Franzosen Karl den Großen nennen, vielleicht gesagt, und weil er Furt französisch aussprach und es hübscher klang, hieß der Ort künftig Fürth.

Nun haben wir die Hälfte der Strecke zurückgelegt, Zeit für eine Einkehr. Die *Fürther Freizeit* liegt direkt am Weg, ein Biergarten mit einer Minigolfanlage und anderen Belustigungen. Erfahrene Fürther wissen, dass es hier die »woarscheinli besdn Cärrywäschd zwischen Forchheim und New York gibt«, wie es lange auf der Homepage hieß, eine überraschende Aussage für alle, welche die fränkische Bescheidenheit kennen, ist doch das höchste Lob am Regnitzufer bekanntlich ein hingenuscheltes »Bassdd scho«. Und nun gleich die beste Cärrywäschd zwischen Forchheim und New York! Bei näherer Betrachtung jedoch relativiert sich die Größe des gigantomanisch anmutenden Vergleichs. Beginnen wir mit Forchheim. Hat man jemals von einer Forchheimer Currywurst gehört? Und was ist mit New York? Im ersten Augenblick mag man meinen, klar, New York ist die Weltstadt schlechthin, reich gesegnet mit Currywürsten aller Geschmacksrichtungen. Weit gefehlt! Hat man jemals jemanden mit einer Currywurst die Fifth Avenue hinunterlaufen sehen? Hamburger, natürlich, in allen Variationen, chinesisches Fastfood auch, belegte Sandwiches von Subway und Co. Aber Currywürste? Und da sich ansonsten zwischen Deutschland und den USA überwiegend Wasser ausbreitet, ist auch mit dem Dazwischen ziemlich tote Hose, currywurstmäßig betrachtet, wenn gerade kein Smutje aus Bochum auf einem Containerschiff in seiner Schiffskombüse Currywürste brutzelt. Aber egal! Der

Wer Erfrischung sucht:
Südlich der Innenstadt von Fürth gibt es Badestellen in der Pegnitz. Badehose einpacken! Ansonsten bietet sich auch das Fürther Freibad an. Im Europakanal ist das Schwimmen nicht erlaubt. Besonders in der Nähe der Schleusen ist es lebensgefährlich!

Appetit ist aktiviert, eine Stärkung muss her, ob mit Currygeschmack oder ohne, lange muss keiner warten.

Am Ufer der Pegnitz entlang

Frisch gestärkt geht es weiter, immer den Hinweisschildern nach Nürnberg folgend. Am Ufer der Pegnitz geht es nahe der Fürther Altstadt vorbei, man sieht den Turm der alten Stadtkirche St. Michael, den stolzen Geschlechterturm des Rathauses, auch zum Theater sind es bloß 100 Meter, nur über die kleine Brücke hinüber, man wird zudem mit einem schönen Blick auf die Pegnitz belohnt. Das Stadttheater ist ein stattlicher Bau aus der Gründerzeit. Um Architektengelder zu sparen, haben die cleveren Fürther einfach das Stadttheater der ukrainischen Stadt Czernowitz kopiert, merkt doch keiner. Fürth ist auf alle Fälle eine Stadtrunde wert, nirgendwo in Bayern gibt es mehr denkmalgeschützte Häuser auf so engem Raum, oft fühlt man sich wie in Klein-Paris. Auch kann Fürth stolz darauf sein, Geburtsstadt eines deutschen Kanzlers und zugleich eines amerikanischen Vize-Präsidenten zu sein, von der großen Eisenbahntradition ganz abgesehen, der erste Flug des Adlers kannte nur ein Ziel: Fürth! Wir aber legen uns Scheuklappen an und bleiben den Pegnitzauen treu.

Auf dem weiten Wiesengrün grasen stattliche Nilgänse, vielleicht auf der Suche nach schmackhaften Nacktschnecken. Fürth sitzt wie die Spinne im Netz eines wahren Radfahreldorados, wie ein Schilderbaum beweist Auf der anderen Uferseite liegt der schöne Fürther Stadtpark, auch dort lässt es sich hübsch einkehren, im *Stadtparkcafé,* dem ehemaligen Milchhäusle. Ursprünglich war hier der Friedhof, die Fürther aber dachten sich, machen wir doch besser einen Park für die Lebenden daraus. So bewarben sie sich um eine Gartenschau und gestalteten das Grün neu, mit Rosarium, künstlichem Wasserfall, Springbrunnen, seltenen Baumarten. Attribut: unbedingt sehenswert!

Die stattlichste Allee unserer Tour besteht aus hohen Pappeln. So schön sie ist, wir lassen sie dennoch links liegen und fahren weiter geradeaus, um kurz darauf zum Lido di Pegnitz zu gelangen, einem Badestrand mit feinem Sandufer. Wer will, kann mal kurz abtauchen. Man hat die Pegnitz in vielen Abschnitten erfolgreich renaturiert, sie darf wieder Kurven schlagen und durchs Grün mäandern wie zu Dürers Zeiten. – Dürer! Irgendwo, vom Radfahrer kaum wahrzunehmen, passieren wir die Stadtgrenze und haben Nürnberg erreicht.

Manche sagen, man erkennt die Grenze daran, dass an dieser Stelle manche Fürther auf der Stelle umkehren, ein böses Gerücht natürlich, tatsächlich lieben sich die Nachbarn. Oder doch nicht? Zwei Mal wollte Nürnberg die schöne Schwester im Westen schon ins Ehebett locken, zwei Mal holte man sich einen Korb. Das erste Mal bildete sich eine Bürgerinitiative, der zweite Antrag fiel in die Nazi-Zeit, es heißt, Hitler persönlich habe sich eingeschaltet und die Sache auf Eis gelegt. Die Angelegenheit erschien ihm heikel, er fürchtete vielleicht einen Volksaufstand, sodass er die Frage erst nach dem Endsieg entscheiden wollte. Nun, wir wissen, was daraus geworden ist.

Wir gleiten bald dicht am Wasser vorbei, die Pegnitz nimmt Fahrt auf, gurgelnd und spritzend rauscht sie durch das Tal, ein malerischer Anblick, der an einen Bergbach erinnert. Wir können nicht anders, wir steigen ab, klettern das Steilufer hinunter und kühlen unsere Füße im Nass. Die Pegnitz ist eine Muse, sie hat schon viele Menschen poetisch gestimmt, auch die Pegnitzschäfer, einen Nürnberger Literaturclub, der zur Zeit

Die Pegnitz kann auch wild werden.

des ausgehenden Dreißigjährigen Krieges mit Gedichten, die die Harmonie besangen, ein Gegengewicht zu den Schrecken der Zeit bilden wollte. Man traf sich in der Natur, gerne am Pegnitzufer, weshalb man sich den Vereinsnamen *Pegnesischer Blumenorden* gab. Auch Frauen nahm man auf, keine Selbstverständlichkeit im 17. Jahrhundert. Um Standesunterschiede unsichtbar zu machen, wählte sich jeder einen Blumennamen. Welchen Namen würden Sie für sich wählen? Oder für Ihre Begleitung? Den Blumenorden gibt es immer noch, die älteste, ununterbrochen bestehende literarische Gesellschaft der Welt. Ihr Herzensort ist der lauschige Irrhain in Nürnberg-Kraftshof, am Rande des Knoblauchslandes. Auch Kraftshof ist eine Radtour wert (siehe Tour 5).

Die neueste Attraktion entlang der Strecke ist eine stehende Welle. »Was die Münchner können, können wir Nürnberger schon lange«, dachte sich Markus Söder, als er beim Schlendern zur Bayerischen Staatskanzlei am Eisbach dem wilden Ritt der Surfer zuschaute. Und schon setzten sich die Bagger in Marsch. Tierfreunde können beruhigt sein, die Pegnitzfische brauchen keine großen Sprünge zu machen, eine Fischtreppe leitet sie bequem an dem Wildwasser vorbei.

Verliebte Pärchen hängen ein Herz an die geschwungene Hängebrücke, über die wir nun hinweggleiten. »Per sempre!«, rufen die Glücklichen, »für immer!« Dann küssen sie sich zärtlich und werfen den Schlüssel in hohem Bogen in die Pegnitz hinein. Manchen aber will man beobachtet haben, wie er den Zweitschlüssel heimlich in die Tasche steckte. Man kann ja nie wissen …

Durch Nürnbergs schöne Altstadt

Schon nähern wir uns dem Herzen Nürnbergs. In diesem Abschnitt hat man die Pegnitzwiesen in ein Multi-Vergnügungsgrün verwandelt, man kann grillen, Frisbee-Turniere veranstalten, Fußball spielen, unter den Brücken Basketball, ein weiteres Wasserschöpfrad bestaunen, in einem Halbrund Theater spielen oder sich einfach auf die grüne Wiese legen und den Himmel über Nürnberg bestaunen. Für uns aber geht es in leicht geschwungenen Kurven weiter, bis wir an einem kleinen Ufercafé, dessen

Hinein in die Altstadt

neuer Besitzer gerade gesucht wird, im rechten Winkel von der Pegnitz weggeleitet werden, hinein in den Stadtteil Johannis mit seinem bekannten Friedhof, dem vielleicht schönsten Deutschlands, und seinen Hesperidengärten, barocken Orangenhainen mit Putten und Springbrunnen, die ursprünglich in Terrassen bis hinunter zum Flussufer führten.

Bald erreichen wir die Hallerwiese, einen der ältesten Bürgerparks der Republik. Am Fundament des Altstadtrings lockt das *Café zum Schnepperschütz* die Müßiggänger, leuchtende Getränke erfreuen das Auge. Ein Schnepperschütz aus Bronze steht mitten auf der Hallerwiese, gerne vertrieben sich die alten Nürnberger die Zeit beim Armbrustschießen.

Durch einen schmalen Durchlass, das Hallertürlein, passieren wir nun die Nürnberger Stadtmauer, ein Meisterwerk der Verteidigungstechnik, das bis zum Zweiten Weltkrieg allen Angriffen erfolgreich getrotzt hat. Am schwierigsten war der Mauerbau im Bereich des Pegnitzdurchlasses, mit einem abenteuerlichen Brückenbogen und fallenden Gattern aber gelang es den Nürnbergern, dass kein frecher Fürther unerlaubt in die Stadt eindrang, etwa um Bundesligapunkte zu stehlen oder andere Pretiosen.

Wer erleben will, wie die Pegnitz die Mauer passiert: kurz das Rad angebunden und auf den Kettensteg getreten, ein weiteres Meisterwerk Nürnberger Ingenieurskunst. Früher haben sich die jungen Leute den Spaß erlaubt, die älteste eiserne Hängebrücke der Welt zum Schwingen zu bringen, heute geht das nicht mehr, schade fast, haben psychologische Experimente doch herausgefunden, dass Männern, haben sie eine schwankende Brücke passiert, die Frauen noch anziehender vorkommen, Fehlattribution nennt sich dieses Phänomen. Vom Kettensteg aus kann man die schönsten Fotos von Nürnberg schießen, gestaffelt liegen die Altstadtbrücken vor uns, die Maximiliansbrücke, rechts dahinter der Henkersteg.

Unser Ziel ist erreicht, die Nürnberger Altstadt liegt vor uns. Am Kettensteg kann man sich im Biergarten mit Blick auf die Pegnitz niederlassen und auf die erfolgreich absolvierte Drei-Städte-Tour anstoßen. Aber natürlich gibt es in Nürnberg noch viele andere hübsche Plätze. Wenn es Abend wird und Sie noch jung oder doch jung geblieben sind, empfehlen wir den Tiergärtnertorplatz, wo man sich vor dem prächtigen Dürerhaus um das Modell seines berühmten Hasen niederlassen kann. Liebhabern der Moderne sei das nahe dem Hauptmarkt gelegene Zukunftsmuseum empfohlen, wo man am Pegnitzufer von weiteren Radtouren träumen kann. Romantikern gehört natürlich der Schöne Brunnen: einmal am Ring gedreht (psst: der richtige befindet sich auf der anderen Brunnenseite) und sich heimlich etwas gewünscht. Zum Beispiel gutes Wetter für die nächste Radtour.

Johannes Wilkes

Ausgewählte Adressen und Tipps

- *Fürther FreiZeit, Ulmenstr. 6*, 90765 Fürth, Tel. 0176/61377906, www.fuerther-freizeit.de. Kiosk mit Biergarten direkt am Radweg gelegen, etwa nach der Hälfte der Strecke.
- … sowie zahlreiche weitere Gaststätten in Fürth und Nürnberg.

Für Wein- und Wissensdurstige 9

Die mittelfränkische Bocksbeutelrunde

Der Volksmund sagt: Unterfranken ist Weinfranken – Oberfranken ist Bierfranken. Natürlich ist an diesem Urteil etwas dran, hat Oberfranken doch die höchste Brauereidichte der Welt und die Mainweine aus Unterfranken sind legendär. Jedoch: keine Regel ohne Ausnahme. Es gibt auch oberfränkische Weinberge und unterfränkische Brauereien. Noch bunter gemischt ist die Getränkewelt in Mittelfranken. Neben hervorragenden Sudstätten, zu denen immer neue hinzustoßen, gibt es auch ein kleines, aber feines Weingebiet im südlichen Steigerwald, das Ziel unserer Reise. Wer sich für Mittelfrankens Bocksbeutelrunde entscheidet, hat die Qual der Wahl. Die kürzeste Runde kann bequem an einem Tag absolviert werden, für die mittlere sollte man eine Übernachtung einplanen, für die große Runde besser zwei, besonders wenn man sich am Abend noch den ein oder anderen Schoppen gönnen will, die Spitzentropfen wollen schließlich probiert werden. In diesem Kapitel wird die kürzere westliche Bocksbeutelrunde um eine hübsche Schleife der größeren Tour verlängert, sodass man auf ca. 60 Kilometer kommt. Ausgangspunkt ist Uffenheim, das Ziel das Weinbaustädtchen Ipsheim.

Die Strecke: Uffenheim – Gollhofen – Herrnberchtheim – Ippesheim – Bullenheim – Seinsheim – Schloss Frankenberg – Reusch – Weigenheim – Ulsenheim – Wüstphül – Markt Nordheim – Krassolzheim – Ingolstadt – Ezelheim – Deutenheim – Rüdisbronn – Ipsheim.

Länge: ca. 60 km.

Markierung: ein *Bocksbeutel*, natürlich!

Höhenprofil: sanft hügelig mit wenigen knackigen Anstiegen.

Wegbeschaffenheit: meist asphaltierte Radwege und stille Nebenstraßen, gelegentlich fein geschottert, nur selten und für kurze Abschnitte gröberer Schotter.

Familien: anspruchsvoll, für jüngere Kinder ungeeignet.

An-/Abreise: *ÖPNV:* per Bahn von Ansbach oder Würzburg nach Uffenheim, zurück von Ipsheim nach Neustadt an der Aisch, von dort weiter Richtung Nürnberg oder Würzburg (Zustiegsmöglichkeit auch in Bad Windsheim). *Kfz:* Uffenheim liegt an der B 13, im Ort zahlreiche Parkmöglichkeiten; zurück von Ipsheim mit der Bahn nach Steinach, dort Umstieg Richtung Uffenheim.

Varianten auf der Bocksbeutelrunde: westliche Variante 38 km, Route weitgehend identisch mit der im Text beschriebenen (Uffenheim, Ippesheim, Seinsheim, Bullenheimer Berg, Schloss Frankenberg und über Weigenheim zurück nach Uffenheim); östliche Variante 71 km, verbindet die idyllischen Weinorte im südlichen Steigerwald miteinander (Uffenheim, Weigenheim, Krassolzheim, Ingolstadt, Ergersheim, Ulsenheim, Sugenheim, Rüdisbronn, Ipsheim, Bad Windsheim, Uffenheim); große Runde 98 km, fügt die westliche und die östliche Variante zusammen.

Fahrradverleih: Zweirad Veit, Würzburger Str. 30, 97215 Uffenheim, Tel. 09842/2350.

E-Bike-Ladestationen: aktuell keine offiziellen Ladepunkte bekannt, im Rahmen einer Einkehr aber an vielen Orten möglich.

Hilfreiche Internetadresse: GPX-Daten der Bocksbeutelrunden können unter folgendem Link heruntergeladen werden: www.bocksbeutelstrasse.de/weinregion/aktiv/radfahren.

Erster Abschnitt: Uffenheim – Gollhofen – Herrnberchtheim – Ippesheim – Bullenheim

Das lauschige Städtchen Uffenheim ist unser Startpunkt. Vom Bahnhof nur munter die Bahnhofsstraße hinunter in den Ort. Das mittelalterliche Stadtbild von Uffenheim lenkt uns vom rechten Weg ab, die Markgrafenstadt hat einige Hingucker zu bieten. Endet der Name einer Siedlung auf »-heim«, ist mit ziemlicher Sicherheit davon auszugehen, dass die erste Worthälfte den Namen des Gründers bezeichnet, in diesem Fall war es ein Herr Offo, der mit der Zeit zum Uffen verschliffen wurde. Wir werden auf der Bocksbeutelrunde noch vielen »-heims« begegnen, eine fröhliche Art der Namenserkundung. An einer alten Handelsstraße gelegen, die heute die B 13 nachzeichnet, bekam Uffenheim bereits 1349 das Stadtrecht verliehen. Knapp dreißig Jahre später kaufte der Nürnberger Burggraf, ein Hohenzoller, die Stadt, aus den Burggrafen gingen die fränkischen Markgrafen hervor. 1528 wurde man evangelisch, 1791 auf dem Erbweg preußisch, 1806 wie fast ganz Franken den Bayern zugeschlagen.

Nun aber ab auf den *Bocksbeutelweg*, dessen Symbol nicht zu übersehen ist. Wir drehen die Runde im Uhrzeigersinn, vom

Stadtzentrum geht's in nordwestlicher Richtung zunächst auf einem Fahrradweg parallel zur B 13 nach Gollhofen. Gollhofen führt zwei Ähren im Wappen, was uns aber nicht irritieren sollte: Zwar gedeiht auf dem fetten Lehmboden auch Getreide, Zuckerrüben aber noch viel besser. Löß jedoch ist für Trauben semi-optimal, deshalb verweilen wir nicht, sondern umrunden Gollhofen, queren die B 13 und arbeiten uns eine kleine Anhöhe hinauf, immer in Richtung der Weinberge.

Bald ist Herrnberchtheim erreicht. Einst erhob sich am südöstlichen Ortsrand eine Turmhügelburg. Turmhügelburgen, auch Motten genannt, bestanden aus einem künstlich angelegten Erdwall, auf den eine turmartige, meist hölzerne Burg gepflanzt wurde. In ganz Europa, besonders in Frankreich, waren solche Burganlagen zu finden. Heute ist von der Herrnberchtheimer

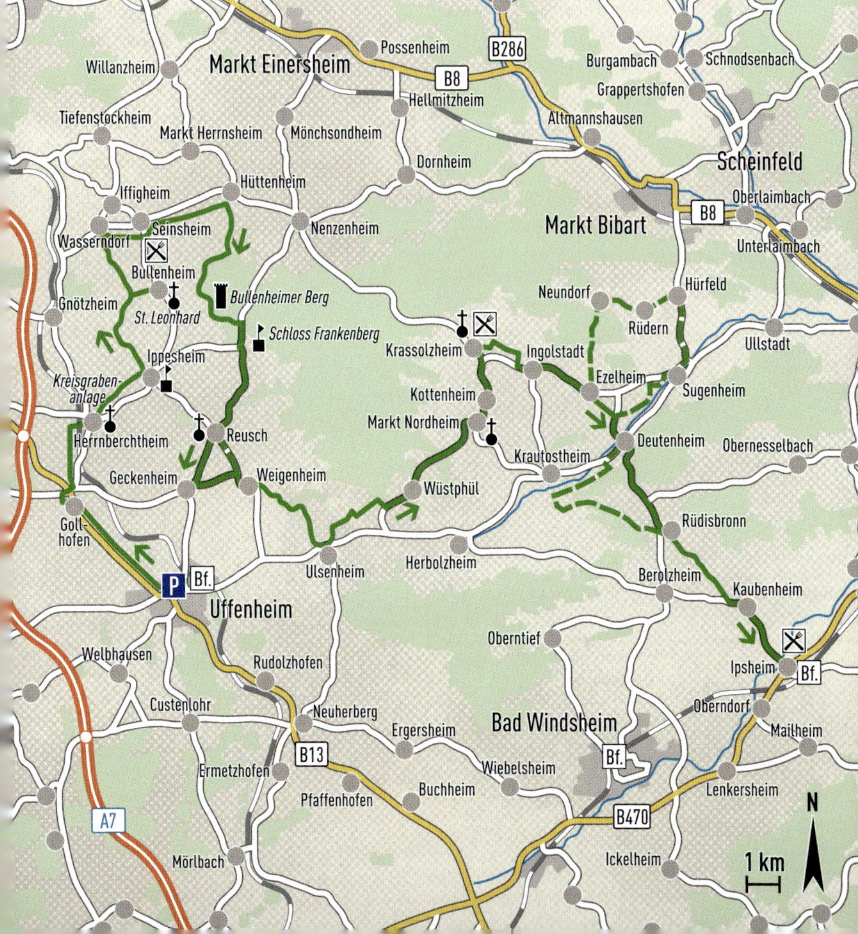

Motte nichts mehr übrig, nur ein Ring alter Eichen erinnert an den Standort. Mächtig aber trutzt noch die Pfarrkirche auf einem Hügel. Am Pfarrhaus gegenüber erinnert eine Tafel an den einst hier wirkenden Pfarrer Albrecht Eyring (1844–1920). Ihm hat nicht nur das Frankenland viel zu verdanken. Als in dem eiskalten Winter 1879/80 viele Obstbäume erfroren, machte sich Eyring daran, neue Sorten zu züchten und sein Wissen mit den Bauern zu teilen. Er wurde zu einem der Begründer der modernen Pomologie, der Obstbaumkunde, gründete auch den ersten Obstbaumverein. Auf seinen Wunsch wurde er in Herrnberchtheim bestattet. Sympathisch, dass im Ort viele Obstbäume an ihn erinnern.

Der Weg nach Ippesheim führt über eine schüchterne Anhöhe, auch dieser Weg ist mit Obstbäumen gesäumt, Pflaumen, Äpfeln und Birnen. Bald schon sehen wir die südlichen Höhen des Steigerwalds vor uns liegen, willig strecken sich die traubenbesetzten Hügel der Sonne entgegen. Nun verstehen wir auch seinen Namen, der Steigerwald scheint direkt die Mainplatte hinaufzuklettern. Am südwestlichen Ende reicht der Steigerwald der Frankenhöhe die Hand, am nördlichen Ende streckt er bei Bamberg die Hand über den Main und begrüßt die Haßberge

Die Kreisgrabenanlage von Ippesheim, im Hintergrund der Bullenheimer Berg

herzlich. Typisches Gestein des Steigerwalds ist der Keuper, ein fränkisches Dialektwort, das es in die Geologensprache geschafft hat. Mit Keuper bezeichnen die Franken eine bröckelige, lehmähnliche Substanz. Dort, wo der Keuper sich mit Gips durchmischt, entsteht ein einzigartiger mineralhaltiger Boden, auf dem die schönsten Trauben reifen, besonders gerne die grünen.

Wenn wir den Scheitelpunkt des Hügels erreichen, überrascht uns eine ringförmige Anlage aus Palisaden, die Kreisgrabenanlage von Ippesheim. Zahlreiche Schilder geben Auskunft, wir haben eine uralte Kultstätte erreicht.

Die Kreisgrabenanlage von Ippesheim

Im Jahr 1989 kreiste ein Flugzeug mit Spezialkameras über Ippesheim und machte ein Bodendenkmal aus. Bodendenkmäler sind längst überwucherte Reste alter Fundamente, ihre Strukturen aber bilden sich in der Art des unterschiedlichen Pflanzenbewuchses ab. So entdeckte der Flieger eine kreisförmige Grabanlage von 65 Metern Durchmesser, magnetische Untersuchungen bestätigten den Fund. Man nimmt an, dass die frühen Mittelfranken hier ein kultisch-wissenschaftliches Zentrum betrieben haben, das frühen Astrologen gedient hat, ähnlich der Anlage von Stonehenge. Mit Hilfe von Peilungspunkten der nahen Berge konnte man die Sonnenwende exakt bestimmen. Das Alter der vorgeschichtlichen Sternwarte schätzt man auf 4900 bis 4700 Jahre vor Christus. Man fand Scherben und gebänderte Plattenhornsteine, den merkwürdigsten und einen ziemlich gruseligen Fund aber machte man im Zentrum des Kreises: Dort fand man, mit dem Kopf senkrecht im Boden, das Skelett einer jungen Frau, einzigartig im ganzen voreisenzeitlichen Mitteleuropa, in dem man rund 160 solcher Anlagen fand. Welchem Kult diese Art von Bestattung diente, bleibt reine Spekulation, man vermutet, die junge Frau wurde den Göttern zum Opfer gegeben, als man die aus mehreren konzentrischen Kreisen gebaute Kultstätte aufgab. Die Anlage, die man in kleinerem Maßstab wieder aufgebaut hat, könnte auch und vor allem geselligen Zwecken gedient haben. Zu besonderen Ereignissen, etwa der Winter- oder der Sommersonnenwende, wird man an diesem Platz kräftig gefeiert haben.

Es gibt zahlreiche weitere Hinweise, dass es in der Gegend um Ippesheim zu frühesten Zeiten lebhaft zugegangen ist. Wenn wir am Bullenheimer Berg angelangt sind, den wir bereits vor uns sehen, werden wir mehr davon erzählen. Der nächste Ort, zu dem die umliegenden Gemeinden politisch gehören, führt stolz die Trauben im Wappen und das mit Recht: Ippesheim ist die größte Weinbaugemeinde Mittelfrankens. Überall sieht man Hinweisschilder, die zu Winzern locken. Hoch auf dem Hügel des Städtchens thronen Kirche und Schloss. Im Schloss dürfen sich die kleinsten Ippesheimer austoben, man hat den Kindergarten dort eingerichtet, »cool«, werden viele sagen, welcher Ort eignet sich besser, um Ritter oder Prinzessin zu spielen? Schloss Lichtenstein brannte im Dreißigjährigen Krieg 1634 aus und wurde von 1734 von Johann von Hutten in der heutigen Form wiedererrichtet.

Eine besonders liebliche Etappe liegt nun vor uns, der Mühlenweg. Wie die Perlen an der Schnur säumen die Mühlen den grünen Talgrund der Iff. Sechzehn Mühlen bringt die Iff auf ihrem kurzen Lauf zum Rotieren, rekordverdächtig. Und erstmals treten Weinberge an den *Bocksbeutel-Radweg* heran, das sollte unbedingt fotografiert werden. Bullenheim müssen wir natürlich besuchen, auch wenn man dafür kurz den *Bocksbeutelweg* verlassen muss.

Zweiter Abschnitt: Bullenheim – Seinsheim – Schloss Frankenberg – Reusch – Weigenheim – Ulsenheim – Wüstphül – Markt Nordheim

Freundlich begrüßt uns am Ortseingang von Bullenheim eine Weinkönigin. Kein fränkischer Weinort lässt es sich entgehen, auf eine solche Krönung hinzuweisen, zu Recht, muss eine Weinkönigin doch nicht nur durch ihre Anmut überzeugen, sondern auch durch profundes Wissen in allen Fragen rund um den Frankenwein. Doch Bullenheim hat noch weit mehr zu bieten als royale Schönheit. Die Kirchenburg mit ihren rosenumstandenen Mauern ist ein echter Hingucker. St. Leonhard ist eine Simultankirche, seit 1664 schon, also nicht lang nach dem Dreißigjährigen Krieg, beten dort Protestanten und Katholiken unter einem Kirchendach, sympathisches Zeichen der Ökumene.

Nun geht der Weg wieder hinunter ins Mühlental. Über Seinsheim und Hüttenheim erreichen wir den Bullenheimer Berg, den imposanten Zeugenberg, der sich wie ein Wächter über den südlichen Steigerwald erhebt. Seine Kuppe ist bewaldet, nur ein Aussichtsturm ragt über die Baumspitzen, an seinen Flanken aber klettert

Renaissance im Steigerwald und der Bullenheimer Berg: Trauben, wohin man schaut

überall der Wein hinauf. Wenn Berge erzählen könnten, wäre der Bullenheimer Berg ein Meistererzähler. Was er alles erlebt hat!

Der Berliner Goldhut

Besucht man auf der Berliner Museumsinsel im Neuen Museum die Ausstellung zur Vor- und Frühgeschichte, so steht man staunend vor einem glänzenden Goldhut. Das ein Pfund schwere Kunstwerk aus verziertem Goldblech diente wahrscheinlich zur Bestimmung des Kalenders, komplizierte, in Bändern angeordnete Ornamente konnten dechiffriert werden und nötigen uns Respekt ab, wie exakt die Menschen bereits 1000 Jahre vor Christus den Lauf der Sterne und Planeten bestimmen konnten. Abenteuerlich ist die Geschichte des Goldhuts. 1995 wurde der kegelförmige und mit einer Krempe versehene Hut auf dem Kunstmarkt angeboten. Der Verkäufer behauptete, er stamme aus einer ab den 1950er-Jahren aufgebauten Privatsammlung aus der Schweiz. Auf welchem Weg er in die Schweiz gelangt sein soll, blieb unbekannt, ebenso sein Fundort. Auffällig aber ist: Zur gleichen Zeit wie der Goldhut wurde der Bullenheimer Goldschatz zum Kauf angeboten. Beide Schätze weisen starke Ähnlichkeiten in den Verzierungen auf, die Fachwelt vermutet: Auch der Goldhut wurde am Bullenheimer Berg gefunden und heimlich ausgegraben. Was auch dafür spricht: Ähnliche Goldhüte fand man auf exakt demselben Breitengrad wie dem des Bullenheimer Bergs, dem 49sten.

Was hat es mit diesem Schatz auf sich? Er wurde von Raubgräbern geborgen, wenngleich dieser Begriff in die Irre führt, denn das Graben nach Fundstücken ist in Bayern nicht klar geregelt, ja, Raubgräbern steht bis heute die Hälfte ihres Fundes zu, die andere Hälfte dem Grundstückseigentümer. Schon früh wusste man, dass der Bullenheimer Berg zu alten Zeiten besiedelt war und dort Fundstücke zu vermuten sind. US-amerikanische Soldaten, die in der Nähe stationiert waren, begannen mit den damals erfundenen Metalldetektoren den Berg abzusuchen und wurden fündig, was weitere Schatzsucher auf den Plan rief. Ein regelrechtes Goldfieber brach aus, das ganze Plateau des Bullenheimer Berges inklusive der umgebenden Hänge wurde durchwühlt. Lange sah die offizielle Archäologie dem Treiben hilflos zu, bis man selbst zu graben begann.

Wer will, kann sein Rad stehen lassen und zur Ruine der Kunigundenkapelle hinaufsteigen. Kaiserin Kunigunde besaß zahlreiche persönliche Ländereien in dem von ihrem Mann Heinrich gestifteten Bistum Bamberg, ein alter Eselspfad verband sie miteinander. Als Kunigunde eine Visitationsfahrt machte, soll sie

Schloss und Weingut Frankenberg

sich mit ihrem Gefolge im Wald verirrt haben. Voller Angst legte sie ein Gelübde ab: An dem Ort, an dem sie ein rettendes Licht erblicken würden, wollte sie eine Kapelle errichten lassen. Und siehe da, kurz darauf gelangte man an einen steil abfallenden Berghang und sah im Tal die freundlichen Lichter eines Dorfes scheinen. Das Dorf war das nahe Bullenheim. So ließ Kunigunde diese Kapelle bauen, froh, den Schrecken der Nacht entronnen zu sein.

Weiter geht's durch die Weinberge an der Hangkante entlang. Auf einem Bergsporn liegt Schloss Frankenberg. Auch wenn der Weg schweißtreibend steil ist, sollte man den kleinen Abzweig unbedingt machen, die Renaissanceanlage ist sehenswert, sehenswerter noch, weil sie zum Zeitpunkt der Drucklegung dieses Buches aus dem Dornröschenschlaf erwacht sein wird, wachgeküsst zu einem Erlebnishotel mit Sterneküche. Wenn der Prinz seine Sache richtig macht. Die Geschichte des Schlosses ist lang und kompliziert, nur so viel, dass es eine Burg Hinterfrankenberg gab, die in Trümmer gelegt wurde, während Vorderfrankenberg von Ritter Ludwig von Hutten gekauft und in ein schickes Renaissanceschloss verwandelt wurde. Er hatte sich den

Spaß leisten können, weil ein Verwandter von ihm Stallmeister beim schwäbischen Herzog gewesen und von diesem im Zorn erschlagen worden war. Die fällige Strafe hatte die Huttens liquide gemacht. Neuer Schlossherr ist seit 2014 Peter Löw, ein umtriebiger Unternehmer, Jurist und Autor, der es sich zur Aufgabe gemacht hat, maroden Gemäuern neues Leben einzuhauchen, so auch Schloss Frankenberg. Das dazugehörige *Amtshaus* ist bereits seit Längerem hübsch restauriert und empfängt Pedalritter gerne mit einer kleinen Speisekarte.

Bei der Abfahrt pfeift uns der Wind um die Ohren, bald ist Reusch erreicht, wo viele Ritter von Frankenberg dem Jüngsten Tag entgegenschlummern. Über Geckenheim und Weigenheim geht es am Langen Berg mit seinen Rebhängen vorbei und weiter über Ulsenheim und Wüstphül nach Markt Nordheim. Hier kann, wer will, die heißgelaufenen Reifen seines Rads in einer Furt kühlen. Schön ist das Ensemble aus Wirtshaus und Kirche. Letztere ist erfreulicherweise geöffnet, man bekommt einen schönen Eindruck von einer typischen Landkirche im Markgrafenstil, der durch seine Seitenemporen besticht.

Fröhliches Weinpressen in Krassolzheim

Dritter Abschnitt: Markt Nordheim – Krassolzheim – Ingolstadt – Ezelheim – Deutenheim – Rüdisbronn – Ipsheim

In Krassolzheim ist Zeit für eine Rast. Mitten auf einem weitläufigen Rasenplatz erhebt sich die Ortskirche, einst stand hier ein Wasserschloss. Während wir uns eine Weinschorle schmecken lassen, beobachten wir die Dorfjugend, die eine steinerne Kelter bearbeitet, um sich mit den gefüllten Eimern nasszuspritzen. Dieser östliche Teil der Bocksbeutelrunde ist von der Flurbereinigung (welch grauenhafter Euphemismus!) verschont geblieben, kleinteilige Rebhänge wechseln sich mit Hecken und Streuobstwiesen ab, Weinbau wie vor hundert Jahren. Welchen Tropfen bevorzugen Sie? Einen Roten oder einen Weißen? Bacchus oder Dornfelder? Müller-Thurgau oder Blauer Zweigelt? Grüner Silvaner oder Domina? Kerner oder Regent? Grauer Burgunder oder Schwarzriesling? Die Vielfalt am Krassolzheimer Pfaffenberg ist groß, Sie können auch einen Weißen Burgunder oder einen Johanniter schlürfen. Nach der kleinen Jause geht's weiter nach Ingolstadt. – Ingolstadt? Sie haben recht gehört, auch in Franken gibt's einen Ort dieses Namens, etwas kleiner, aber mit seinen Fachwerkhäusern genauso schmuck und önologisch eindeutig ergiebiger als die große Donauschwester. In Ingolstadt steht auch der Blumenrekordhalter aller Bocksbeutelrundenhäuser.

Hinter Ezelheim kürzen wir den offiziellen Bocksbeutelradweg etwas ab und fahren über Deutenheim den steilen Berg hinauf nach Rüdisbronn. Dabei passieren wir eine historisch einmalige Landschaft, die es in das bundesweite Verzeichnis des immateriellen Kulturerbes geschafft hat, die Freimarkung Osing (siehe Kasten »Der Osing«).

In Rüdisbronn begrüßt uns wieder das Symbol der Bocksbeutelrunde, das uns über Kaubenheim zum Ziel führt, ins Winzerstädtchen Ipsheim. Hier kann man seine Weinvorräte auffüllen, bis die Fahrradtasche platzt. Am besten aber mundet der Wein natürlich in einer der Heckenwirtschaften. Ein fränkischer Schoppen ist großzügig bemessen, er fasst einen Viertelliter, also füllt ein Bocksbeutel drei fröhliche Schoppengläser. Dabei können Sie fröhlich fachsimpeln, über die Säure, die Aromen, den Abgang. Letzterer bezeichnet bekannterweise den Nachhall eines Weins im Gaumen, wenn man einen Schluck genommen hat. Je län-

Der Osing

Der sagenumwobene Höhenzug besteht aus Äckern und Feldern, die alle zehn Jahre nach einem überlieferten mittelalterlichen Brauch zwischen den vier umliegenden Orten Rüdisbronn, Krautostheim, Humprechtsau und Herbolzheim und ihren Landwirten verlost werden. Der Brauch reicht tief bis in germanische Zeiten zurück, als die Verlosung von Land gang und gäbe war, die verwendeten Runenzeichen deuten noch darauf hin. Viele Vorbereitungen sind notwendig, bevor die Verlosung stattfinden kann. Die Osingverwaltung, bestehend aus zwei Personen jedes Ortes, vermisst zwei Wochen lang nach einem genau festgelegten Plan die Ackerflächen neu; überhaupt ist das ganze Verfahren stark ritualisiert, wohl auch deshalb hinterlässt es einen starken Eindruck bei jedem, der einmal mit dabei war. Wann die nächste Verlosung stattfindet, kann auf der Web-Seite des Vereins nachgelesen werden (www.osingverein.de). Lohnend ist es vor allem für die Kinder, die die Lose ziehen. Jeder Haupttreffer wird mit einem anständigen Trinkgeld belohnt. Natürlich dient die Verlosung auch geselligen Zwecken und stärkt die Verbundenheit der Dörfer und der jeweiligen Dorfgemeinschaft.

ger der Abgang, desto besser der Tropfen. Schauen Sie auf den Sekundenzeiger Ihrer Uhr, der Abgang wird in Caudalies gemessen, eine Caudalie entspricht einer Sekunde. Konnten Sie bis acht zählen, dürfen Sie mit der Zunge schnalzen, absolute Spitzentropfen bringen es auf fünfzig Caudalies.

Keine Angst, dass Sie bei der ganzen Zählerei den Zug verpassen, bis zum Bahnhof von Ipsheim ist es nicht weit. Hören Sie aus dem Bahnhofsgebäude lustigen Kindergesang, ist das nicht Ihrem angeheiterten Zustand zuzuschreiben, den Ipsheimer Bahnhof hat man zum Kindergarten gemacht. Doch nun ab in die Bummelbahn und noch einmal weinselig die schöne Gegend betrachtet. Bestimmt werden wir die Bocksbeutelrunde nicht zum letzten Mal gedreht haben.

Johannes Wilkes

In Ipsheim wachsen einem die Trauben in den Mund.

Ausgewählte Adressen und Tipps

- Einkehrmöglichkeiten ohne Ende! Wir empfehlen natürlich einen Besuch der zahlreichen Weingüter. Und ein Tipp für Weinliebhaber, die außerhalb der Geschäftszeiten in Ipsheim ein Fläschchen Rebensaft kaufen wollen: Ein Weinautomat mit leckeren Tropfen steht in Bahnhofsnähe, sogar Gläser kann man dort erwerben. Allerdings muss ein Personalausweis beweisen, dass man volljährig ist. Der Ausweis ist zuvor durch einen Schlitz zu ziehen.
- *Weinparadiesscheune* 1, 97258 Ippesheim, Tel. 09339/989680. Im Sommer Mi–So geöffnet. Ein bei Touristen sehr beliebtes Ziel in den Weinbergen von Bullenheim und Seinsheim mit Panoramaaussicht weit über das Land.
- *Weinbauernhaus Hanns*, Schützenstr. 9, 91472 Ipsheim, Tel. 09846/1675 oder 0176/32575328, www.weinbauernhaus.de.
- *Goldener Hirsch*, Kirchplatz 4, 91472 Ipsheim, Tel. 09846/317, www.goldener-hirsch-ipsheim.de.
- Unterkünfte für jeden Geldbeutel und jeden Geschmack finden Sie auf der Webseite www.bocksbeutelstrasse.de.
- Wer sich etwas Besonderes leisten möchte, historisch, stilvoll, mit einzigartigem Panorama und angeschlossenem Weinberg, der informiere sich, ob *Schloss Frankenberg* seine Hotelpforten nach der aufwendigen Renovierung bereits geöffnet hat: www.schloss-frankenberg.de.
- Das nahe Bad Windsheim ist einen Besuch wert! Historische Innenstadt; sorgfältig gepflegter weitläufiger Kurpark; beliebte, hochmoderne Thermenanlage; Freilichtmuseum zur fränkischen Landesgeschichte.
- In Schloss Seehaus in Markt Nordheim, einer dreiflügeligen Barockanlage der Schwarzenbergs, veranstaltet ein rühriger Verein von Musikfreunden Meisterkurse und hochkarätige Konzerte. Infos unter: www.schloss-seehaus.de.

Romantisch gestimmt im Frankenland

10

Auf dem Fernradweg »Romantische Straße« von Rothenburg nach Dinkelsbühl

Wo ist es romantischer als im Frankenland? Der Radweg »Romantische Straße« gehört zu den beliebtesten Fernradwegen Deutschlands. Einer der hübschesten Abschnitte führt durch den westlichen Teil Mittelfrankens. Ein Highlight für alle, die romantisch gestimmt und zugleich kulturinteressiert sind.

Die Strecke: Rothenburg – Schillingsfürst – Feuchtwangen – Dinkelsbühl.

Länge: 59 km.

Markierung: gut ausgeschildert, Schriftzug *Romantische Straße*, grün auf weißem Grund, begleitet vom Logo *Bayernnetz für Radler*, weißes Y auf blauem Grund.

Höhenprofil: Anstieg zur Frankenhöhe (Schillingsfürst), sonst nur leicht hügeliges Gelände.

Wegbeschaffenheit: sehr gut, teils asphaltierte, teils geschotterte Abschnitte, Kopfsteinpflaster in den historischen Innenstädten.

Familien: für Kinder, die schon Erfahrung mit Anstiegen haben.

An-/Rückreise: *ÖPNV:* mit der Bahn nach Rothenburg ob der Tauber, von Nürnberg mit Umstiegen in Ansbach und Steinach (Steinach liegt an der Bahnstrecke Würzburg–Treuchtlingen). Zurück mit Bus 813 von Dinkelsbühl bis Dombühl, weiter mit der Linie 807 nach Rothenburg, VGN-Ticket (Achtung: begrenzte Radkapazität zu Stoßzeiten!). *Kfz:* Zahlreiche Parkplätze sind vor den Stadtmauern von Rothenburg gut ausgeschildert.

Variante: Abkürzung möglich, indem man in Dombühl die S-Bahn Richtung Nürnberg nimmt. Vollblutromantiker mit guter Kondition radeln die gesamten 500 km des Radwegs »Romantische Straße« von Würzburg bis Füssen. Durch das liebliche Taubertal, durch zauberhafte Städte wie Nördlingen oder Landsberg am Lech, sieht man zuletzt vor erhabener Alpenkulisse Schloss Neuschwanstein leuchten: Romantikerherz, was begehrst du mehr? Weitere Infos unter: www.romantisches-franken.de.

Fahrradverleih: Fahrradservicestützpunkt, Koppengasse 10, 91550 Dinkelsbühl.

E-Bike-Ladestationen: *Akzent-Hotel Schranne,* Schrannenplatz 6, 91541 Rothenburg; Fahrradhaus Krauß, Ansbacher Str. 85, Rothenburg; *Hotel Die Post,* Rothenburger Str. 1, 91583 Schillingsfürst.

Rothenburg: Heilig-Blut-Altar, Rathaus, Jakobskirche und Markusturm

Von Rothenburg auf die Frankenhöhe nach Schillingsfürst

Startet man in einer Stadt wie Rothenburg, tut sich ein Luxusproblem auf. So viele schöne Ecken gibt es innerhalb der historischen Stadtmauern zu entdecken, man braucht locker ein bis zwei Stunden, um sich von der Stadt zu trennen, wahrscheinlich sogar mehr. Hier ein Kompromissvorschlag für einen Kurzbesuch: Fahren Sie vom Bahnhof kommend über Bahnhof- und Ansbacher Straße bis zum Rödertor. Dort steigen Sie ab und schieben Ihre Räder durch Röder- und Hafengasse zum Marktplatz, wo Sie das Rathaus bewundern. (Haben Sie Kinder dabei, passen Sie gut auf, dass die Kleinen nicht in das ganzjährig geöffnete Weihnachtsdorf von Käthe Wohlfahrt drängen, denn dann ist eine weitere Stunde futsch.) Über den Marktplatz und den Grünen Markt erreichen Sie den Kirchplatz. Hier steht ein schönes Stadtmodell aus Bronze. Sodann besuchen Sie die Stadtkirche St. Jakob mit dem vielleicht schönsten Altar Mittelfrankens, dem Heilig-Blut-Altar. Er stammt aus der Hand von Tilman Riemenschneider. Kaum ein zweiter Künstler hat es vermocht, seine Figuren so lebensecht zu schnitzen. Betrachten Sie die Haare der Apostel, ihre Hände, filigraner geht es nicht. Heilig Blut heißt der Altar, weil einem Pfarrer einst ein Missgeschick passierte. Etwas von dem Messwein ging daneben, rasch nahm es der Mesner mit einem Tuch auf, doch der Schrecken war groß, denn der Wein war nach katholischer Lehre bereits in Christi Blut verwandelt worden. Was nun? Das Blut Christi durfte doch nicht weggeworfen werden. Und so beschlossen die Rothenburger Ratsherren, einen Altar errichten zu lassen, der das Stück Stoff würdevoll aufbewahrte. Eine geschickte Lösung, die sich rechnen sollte: Bald setzte ein Strom von Pilgern ein und Rothenburg machte hübsche Geschäfte.

Mit diesem Kurzbesuch soll die Besichtigung der Stadt abgeschlossen sein. Natürlich könnte man noch den spektakulären Gang über die Stadtmauer machen oder das Mittelalterliche Kriminalmuseum besichtigen (Faktor 10 auf der nach oben offenen Gruselskala), doch die Drahtesel wiehern und drängen ungeduldig auf den Radweg, dem Logo der *Romantischen Straße* folgend.

Romantisch ist nicht nur Rothenburg, romantisch ist auch die Frankenhöhe, die wir nun erklimmen. Je höher wir radeln, desto mehr verstehen wir, warum man die Frankenhöhe zum Natur-

Alte Mühle an der Wörnitz

park erklärt hat, eine Gegend fernab größerer Verkehrswege, die ihren ursprünglichen Reiz bewahrt hat. Sportlich ist die Tour hinauf, doch der Blick über das Land entschädigt für die Mühen.

In Schillingsfürst haben wir uns eine Pause verdient. Für Radler bietet sich das *Schlosscafé* an, man sitzt draußen und genießt einen wunderbaren Blick vom Trauf der Frankenhöhe, die hier in ihrem westlichen Teil steil nach Westen abfällt. Je nachdem, wo ein Regentropfen auf Schillingsfürst fällt, wandert er per Tauber, Main und Rhein zur Nordsee oder über Wörnitz und Donau zum Schwarzen Meer. Mitten durch den Ort verläuft die Europäische Wasserscheide. Auf einem Bergsporn thront landschaftsbeherrschend das Schloss, dessen Bau 1705 an der Stelle einer Vorläuferburg begonnen wurde. Die dreigeschossige Dreiflügelanlage umrahmt einen tiefen Ehrenhof mit Mansardwalmdächern. Das Schloss kann besichtigt werden, wenn die Zeit reicht. Unbedingt anschauen muss man die Wörnitzquelle (Navi: An der Wörnitzquelle). Hübsch gefasst quillt das Wasser ans Tageslicht, es wird uns bis zu unserem Ziel Dinkelsbühl begleiten. »Schlangenfluss« ist der Spitzname der Wörnitz, darf sie doch noch unbegradigt durch die grünen Wiesen und Wälder mäandern.

Urtümliche Bewirtungsformen auf dem Weg nach Feuchtwangen

»Vom Wasser haben wir's gelernt …«, heißt es in einem bekannten Volkslied und so folgen wir als gelehrige Schüler dem Symbol der *Romantischen Straße* und genießen die unspektakulären, dafür aber lieblichen Gegenden der Frankenhöhe. Mit Mittelgebirgen ist das Frankenland ja reich gesegnet: der Frankenwald, das Fichtelgebirge, die Fränkische Schweiz, Rhön, Spessart, Steigerwald und nicht zu vergessen die Haßberge und die Hersbrucker Schweiz. Ein jedes Gebirge hat seinen speziellen Charakter. Die Frankenhöhe, deren höchste Erhebung der Hornberg ist (554 m üNHN), ist eine Hügellandschaft, die besonders in ihrem westlichen Teil durch herrliche Mischwälder geprägt ist, weshalb die Radtour im Herbst einen besonderen Reiz entfaltet. Urtümliche

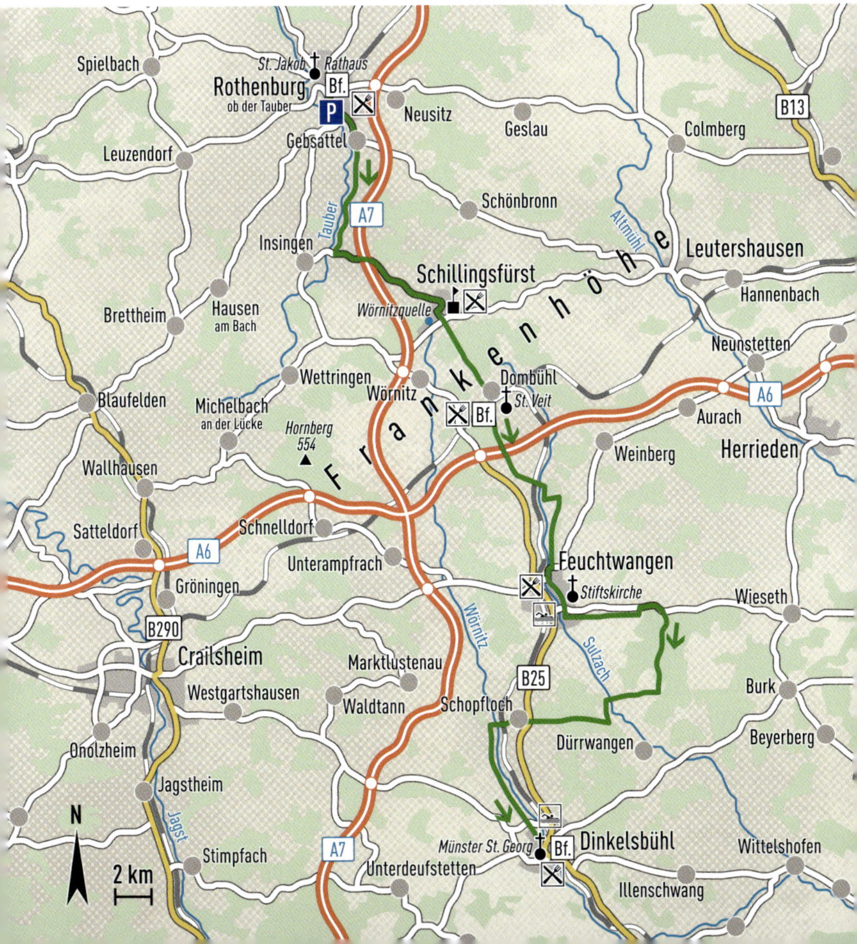

Bewirtungsformen sind vielerorts noch zu erkennen, Hutewälder, Streuobstwiesen und Wacholderheiden, bei Ipsheim, das nicht an der Romantischen Straße liegt, wird sogar Weinbau betrieben (siehe Tour 9).

Auch Dombühl, der nächste Ort, den wir erreichen, liegt auf der Frankenhöhe. Seinen Namen hat der Markt nicht etwa von einem Dom, der auf dem Hügel liegt, sondern von den Tannen, die ehemals hier standen. Als »Tanpuel« wurde er 1238 erstmals erwähnt. Doch auch wenn die Kirche kein Dom ist, ist sie durchaus sehenswert. Die evangelische Pfarrkirche St. Veit wurde als Wehrkirche errichtet, dem himmlischen Beistand vertraute man in Kriegszeiten nur begrenzt, schützende Mauern stärkten das Sicherheitsgefühl. Wuchtig trotzt das alte Gemäuer allen Gefahren. Sollten Sie bei heißem Wetter ins Schwitzen gekommen sein, lädt das Naturerlebnisbad zu einer Erfrischungspause ein. Dombühl, so überschaubar es ist, verfügt über einen S-Bahn-Anschluss nach Nürnberg, sodass man die Tour hier abkürzen könnte, was natürlich schade wäre, denn eine herrliche Wegstrecke liegt noch vor uns.

In sanften Kurven geht es südwärts. Mit etwas Glück sieht man Rehe durch die Felder springen, Bussarde kreisen über den Wiesen, viele Felder sind mit Hecken gesäumt, wo Fasane Unterschlupf finden und auch das seltene Rebhuhn. Nachdem wir die A 6 gekreuzt haben, ist es nicht mehr weit nach Feuchtwangen, man kann schon die Kirchturmspitzen erkennen. Entlang des Flussufers rollen wir über eine schattige Promenade und erreichen das historische Zentrum.

Spaziergang durch Feuchtwangen

Von April bis August macht Feuchtwangen Theater. Im alten Kreuzgang ist eine Tribüne aufgebaut, für jedes Alter und für jeden Geschmack sind Stücke dabei, von der leichten Muse bis zu anspruchsvollen Klassikern. Verständlich, dass in dieser Zeit der Kreuzgang für gewöhnliche Besucher gesperrt ist; will man dennoch einen Blick hineinwerfen, kehre man im *Café am Kreuzgang* ein. Von den Fensterplätzen genießt man einen Blick in den Säulenhof, mit etwas Glück wird man sogar Zeuge einer Theaterprobe. Hören kann man nichts, aber Pantomime ist ja auch eine Kunst.

Romantik am Wege

Feuchtwangen kleidet sich nicht ganz so bunt wie die Schwestern Rothenburg und Dinkelsbühl, dafür aber genauso romantisch. Zeit für einen kleinen Spaziergang sollte man sich unbedingt nehmen, schon allein, um den Storch auf dem Dach zu bewundern. Neben der Stiftskirche steht die Johanneskapelle, ein hübsches Ensemble, auch der Blick hinein lohnt sich, besonders in die Stiftskirche. In unmittelbarer Nähe wird an den großen Naturforscher Adalbert Schnizlein erinnert, der am 14. April 1814 in Feuchtwangen geboren wurde. Seinen Doktortitel bekam der fleißige Wissenschaftler, der besonders auf dem Gebiet der Botanik Großartiges geleistet hat, für den Nachweis, dass entgegen der landläufigen Meinung Fischschuppen kein Silber enthalten. Leider, möchte man fast sagen, denn dann wäre jeder fränkische Karpfenteich ein Silbersee. Sucht man einen Moment der Ruhe, bietet sich der hübsche Park am Rathaus an, gleich hinter den Kirchen. Silbern springt das Wasser aus einem Becken, unter alten Bäumen kann man hübsch ein Nickerchen halten.

Seinem Benediktinerkloster hat Feuchtwangen seine Ersterwähnung 818/819 zu verdanken, 1197 zogen Augustiner-Chorherrn ein. Ein Nagel aus dem Kreuz Christi sorgte für reiche Pilgerzuströme. Eigentlich hätten die Ratsherren dafür dankbar sein müssen, dennoch kam es immer wieder zu heftigem Streit mit den geistlichen Herren. Not und Elend brachte der Dreißigjährige Krieg, Feuchtwangen wurde evangelisch, brandenburgisch-ansbachische Oberamtsstadt, preußisch, 1806 schließlich bayerisch. Politisch jedenfalls. Zungenschlag und Herz aber sind fränkisch geblieben.

Nach Schopfloch und Dinkelsbühl

In südlicher Richtung geht es weiter durchs Grüne, die Wege sind gut ausgeschildert und frei von Schlaglöchern. Malerische Landschaftseindrücke erwarten uns. Nach wenigen Kilometern erreichen wir die kleine Ortschaft Schopfloch. Ehemals gab es hier eine Burg, bis auf spärliche Reste aber ist nichts mehr davon zu sehen. Für Ruinen hatte die Romantik stets ein besonderes Faible. Kaum zu glauben, aber wahr: Nicht wenige haben in ihren Gärten künstliche Ruinen errichten lassen, Anklänge an eine Vergangenheit, die den Rittern und Edelfrauen gehörte, Melancholie und sanfte Morbidität, Kinder der Romantik. Auch die

Dinkelsbühl, von der Wörnitz umflossen

Geburtsstunde der Romantik in der Literatur schlug in Mittelfranken: Die jungen Studenten Ludwig Tieck und Wilhelm Wackenroder, Berliner Jungs, die 1793 zum Studium nach Erlangen gegangen waren, ließen sich von Landschaft und dem gotischen Nürnberg begeistern und schlugen einen neuen Ton in der Dichtung an.

In Schopfloch wurde lange eine sehr spezielle Sprache gesprochen, Lachoudisch, ein Mischmasch aus Hebräisch, Rotwelsch und eigenem Vokabular. Jüdische Händler verständigten sich in dieser Sprache. Heute noch pflegt Schopfloch das Andenken an das in Vergessenheit geratene Lachoudisch. Ein kleines Quiz?

Orden Sie folgende Begriffe korrekt zu: Dueches, Kaffriechem und Malouche – Bauer, Gesäß und Arbeit? (Dueches = Gesäß; Kaffriechem = Bauer; Malouche = Arbeit).

Kaum haben wir Schopfloch verlassen, sehen wir bald schon die Silhouette unseres Reiseziels vor uns liegen: Dinkelsbühl. Nur wenige grüne Kilometer, dann sind wir da.

Dinkelsbühl und die Kinderzeche

Zärtlich schmiegt sich die Wörnitz an die Stadtmauer. In Dinkelsbühl fühlt man sich in längst vergangene Zeiten zurückversetzt, in ein Schatzkästchen aus dem Mittelalter. Würde es gelingen, die Autos noch konsequenter aus der Innenstadt zu verdrängen, die Illusion wäre perfekt. Farbenfrohe Hausfassaden, putzige Geschäfte, stattliche Bürgerhäuser und Gasthöfe, fantasievolles Fachwerk, die Stadtmauer mit ihren Türmen, von denen einer den anderen an Originalität übertreffen will, eine Pferdekutsche, die gemächlich über das Kopfsteinpflaster schaukelt: Romantik pur.

Ist man an einem der Wochenenden um den dritten Montag im Juli in Dinkelsbühl unterwegs, kann man Zeuge eines besonderen Ereignisses werden, der Kinderzeche. Die Schweden stehen vor der Stadt! Mit Schrecken vernahmen's die Dinkelsbühler, hatte sich doch längst herumgesprochen, wie grausam der Schwede wüten konnte. Der Dreißigjährige Krieg tobte schon vierzehn Jahre, es war der 11. Mai 1632. Trotz Stadtmauer und Türmen würde man dem Feind nicht standhalten können, die Plünderung war beschlossene Sache. Was sollte geschehen, wo kam Rettung her? Die Kinder sahen, wie ihre Eltern zitterten, da taten sie sich zusammen, wie sie es am letzten Schultag zu tun pflegten, wenn man ihnen als Lohn für ihre musikalischen Dienste ein Zechgeld zahlte. In Uniformen verkleidet zogen sie dem Feind entgegen, in ihrer Mitte Lore, die Tochter des Turmwächters. Sie trat vor den schwedischen Heerführer und dieser war so gerührt von der Rede des Mädchens, dass er Dinkelsbühl verschonte. Diese Sage ist der Anlass für ein seit 1897 begangenes Fest, bei dem die Geschichte nachgespielt wird. An beiden Sonn- und Montagen um den dritten Montag im Juli ziehen die Kinder hinaus, gefolgt von einem prächtigen Festzug.

Lacht die Sonne noch und ist man ins Schwitzen gekommen, sollte man unbedingt das Flussschwimmbad von Dinkelsbühl aufsuchen. In welchem Fluss lässt es sich noch baden? Das Wasser der Wörnitz, dem wir von seiner Quelle gefolgt sind, ist von bester Badequalität und sehr erfrischend. Bevor wir – hungrig geworden – den Tag in einem der zahlreichen historischen Gasthöfe ausklingen lassen, besuchen wir noch die Stadtkirche. Vor ihr steht ein Denkmal für Christoph von Schmidt. Dem 1768 in Dinkelsbühl geborenen Priester und Schriftsteller haben wir das anrührende Weihnachtslied »Ihr Kinderlein kommet« zu verdanken, Grund genug, ihn aufs Podest zu heben. Das Münster St. Georg ist eine der schönsten gotischen Hallenkirchen Süddeutschlands mit herrlichem Netzgewölbe. Der bekannte Kunsthistoriker Georg Dehio schreibt: »Es ist eine Kraft des Gliederbaus, ein Schwung der Raumwirkung, eine strahlende Feierlichkeit der Stimmung, wie sie in dieser Epoche der Gotik selten gefunden werden.« Gönnen wir uns einen kleinen Moment der Stille. Und als kleines Dankeschön für die glückliche Ankunft zünden wir noch ein Kerzchen an.

Johannes Wilkes

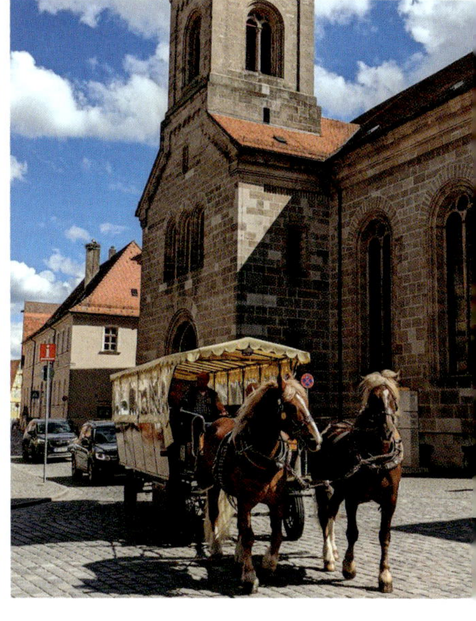

Fachwerk vom Feinsten: Impressionen aus dem romantischen Dinkelsbühl

Ausgewählte Adressen und Tipps

Rothenburg ob der Tauber

Stadtkirche St. Jakob mit Heilig-Blut-Altar, www.rothenburg-evangelisch.de. Mo–Sa 10–18 Uhr, So 11–19 Uhr. Tipp: regelmäßige, kostenlose Führungen um 11 und 14.30 Uhr.

Mittelalterliches Kriminalmuseum, Burggasse 3–5, 91541 Rothenburg ob der Tauber, Tel. 09861/5359, www.kriminalmuseum.eu. Tägl. 10–18 Uhr.

Kulinarischer Tipp: Rothenburger Schneeballen, frittierte Spezialität aus mürbem Eierteig, u. a. beim *Diller* am Marktplatz.

Schillingsfürst

Schloss Schillingsfürst, Am Wall 14, 91583 Schillingsfürst, Tel. 09868/201, www.schloss-schillingsfuerst.de. Schloss-Museum Di–So und Fei 10.30–17 Uhr. Flugvorführungen der Falken um 11 und 15 Uhr.

Schlosscafé, Am Wall 10, 91583 Schillingsfürst, Tel. 09868/7406, www.schlosscafe-schillingsfürst.de. Di–So 10–24 Uhr. Schöne Sonnenterrasse mit weitem Ausblick.

Dombühl

Gasthaus Zur Linde, Bortenberg 4, 91601 Dombühl, Tel. 09868/412, www.wendhack.de. Di–Do ab 16 Uhr, Fr–So ganztägig.

Naturerlebnisbad, Köllenbergstr., 91601 Dombühl, www.dombuehl.de. Mo–Fr 13–20 Uhr, Sa/So und Sommerferien 10–20 Uhr.

Feuchtwangen

Tourist-Information, Marktplatz 1, 91555 Feuchtwangen, Tel. 09852/90455, www.tourismus-feuchtwangen.de.

Kreuzgangspiele, www.kreuzgangspiele.de. Anforderung des aktuellen Programms unter Tel. 09852/90444 oder per E-Mail an mail@kreuzgangspiele.de.

Café am Kreuzgang, Marktplatz 3, 91555 Feuchtwangen, Tel. 09852/2387, www.cafeamkreuzgang.de. Tägl. 9–18.30 Uhr.

Hotel Wilder Mann, mit *Ristorante Pizzeria Lo Scoglio*, Alter Ansbacher Berg 2, 91555 Feuchtwangen, Tel. Hotel 09852/719, Tel. Ristorante 09852/703566, www.wildermann-feuchtwangen.de. Mo Ruhetag. Schöner Biergarten.

Gasthaus Schöllmann, Ringstr. 54, 91555 Feuchtwangen, Tel. 09852/2960, www.gasthaus-schoellmann.de. Schöner Biergarten.

Land-Gast-Hof Walkmühle, Walkmühle 1, 91555 Feuchtwangen, Tel. 09852/679990, www.walkmuehle-feuchtwangen.de. Restaurant Di–Fr 15–23 Uhr, So und Fei 11.30–23 Uhr. Etwas außerhalb, Mühlenromantik!

Städtisches Freibad, Zum Schleifweiher 20, 91555 Feuchtwangen, Tel. 09852/9700.

Dinkelsbühl

Touristik Service Dinkelsbühl, Altrathausplatz 14, 91550 Dinkelsbühl, Tel. 09851/902440, www.tourismus-dinkelsbuehl.de.

Haus der Geschichte, im Alten Rathaus, Altrathausplatz 14, 91550 Dinkelsbühl, Tel. 09851/902180, www.hausdergeschichte-dinkelsbühl.de. An 365 Tagen im Jahr geöffnet!

Turmbesteigung Münster St. Georg, z. Z. der Drucklegung nicht möglich. Aktuelle Informationen unter: www.st-georg-dinkelsbuehl.de. Wunderbarer Rundblick über das mittelalterliche Straßengewirr und das grüne Umland.

Meiser Altstadt Brasserie, Hotelrestaurant, Weinmarkt 10, 91550 Dinkelsbühl, Tel. 09851/582900, www.meisers-hotel.de. Elegantes Saloncafé.

Weib's Brauhaus, Untere Schmiedgasse 13, 91550 Dinkelsbühl, Tel. 09851/579490, www.weibsbrauhaus.de. Brauereigasthof, der auch Zimmer vermietet, Biergarten.

Hotel/Restaurant Luise-Luisenhof, Schrannengasse 2, 91550 Dinkelsbühl, Tel. 09851/555420, www.hezelhof.com.

Hezelhof Hotel, Segringer Str. 7, 91550 Dinkelsbühl, Tel. 09851/555420, www.hezelhof.com.

Wörnitzstrandbad, Bleichweg 2, 91550 Dinkelsbühl, Tel. 09851/9498. Mo–Fr 13–20 Uhr, Sa/So 11–20 Uhr. Schwimmen im Fluss! (für Kleinkinder beheizte Becken).

11 Römische Weltkultur in Mittelfranken

Der »Limes-Radweg« zwischen Gunzenhausen und Weißenburg

Auf Römer-Radtour

Das Römische Reich, längst ist es untergegangen und doch leuchtet es mit all seinen Mythen und Legenden weiter hinein in unsere Zeit. Die Ausmaße des Reiches waren gigantisch. Um den Barbaren seine und ihre Grenzen aufzuzeigen, wurde das Reich ringsherum markiert und gesichert, der Limes entstand. Durch Nordafrika verlief die Grenze, durch das heutige Marokko, Algerien und Tunesien, durch Libyen und Ägypten weiter nach Arabien, Palästina und Syrien, die Türkei und Armenien, um nur einige der heutigen Länder zu nennen, dann quer durch den Balkan, durch Rumänien, Serbien und Bulgarien. Und natürlich auch durch Germanien. Der Obergermanisch-Raetische Limes ist stolze 550 Kilometer lang, das längste Bodendenkmal Europas. Wer will, kann vier Wochen auf Römer-Radtour gehen, von Bad Hönningen am Rhein bis nach Regensburg an der Donau, 818 Kilometer sind auf dem Limes-Radweg zu bewältigen.

Weißenburg und Gunzenhausen sind wichtige mittelfränkische Römerstädte – WUG heißt ihr gemeinsames Autokennzeichen. Weißenburg und Gunzenhausen teilen sich nicht nur die Regierung des Landkreises, sondern auch ein Stück des Limes-Radwegs, eines der schönsten der Gesamtstrecke. Macht man keine großen Abstecher, beträgt die Gesamtlänge etwa 32 km. Das klingt nicht viel, man sollte aber locker einen Tag einplanen, um sich alles, was an die Römer erinnert, in Ruhe anschauen zu können. Wir beginnen die Tour in Gunzenhausen, aber natürlich kann man auch in Weißenburg starten. So oder so, eine echte Bildungsreise wartet auf uns.

Die Strecke: Gunzenhausen – Pfofeld – Theilenhofen – Ellingen – Weißenburg.
Länge: 32 km.
Markierung: Symbol des *Limes-Radwegs*, weiße Schrift auf braunem Grund mit stilisiertem Limes.
Höhenprofil: hügelig, einzelne kurze steilere Anstiege.
Wegbeschaffenheit: gut, überwiegend asphaltierte Radwege oder wenig befahrene Straßen.

Familien: Will man die Strecke an einem Tag bewältigen, braucht es Kondition oder elektrische Unterstützung. Mit Kindern in zwei Tagen gut zu schaffen.

An-/Abreise: *ÖPNV:* per Bahn nach Gunzenhausen, Direktverbindungen nach Würzburg und Treuchtlingen, dort Umsteigemöglichkeiten Richtung Nürnberg oder München; zurück per Bahn von Weißenburg, Direktverbindungen nach Nürnberg, München und Augsburg.

Variante: Die Tour kann, reist man einen Tag früher an, um die schönste Nachtrunde in Mittelfranken ergänzt werden, die Rundtour um den nahen Altmühlsee (siehe Tour 12).

Fahrradverleih: Zweirad Gruber, Weißenburger Str. 49, 91710 Gunzenhausen, Tel. 09831/8847900, www.radsport-gruber.de.

E-Bike-Ladestationen: in Gunzenhausen bei Adlerbräu, Tourist-Information, Zweirad Gruber; in Weißenburg Tourist-Information.

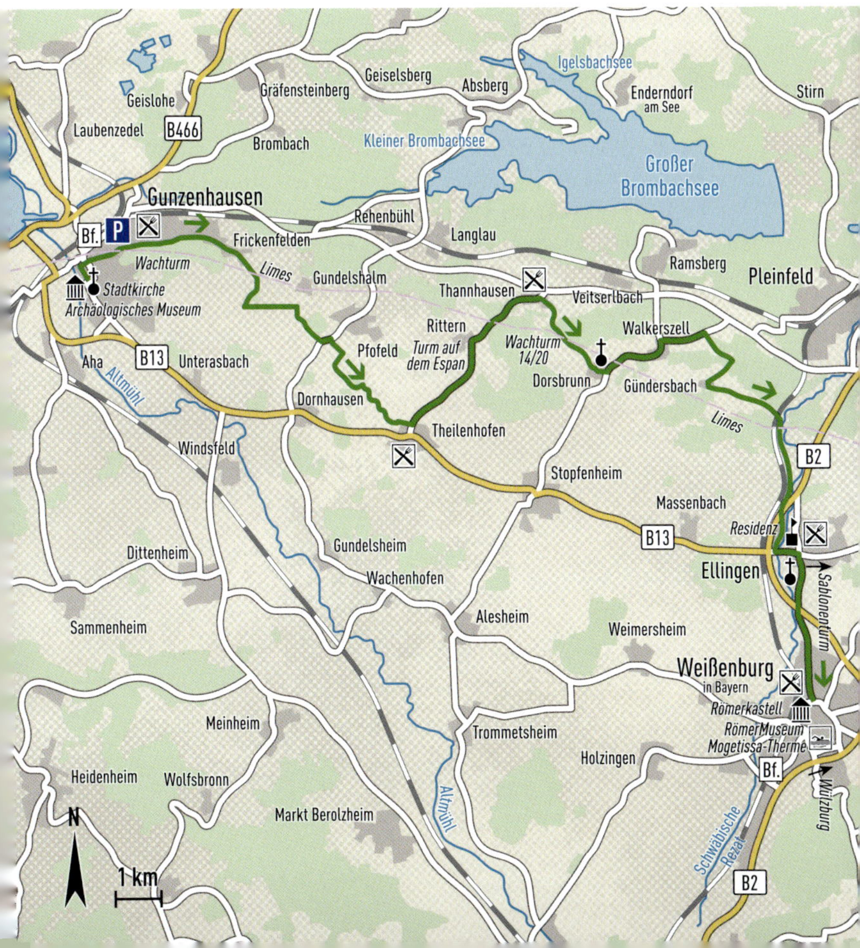

Auf der Spur der Römer in Gunzenhausen

Gunzenhausen war einst das Berlin der Römerzeit. Mitten durch den Ort verlief die Grenzmauer. Wurde in Gunzenhausen-Süd lateinisch gesprochen, fränkelte es in Gunzenhausen-Nord. Man darf sich den Limes jedoch nicht als unüberwindbar vorstellen. Zwar diente die Mauer militärischen Zwecken, sie hatte jedoch zahlreiche Tore, denn schließlich wollten die Römer nicht nur Krieg führen, sondern vor allem Handel treiben und mit den Zolleinnahmen die gewaltigen Kosten für die Grenzsicherung finanzieren. In Gunzenhausen bestand die Schwierigkeit darin, den Limes über die Altmühl zu führen, solche Flussdurchlässe waren knifflig zu sichern. Vielleicht war das der Grund, warum sich die römischen Strategen entschieden, ein befestigtes Lager in Gunzenhausen zu errichten.

Heute sieht man in der hübschen Stadt keine Trümmer mehr, die an die Römer erinnern. Während die Stadt Rom übersät ist mit Artefakten, mit Säulenresten und abgeschlagenen Körperteilen antiker Statuen, haben die ordentlichen Deutschen gründlich aufgeräumt und auf den römischen Fundamenten respektlos eine neue Stadt errichtet.

Römisch-christliche Symbole an der Kirchenwand

Ungefähr dort, wo sich die Stadtkirche erhebt, wird das Lager vermutet, dort starten wir unsere Tour.

Ein Stein, den man in der Mauer links der Sakristeitür verbaut hat, stammt noch aus römischer Zeit, christliche und heidnische Symbole, ein Kreuz und eine Sonne, deuten an, dass es eine Übergangsphase beider Religionen gegeben hat. Zu verdanken sind viele Erkenntnisse über Gunzenhausens römische Zeit dem Arzt Dr. Heinrich Eidam (1849–1934), der als Streckenkommissar der Reichs-Limeskommission Ausgrabungen veranlasst und die Ergebnisse penibel dokumentiert hat. Das Gunzenhauser Lager, circa 150 v. Chr. erbaut, soll 80 mal 86 Meter gemessen haben, ein strenges Rechteck, denn die Römer liebten den rechten Winkel. Das Lager zählt zu den sogenannten Numeruskastellen. Numerus war ein Sondereinsatzkommando für Spezialaufgaben, eine Hilfstruppe von 160 Mann, selten mehr, die in Gunzenhausen die Stelle bewacht haben, an der die Altmühl den Limes passierte. Die Söldner werden ihre Aufgabe sicher ernst genommen haben, konnten aber nicht verhindern, dass die Alemannen ihr hübsches Lager in Schutt und Asche legten, was das Ende von Gunzenhausens römischer Zeit bedeutete. Das war im Jahr 233.

Sehen wir uns ein wenig an dem Ort um, wo sich das Römerlager befunden hat. Der Vorgängerbau der Stadtkirche Mariä Virginis, die sich heute stadtbildprägend auf der leichten Anhöhe erhebt, mit dem Storchennest auf dem Dach, wurde 1183 bis 1195 auf dem Gelände eines 754 gegründeten Klosters errichtet. Die drei unteren Geschosse des Kirchturms und einige kleinere Details stammen noch aus dieser frühen Zeit. Mit dem Erhalt der Stadtrechte wuchs Gunzenhausen an, ein Neubau wurde notwendig, der Ende des 15. Jahrhunderts geweiht werden konnte. Ein Blick ins Kircheninnere lohnt. Haben Sie Kinder dabei, so können sie Kiri, den Kirchenhund, suchen. Hunde sind in Kirchen eine Seltenheit! Sie finden ihn im rechten Seitenschiff, unterhalb der Reste des gewaltigen Christopherusfreskos von 1498, er liegt zu Füßen des Ritters Paul von Absberg, seinem Herrchen.

Die Fahrt durch die Ortsmitte ist auch bei Regenwetter eine Freude. Fröhliche Schirme hängen zumindest zeitweise zwischen den stattlichen Häusern, exakt hier soll der Limes verlaufen sein. Im Bereich des Marktes wird das Kastellvicus vermutet, das zu jedem Kastell gehörende Dorf zur Nahversorgung der Söldner. Im Dorf gab es alles, was ein Soldat so brauchte: neue Sandalen, einen

Fundament eines römischen Wachturms bei Gunzenhausen und Palisadenmauer

Schwertschleifer, ein Wirtshaus, ein Badehaus, hübsche Damen … Auch ein Blick auf die Altmühl ist ein Muss für jeden Limesfreund, ging es doch in Gunzenhausen zentral darum, die Furt zu sichern.

Wer ins Detail gehen möchte, der besuche das Archäologische Museum in der Brunnenstraße 1. Unser Liebling: Gott Merkur, dessen hübsche Statue im nahen Gundelshalm gefunden wurde. Stolz trägt er den Heroldsstab mit den beiden gewundenen Schlangen. Merkur war mit Abstand die beliebteste Gottheit der Region, was für reiche Händler spricht, deren Schutzgott er war. Allerdings beschützte der Gott mit den geflügelten Sandalen auch die Diebe. Nennen wir ihn deshalb neutral den Gott der Kapitalvermehrung. Das Museum hat noch vieles mehr zu bieten. Unbedingt sehenswert: die Funde des Gräberfelds von Westheim mit den frühesten Nachweisen der Franken im Gebiet unseres Radreiseführers.

Von Gunzenhausen nach Pfofeld

Nun geht es aus Gunzenhausen hinaus. Möglichst gerade haben die Römer den Limes gebaut, wobei sie Höhenlagen nicht scheuten, im Gegenteil, hatte man von den mittelfränkischen Anhöhen die Germanen doch gut im Auge, so auch vom Wachturm auf dem Vorderen Schlossbuck, zwei Kilometer außerhalb des Stadtkerns von Gunzenhausen, zu dem uns die Hinweisschilder nun führen.

Die Räder lassen wir am besten am Fuße der Waldtreppe stehen, dem letzten Teil des Anstiegs. Wer den Steinturm, der bald in den Blick gerät, für den versprochenen Römerturm hält, der irrt allerdings, dieser Turm nämlich ist Bismarck geweiht. Von dem eigentlichen, dem Römerturm, sind nur noch die Fundamente zu sehen. Römerturmexperten sind dennoch aus dem Häuschen, handelt es sich doch erstens mit 4,5 mal 6,4 Metern Grundfläche um einen der größten Limestürme überhaupt, und zweitens ist er durch eine Zwischenmauer zweitgeteilt.

Mehr noch zieht der Limes die Blicke auf sich, eine Mauer aus gespitzten Pfählen. Die Pfahlmauer ist natürlich eine Rekonstruktion, auch die deutsche Eiche hält nicht ewig. Ewig hingegen tobt der Streit zwischen den Archäologen, ob solche Nachbauten zulässig sind, Puristen sprechen gar von einem Römer-Disney-Land. Wir urteilen weniger streng. Man lernt bestimmt eine

Menge über das Leben der Römer, wenn man sich mit ihren Handwerkskünsten beschäftigt.

Wir rollen den Wald zurück zum Radweg und folgen den Limes-Hinweisschildern. Ein Dorf später, in Frickenfelden, gerät ein hohes rundes Etwas in den Blick, das lang bestielt in die Gegend schaut. Wie radeln näher, ein Schild klärt uns auf. Kein Relikt aus der Römerzeit, sondern der größte Kochlöffel der Welt, 7,86 Meter lang, im Jahr 2005 gefertigt von der Schreinerei Reif.

Wir pfeifen das Lied von dem Mops, der in die Küche gelaufen ist, um dem Koch den Brei zu stehlen, und treten lustig in die Pedale. Fröhlich zieht die Landschaft vorbei, sanfte Hügel, pralle Kornfelder, saftige Wiesen, nicht so stark flurbereinigt wie in anderen Gegenden Deutschlands, Hecken, Wäldchen und Teiche im bunten Wechsel.

Hinter dem *Landhotel Seerose* folgen wir dem Limes-Radweg auf der Gundelshalmerstraße und machen den kleinen Abstecher nach Gundelshalm. Dort hat man bei Ausgrabungen Stümpfe von Palisaden gefunden, die Römer hatten sich redlich Mühe gegeben, feste Fundamente zu schaffen, indem sie für die Holzpfosten eine Rinne in den Sandstein schlugen. Weniger sorgsam gingen die Gundelshalmer mit dem römischen Erbe um. Die Reste eines Wachturms brachen sie weg, sie waren einer geplanten Scheune im Weg. Heute wäre das nicht mehr möglich, bei jeder Grabung im Limesgebiet rückt ein Trupp von Archäologen aus. An der Bushaltestelle rechts gelangen wir wieder auf den Limes-Radweg.

Streng genommen fahren wir bei unserer Radtour nicht den Germanisch-Raetischen Limes ab, sondern nur den rätischen Abschnitt. Die Räter waren ein Volk, das den zentralen Alpenraum besiedelt hat; man vermutet, es handelte sich um von den Kelten vertriebene Etrusker, sprachliche Ähnlichkeiten jedenfalls deuten darauf hin. Die Römer nannten die Alpenprovinz Rätien und dehnten sie großzügig bis nach Franken aus, daher der Name. Eigentlich aber läuft der Limes auch in Mittelfranken streng durch germanisches Herrschaftsgebiet.

Nun geht's Richtung Pfofeld, eine Herde Ziegen glotzt uns an, um jedoch gleich wieder die Weiherlandschaft ins Auge zu nehmen. Himmelsteiche nennen sich solche Fischtümpel, da sie ausschließlich vom Himmelswasser, also dem Regen gespeist werden, nicht aber von Bächen oder Flüssen. Ob die Römer bereits den Karpfen gekannt haben?

Es wäre überhaupt interessant, Augenzeugenberichte aus Mittelfrankens römischer Periode zu kennen. In der vorchristlichen Zeit waren die religiösen Unterschiede vermutlich kein großes Problem, hatte doch jede germanische Gottheit ihren römischen Zwilling, so entsprach Jupiter Wodan und seine Gemahlin Juno der germanischen Super-Göttin Frigga. Problematischer dürfte für viele freie Mittelfranken gewesen sein, die vertrauten südlichen Handelswege nicht mehr nutzen zu können. Andererseits taten sich auch Chancen auf, wenn man sich mit dem neuen Nachbarn gut verstand. Das Römische Reich war gut durchorganisiert, ja manche sagen, seine Größe und seinen Reichtum habe es nicht in erster Linie seinen Waffen zu verdanken, sondern seiner guten Verwaltungsstruktur. Neue Wege über die Alpen, Raststätten nach jedem Tagesmarsch, gute Verproviantierung, saubere Trinkwasserversorgung, ein Spa an jeder Ecke … Besonders das Wellnessprogramm wird Eindruck gemacht haben.

Kurz weichen wir vom Limes-Radweg ab und fahren in den Ort hinein. Heute noch sind die Limesanrainer sichtbar stolz

Ziegen, die auf Karpfen starren

auf das römische Erbe. In Pfofeld heißt die Kinderkrippe *Limeszwerge* und eine stattliche Tafel weist auf die historischen Bodendenkmäler hin. Diese sind nicht ausschließlich römischer Herkunft, auch ein vorgeschichtliches Grabhügelfeld hat man ausgegraben, Schmuck aus der frühen Keltenzeit fand sich dabei. Doch zurück zu den Römern: Immerhin fünf Wachtürme hat es einmal auf der Gemarkung Pfofeld gegeben, Stelen kennzeichnen heute ihre Standorte.

Von Pfofeld nach Ellingen

Weit im Schatten des Limes führte eine Verbindungsstraße von Gunzenhausen über Theilenhofen nach Weißenburg, welche noch bis tief ins Mittelalter benutzt wurde. Die Lager direkt am Limes mitsamt ihren Versorgungsmärkten muss man sich meist recht einfach vorstellen. Der Limes war zwar eine Grenzmauer, aufgrund seiner Länge aber war er nicht sicher zu verteidigen. Die Römer hatten eine andere Strategie. Wenn ein Germanentrupp den Limes überrannte, wurde der Überfall durch das dichte System an Wachtürmen sofort entdeckt und an die nächste Kaserne gemeldet, wo sich ein Trupp, oft mit Reiterei ausgestattet, sofort in Marsch setzte, um den Eindringlingen Paroli zu bieten. Vor Theilenhofen findet man noch Reste eines römischen Bades. Auf Theilenhofen folgt der Weiler Rittern, ein Hinweisschild weist auf den Römerturm hin.

Der Turm auf dem Espan bei Rittern ist eine Besonderheit. Er gehört zum Welterbe, obwohl er rekonstruiert worden ist. Da die Aufmauerung aber vor dem Beschluss der UNESCO aus dem Jahre 1964 erfolgte, keine Rekonstruktionen mehr mit dem Welterbe-Titel zu adeln, darf sich das 1,40 Meter hohe Turmfundament im Glanz des Welterbes sonnen. Wieder war es Heinrich Eidam, der den Turm entdeckte. Er fand auch eine Lanzenspitze und einen bronzenen Gürtelanhänger. Neben dem Steinturm gab es einen hölzernen Wachturm, ein Vorläufermodell. Ironie der Geschichte: Weil der Holzturm Opfer eines Brandes wurde, haben sich wesentliche Spuren erhalten. Die Hitze des Brandes nämlich versiegelte den umgebenden Lehm, sodass man den Grundriss und das Bauprinzip des Holzturms studieren konnte. Es handelt sich um eine Art Fachwerk, gebildet aus waagrechten und senkrechten

Römisches Fundament am Mistelberg

Balken, und er wurde von einem 11 mal 11 Meter großen Graben geschützt. Später wurde der Standort mit der Limesmauer überbaut, sodass die Turmfundamente heute nicht mehr zu sehen sind.

Bald darauf ist das hübsche Pfarrdorf Thannhausen erreicht, der stolze *Gasthof Zum Tannhäuser* lädt zur Rast, auf einem großen Wandgemälde ist ein edler Ritter zu sehen.

Nach einem kurzen, aber schweißtreibenden Anstieg geht die Fahrt bald rasant den Berg hinunter Richtung Dorsbrunn. Nur nicht zu schnell! Sonst verpasst man das nächste Bodendenkmal, den Wachturm 14/20, der gleich am Weg liegt. Als man den Waldweg 1986 zur Straße ausbaute, fand man aufschlussreiche Fundamente, die belegten, dass sich – ähnlich wie zuletzt am Espan gesehen – in unmittelbarer Nähe zu dem steinernen Turm ein älterer Turm aus Holz befunden hat. Der Limes wurde also im Laufe der Zeit ständig verbessert und aufwendiger gesichert. Ein weiteres Mal sind wir dankbar, dass man die Bodenfundamente aufgemauert hat, wer würde sie sonst wahrnehmen?

In Dorsbrunn finden sich der Gotteshäuser drei, die Pfarrkirche und zwei kleine Kapellen, fromme Leute scheinen hier zu wohnen. Zauberhaft die Feuerlettenhänge, ein abwechslungsreiches

Landschaftspuzzle aus trockenen Magerweiden, Feuchtwiesen, Hecken und Gehölzen, durchsetzt von Wäldchen, Hainbuchen und Eichen, die zu den ältesten Baumarten in Franken gehören. Die Landschaftspflege haben die Schafe übernommen, welche die Magerwiesen niedrig halten. Zu Recht zählen die Feuerletten zum Europäischen Naturerbe und sind durch Natura 2000 geschützt, elf Prozent der Fläche Bayerns zählen dazu.

Noch einmal müssen wir kräftig in die Pedale treten und erreichen über Walkerszell und Gündersbach die Residenzstadt Ellingen.

Residenzstadt Ellingen

Die Geschichte des hübschen Residenzstädtchens ist alt, uralt. Bereits *Plateosaurus engelhardti* gefiel es hier, jedenfalls fand man auf dem Stadtgebiet ein versteinertes Exemplar dieser frühen Dinosaurier, heute erschreckt es die Besucher im Paläontologischen Museum München. Hätte es Ellingen vor Millionen von Jahren schon gegeben, es wäre wie eine Hafenstadt am Rand eines großen Jurameeres gelegen. Dessen kalkhaltige Ablagerungen gehören bis heute zu den größten Schätzen der Region:

Barocker Schwung auf der Heiligenbrücke

Der Solnhofener Marmor erfreut sich reicher Beliebtheit. Ob Öl-scheich oder russischer Oligarch, alle wollen in einem Bad aus fränkischem Marmor baden.

Ellingens nachrömische Geschichte ist eng mit der Gründung eines Hospitals verknüpft, das der Deutsche Orden 1216 als Lehen erhielt. Dessen Ritter Karl Heinrich von Hornstein baute Ende des 17. Jahrhunderts die stattliche Residenz, die Ellingens Stadtbild bis heute prägt.

Auch die steinerne Brücke von Ellingen erfreut unser Auge, hübscher posieren heilige Barockfiguren vielleicht nur in Rom auf der Ponte Sant'Angelo. Jeder echte Limesreisende sollte hier kurz Halt machen, zumal an selbiger Stelle eine frühe Römerstraße verlief, eine Furt mitten durch die Schwäbische Rezat. Der Name gibt Rätsel auf, ist die Schwäbische Rezat doch ein durch und durch fränkisches Gewässer, das bei Weißenburg entspringt, um sich bei Georgensgmünd mit der Fränkischen Rezat zu vereinigen. Schon Karl der Große hatte sich sehr für das Flüsschen interessiert und einen Graben zur Altmühl anlegen lassen, um Main und Donau miteinander zu verbinden.

Wer möchte, kann aus dem Sattel steigen und auf dem Ellinger Barockrundweg weitere sehenswerte Bauwerke besichtigen, neben der Residenz und dem zugehörigen Schlosspark das Rathaus, Franziskanerkloster, Maximilianskirche und die Pfarrkirche St. Georg. Der Name wurde nicht zufällig gewählt: Georg, der Drachentöter, war der zentrale Schutzpatron des kriegerischen Ordens, der sich während der Kreuzzüge gegründet hatte, die heilige Jungfrau Maria und Elisabeth von Thüringen hingegen, die weiteren Ordensheiligen, symbolisieren die karitative Seite des Deutschen Ordens, der einmal einer der mächtigsten Europas war. Alle Schutzheiligen aber versagten im Zweiten Weltkrieg. Ellingen wurde durch einen tragischen Zufall kurz vor Kriegsende zerbombt. Eigentlich hatte das schöne Bamberg auf der Liste der US-Bomber gestanden, Bamberg aber hatte sich in Nebel gehüllt (was fromme Bamberger dem Wirken der heiligen Kunigunde zuschreiben), so musste ein Ersatzziel her. In Ellingen vermutete man wichtige Transportwege, 70 Tonnen Bomben legten die Stadt in Schutt und Asche. Erstaunlich, wie gelungen alles wiederaufgebaut worden ist.

Als Limes-Ritter aber sind wir natürlich vor allem am römischen Erbe Ellingens interessiert.

Das Römerkastell Sablonetum

Standhaft der Versuchung widerstehend, radeln wir an der bekannten *Schlossbrauerei* vorbei, seit mindestens 1690 wird hier bestes Bier gesiedet. Die Limes-Radweg-Hinweisschilder leiten uns auf eine Anhöhe im Osten der Stadt, wo auf freiem Feld Sablonetum auf uns wartet, das römische Kastell Ellingen. Die Lateiner unter den Radfahrern werden es bereits erraten haben, Sablonetum leitet sich von *Lager am Sand* ab. Um das Jahr 120 errichtet, in frühhadrianischer Zeit, lag es einige Kilometer südlich des Limes, also im Hinterland. Auch Hinweise auf Gebäude des obligaten Vicus, des versorgenden Dorfes, fand man, eine frühe Reihenhaussiedlung mit den Geschäftsräumen zur Straße und den Wohnungen im hinteren Bereich.

Die umfassendsten Ausgrabungen sind noch nicht alt, zwischen 1980 und 1982 erforschte Harald Koschik, ehemals leitender Archäologe des Bayerischen Landesamtes für Denkmalpflege, Außenstelle Nürnberg, das Areal, und rekonstruierte Teile des Kastells, vor denen wir nun stehen. Drei Brunnen versorgten die Soldaten mit Wasser. Bodenfunde bewiesen, dass sich die circa 160 Männer auch mit handwerklichen Tätigkeiten die Zeit vertrieben, eine sinnvolle Abwechslung, man konnte ja nicht Tag um Tag Manöver veranstalten. 80 mal 90 Meter maß das Lager, bebaut in klassischer Weise mit Gruppenunterkünften für die Mannschaft und einem Haus für den Kommandanten. Daneben durfte das Horreum nicht fehlen, der Getreidespeicher.

Wir steigen auf die rekonstruierte Mauer. Einige Stellen sind mit Graffiti verschmiert. Unbemalte Mauern scheinen den Menschen schon immer gereizt zu haben, man denke nur an die Höhlenmalereien rund um den Erdball. Es gibt offenbar so etwas wie einen Wandbemalungszwang. Geschützt von einem Dächlein steht das Duplikat einer in Ellingen gefundenen Bauinschrift. Eine Art römische Bautafel, im Jahr 182 aufgestellt, als das Holzzeitalter dem steinernen wich. Ob sich der Aufwand gelohnt hat? Bereits fünfzig Jahre später wurde Sablonetum aufgegeben, wie der ganze Limes. Der Fall der Grenze aber lag weniger an baulichen Mängeln des Obergermanisch-Raetischen Limes als an der Schwäche seines Pendants im Osten des Riesenreiches. Die Sassaniden machten den Römern solche Probleme, dass man Einheiten verlagern musste, was die Alemannen zum

Sablonetums Mauern

Überfall eingeladen haben mag. Wer möchte, kann sich durch ausführliche Tafeln über die weitere Baugeschichte des Kastells informieren.

Von Ellingen nach Weißenburg

Zum Ziel unserer Reise ist es nun nicht mehr weit. In rasanter Fahrt geht es zurück nach Ellingen, dann den Schildern des Limes-Radwegs hinterher. Auf einem Hügel vor uns sehen wir eine Feste thronen, die Wülzburg, eine der wenigen erhaltenen Renaissancefestungen in Deutschland. Militärgeschichtlich Interessierte können einen Vergleich zu den römischen Befestigungsanlagen ziehen. Je besser die Waffen wurden, umso stärker wuchsen auch die Mauern. Prominenter Gefangener auf der Wülzburg im Ersten Weltkrieg war der spätere Präsident Frankreichs Charles de Gaulles. Oft hatte er zu fliehen versucht, mit seinen ein Meter vierundneunzig aber hat man ihn jedes Mal schnell wieder gefunden. Eine knappe halbe Stunde später stehen wir vor dem Ellinger Tor von Weißenburg.

Die Römer-Hochburg Weißenburg

Willkommen, Biriciana! So nannten die Römer das von ihnen gegründete Kastell. Weißenburg war eine echte Römer-Hochburg. Drei Highlights warten hier auf uns: das RömerMuseum, das Römerkastell und die Thermen.

Anfangen wollen wir mit dem RömerMuseum, das uns mitten im hübschen Zentrum von Weißenburg erwartet. Seine Gründung ist einem Hobby-Gärtner und seiner Liebe zum Spargel zu verdanken. Als er im Oktober 1979 nahe bei den Thermen zum Spaten griff, stieß er zunächst auf rostige Eisenteile, dann wurde ein einzigartiger Schatz freigelegt, 114 Objekte aus der Römerzeit, darunter wunderbar erhaltene Götterfiguren aus Bronze. Wer hatte den Schatz vergraben? Vermutlich ein Plünderer nach dem Fall des Limes, denn das Durcheinander aus Statuetten, Votivtafeln, Werkzeugen und Schrott deutet klar darauf hin: Hier war ein Dieb am Werk. Erworben vom Freistaat Bayern, wurde der Schatz zum Mittelpunkt des RömerMuseums Weißenburg. Nehmen Sie sich Zeit für die Ausstellung! Besondere Beachtung sollten sie einem beschriebenen Bronzetäfelchen schenken, dem Militärdiplom des Mogetissa. Es erzählt viel über das Leben eines Soldaten am Limes. Der vermutlich keltischstämmige Reiter diente der römischen Armee so treu, dass er nach seiner Dienstzeit ehrenvoll entlassen wurde, das römische Bürgerrecht erhielt und heiraten konnte, wodurch sein uneheliches Kind ganz offiziell Papa zu ihm sagen durfte. Mogetissa war in Biriciana stationiert, der erste Weißenburger, von dem wir erfahren. Das Bronzetäfelchen, ausgestellt am 30. Juni 107, wurde 1867 bei Bauarbeiten an der Bahnstrecke Treuchtlingen–Pleinfeld gefunden. Welcher heutige Ausweis würde Hunderte von Jahren in der Erde überdauern?

Teile einer Jupitergigantensäule regen die Fantasie an. Solche Säulen fanden sich überall im von den Römern eroberten Germanien. Man interpretiert sie als den Versuch, germanische Göttervorstellungen mit den römischen zu vereinen und so den neuen Landeskindern die Konversion zu erleichtern. Ein Viergötterstein bildete meist den Sockel, dann folgten die Wochengötter, dann eine mehrere Meter schlanke Steinsäule, auf deren Spitze der reitende Göttervater Jupiter einen schlangenförmigen Giganten niederritt. Bei dem Giganten handelte es sich um einen

Gigantensäule auf Fränkisch

Der Herkules von Biriciana

jener Söhne der Erdgöttin Gaia, die aus herabfallenden Blutstropfen entstanden und den olympischen Göttern große Schwierigkeiten bereiteten. (Die Blutstropfen stammen von Uranos, als sein Sohn Kronos ihn wütend entmannte.) Der künstlerische Einfluss hielt noch lange an. In Teilen Frankens findet man zahlreiche sogenannte Martersäulen, deren Aufbau stark an die römischen Gigantensäulen erinnert.

Den höchsten künstlerischen Wert aller Exponate aber haben die Fundstücke aus dem römischen Schatz von Weißenburg. Im zweiten Stockwerk werden sie in Vitrinen stilvoll präsentiert, besonders die Bronzestatuen bezaubern. Die Venus möchte man am liebsten mit nach Hause nehmen, am bekanntesten aber ist die Herkulesstatue. Vermutlich wird der kräftige Keulenschwinger der verständlichste Götterbote für Germanien gewesen sein, solch rustikale Heldentaten werden die Germanen bestimmt beeindruckt haben.

Im Erdgeschoss befindet sich das Bayerische Limes-Informationszentrum, es ist frei zugänglich, ebenso wie die Tourist-Information der Stadt, auch hier sollte man sich umsehen, bevor man zum Römerkastell weiterfährt, den Hinweisschildern folgend, am Bahnhof vorbei aus der Stadt hinaus. Ist es einem schönen Zufall oder dem Geschichtsbewusstsein der Weißenburger zu verdanken? Anders als üblich wurde das Kastell nicht überbaut, sodass es in seiner ganzen Größe bewundert werden kann. Der Weißenburger Altertumsverein hatte bereits 1889 mit systematischen Ausgrabungen begonnen, ihren vorläufigen Abschluss fanden die archäologischen Aktivitäten mit der Wiedererrichtung des Nordtores, nicht das größte der vier Tore zwar, wegen seiner Lage auf der Anhöhe aber das imposanteste. Als Vorlage dienten antike Darstellungen und das Studium noch existierender römischer Tore. Die Germanen, die jenseits des etwa fünf Kilometer nördlich verlaufenden Limes wohnten, werden gestaunt haben, eine Machtdemonstration, monumental und zur Vorsicht mahnend. Die beiden Tortürme beherbergten zwei Wachstuben, ein überdachter Gang verband sie miteinander.

Aber auch die anderen Bereiche des Kastells lohnen. Zahlreiche Tafeln erklären die verschiedenen Funktionsbauten, deren Grundmauern man noch erahnen kann. Biriciana, dessen Name uns durch eine kopierte spätantike Straßenkarte überliefert ist, die *Tabula Peutingeriana,* war ein Alen-Kastell, das bedeutet, es

Blick in die Römischen Thermen

beherbergte eine Kavallarieeinheit, einen Verband von 500 bis 1000 Reitern, eine schnelle Eingreiftruppe, die sofort losgaloppierte, wenn freche Germanen über den Limes kletterten. Ross und Reiter wohnten in enger Nähe, die Kasernenstuben waren mit einem Durchgang mit den Pferdeställen verbunden.

Ob sich Reitersoldaten häufiger waschen mussten? Jedenfalls hatte man ihnen ein schönes Spa spendiert – das letzte und abschließende Ziel unserer Tour. Die Römischen Thermen finden sich unweit des Kastells, einfach den Wegweisern folgen. Nur wenige Thermen auf germanischem Boden sind erhalten geblieben, auch deshalb ist der Besuch ein Muss. Drei Bauphasen sind zu unterscheiden: Um 90 n. Chr. entstand zeitgleich mit dem Kastell ein einfaches Reihenbad, das um 130 durch zwei Tepidarien (Bäder mit lauwarmem Wasser), ein Caldarium (Warmbad) und ein Sudatorium (Schwitzbad) erweitert wurde. Um den Kreislauf anzuregen, fügte man noch ein Frigidarium hinzu, ein Kaltbad. Die Markomannen, eine germanische Volksgruppe, überrannte den Limes und zerstörte auch die Thermen. Die Römer schlugen zurück und gönnten sich um das Jahr 180 eine noch größere und modernere Thermenanlage. Unter einer lichten Zeltdachkonstruktion kann man die erhaltenen Ruinen besichtigen und staunt über den Erfindungsreichtum der römischen Installateure, über das System der Feuerungsstellen, von denen die heiße Luft zu den Bädern geleitet wurde, über die Fußbodenheizungen, die Hypokausten, das angeschlossene Gymnasium, die Turnhalle. Die Feuerstellen wurden auch für Schmiedearbeiten genutzt. Tag und Nacht mussten Sklaven die Feuer schüren.

Mit den Römischen Thermen von Weißenburg ist unsere Limes-Tour beendet. Fast sind wir ein wenig traurig, gerne hätten wir noch mehr über die Römer erfahren. »Mehr als die Weisheit aller Weisen, galt mir reisen, reisen, reisen …«, sagte schon Theodor Fontane. Wo erlebt und lernt man mehr als auf einer Radtour? Wer noch nicht gleich wieder abreisen will, weil er Lust auf ein Bad bekommen hat, der besuche die frisch renovierte Mogetissa-Therme Weißenburg.

Johannes Wilkes

Variante für Sportler (weitere 45 km entlang des Limes, moderate Steigungen)

Wer mehr vom mittelfränkischen Limes erleben will, der starte in Weißenburg und setze die Fahrt in Gunzenhausen fort, immer dem Limes-Radweg-Symbol folgend. Zahlreiche römische Wachtürme, besser ihre Fundamente, warten, in Dennenlohe auch der schöne Rhododendron-Park des Schlosses, das römische Kastell von Hammerschmiede und hinter Wittelshofen als Höhepunkt das LIMESEUM Ruffenhofen. Es wurde 2012 eröffnet, ein architektonisches Highlight, das sich im Halbkreis in den Römerpark Ruffenhofen schwingt, im Schatten des Hesselbergs, des höchsten Bergs Mittelfrankens. Niemand Geringerer als December führt durch die Ausstellung, ein römischer Krieger aus Ruffenhofen, dessen Namen wir kennen, weil er ihn in seinen Helm punzieren ließ. Auch Funde aus dem nahen Kastell Dambach sind ausgestellt. Eindrucksvoll die Sicherung hölzerner Limesanteile, feine Konservierungsarbeit. Weiter geht die Fahrt über Weiltingen und Wilburgstetten, um in Mönchsroth an der baden-württembergischen Grenze zu enden. In Mönchsroth wurde der begehbare Turmstumpf rekonstruiert; das Fragment, dem sich Limesmauerstücke anschließen, macht den Verlauf der Teufelsmauer deutlich. Der Rückweg mit öffentlichen Verkehrsmitteln ist schwierig, der nächstgelegene Bahnhof findet sich in Jagstzell (24 km).

Ausgewählte Adressen und Tipps:

Gunzenhausen

- Tourist-Information Gunzenhausen, Rathausstr. 12, 91710 Gunzenhausen, Tel. 09831/508300, www.gunzenhausen.info.
- Archäologisches Museum Gunzenhausen, Brunnenstr. 1, 91710 Gunzenhausen, Tel. 09831/508306, www.archaeologisches-museum.gunzenhausen.de. Öffnungszeiten siehe Webseite. Für jeden Limes-Radfahrer ein Muss!
- Kulinarischer Tipp: die Gunzenhäuser Bratwurst. Steht bei vielen der zahlreichen Gasthöfe auf der Karte. Auch Produkte vom Altmühltaler Schaf sind sehr empfehlenswert.
- *Hotel & Gasthof Adlerbräu,* Marktplatz 10, 91710 Gunzenhausen, Tel. 09831/88670, www.hotel-adlerbraeu.de. Tägl. 11–14 und 17–23 Uhr, So und Fei sowie der Biergarten nur bis 22 Uhr geöffnet.
- *Hotel-Gasthof Krone,* Nürnberger Str. 7, 91710 Gunzenhausen, Tel. 09831/883395, www.krone-gunzenhausen.de. Restaurant Fr–So geöffnet.
- *Parkhotel Altmühltal* mit *Restaurant Chicorée,* Zum Schießwasen 15, 91710 Gunzenhausen, Tel. 09831/5040, www.aktiv-parkhotel.de.
- Freizeitbad Juramare, Bahnhofplatz 16, 91710 Gunzenhausen, Tel. 09831/8004800, www.swg-gun.de. Hallenbad mit Saunen und Solebad.
- Waldbad am Limes, Leonhardsruhstr. 46, 91710 Gunzenhausen, Tel. 09183/3234, Info-Tel. (Band) 09183/8004-150, www.swg-gun.de. Schön gelegenes Freibad mit zahlreichen Attraktionen.

Pfofeld

- *Metzgerei Kleemann,* Ringstr. 17, 91738 Pfofeld, Tel. 09834/239, www.gasthof-kleemann.de. Guter Ort für einen Imbiss.

Theilenhofen

- *Gasthof »Zum Signal«,* Hauptstr. 24, 91741 Theilenhofen, Tel. 09834/1791, www.zum-signal.de.

Ellingen

- Tourist-Information im Rathaus Eckla, Schloßstr. 3, 91792 Ellingen, Tel. 09141/976543, www.stadt-ellingen.de.
- Residenz Ellingen, Schloßstr. 9, 91792 Ellingen, Tel. 09141/974790, www.schloesser.bayern.de. Repräsentativer Renaissancebau des Deutschen Ordens, einige Räume im schönsten Klassizismus umgestaltet.
- *Fürst Carl Braustüberl,* Schloßstr. 6, 91792 Ellingen, Tel. 09141/70340, www.fuerst-carl.de. Di–So 11.30–21 Uhr. Fürst-Carl-Biere frisch vom Fass.

Café am Rathaus, Weißenburger Str. 2, 91792 Ellingen, Tel. 09141/9767600, www.rathauscafe-ellingen.de. Mi–So 9–17 Uhr. Barocker Charme, Eis auch zum Mitnehmen.

Weißenburg

Tourist-Information, Martin-Luther-Platz 3, 91781 Weißenburg, Tel. 09141/907124, www.weissenburg.de.

Hohenzollernfestung Wülzburg, www.museen-weissenburg.de. Außenrundgang und Innenhof ganzjährig begehbar. Festungsanlage, Wehrmauern, Bastionen und Tiefer Brunnen nur im Rahmen von Führungen von Mai bis Mitte Okt.

RömerMuseum Weißenburg, Martin-Luther-Platz 3–5, 91781 Weißenburg, Tel. 09141/907189, www.museen-weissenburg.de. Täglich geöffnet. Ansprechende Ausstellung über Weißenburgs römische Zeit mit zahlreichen Fundstücken und dem Bayerischen Limes-Informationszentrum.

Kastell Biriciana, www.museen-weissenburg.de. Ganzjährig begehbare Rekonstruktion.

Römische Thermen Weißenburg, Am Römerbad 17 a, 91781 Weißenburg, Tel. 09141/907127, www.museen-weissenburg.de. Von Mitte März bis Mitte Nov. tägl. geöffnet.

Mogetissa-Therme Weißenburg, An der Hagenau 22 b, 91781 Weißenburg, Tel. 09141/99956, www.mogetissa-therme.de. Moderne Thermenlandschaft, Wiedereröffnung nach Sanierung im Herbst 2023.

Limesbad Weißenburg, Badstr. 5, 91781 Weißenburg, Tel. 09141/999550, www.sw-wug.de. Freibad mit zahlreichen Attraktionen.

12 Mittelfrankens schönste Mitternachtsrunde

Bei Mondschein um den Altmühlsee

Diese Tour ist etwas für Romantiker, die Mitternachtsrunde um den Altmühlsee. Eine funktionierende Fahrradlampe ist Voraussetzung, begleitende Straßenlaternen gibt es nicht überall. Die Augen aber gewöhnen sich überraschend schnell an die Dunkelheit, wobei, so dunkel ist es gar nicht, wenn der Mond über das Frankenland wacht und der Sternenhimmel in einer Schönheit aufflammt, wie man es nur auf dem Land erleben kann.

Die Strecke: Gunzenhausen – Altmühlseeumrundung.
Länge: 12,5 km (Zubringer von der Innenstadt Gunzenhausen bis zur Wassergasse 2 km).
Markierung: gute Beschilderung, grüne Markierung auf weißem Grund.
Höhenprofil: nahezu eben.
Wegbeschaffenheit: ausgezeichnet, durchgehend asphaltierte Radwege und Schotterwege.
Familien: schon für die jüngsten Radler gut zu schaffen, erst recht für Fahrradanhänger.
An-/Abreise: *ÖPNV:* per Bahn nach Gunzenhausen, Direktverbindungen von Würzburg und Treuchtlingen, dort Umsteigemöglichkeiten Richtung Nürnberg oder München. Eine zusätzliche Bahnverbindung besteht nach Pleinfeld. Eine grüne Empfehlung! Dort fahren Sie mit dem ersten Personenzug Bayerns, der mit Akkus betreiben wird. *Kfz:* mit dem Auto direkt zur Marina/Gunzenhausen.
Variante: weiter über den Limes-Radweg (siehe Tour 11).
Fahrradverleih: Zweirad Gruber, Weißenburger Str. 49, 91710 Gunzenhausen, Tel. 09831/8847900, www.radsport-gruber.de.
E-Bike-Ladestationen: *Restaurant Strandblick* am Seezentrum Schlungenhof, Strandhaus Muhr am See.

Alles ist still. Die Geräusche des Tages sind verstummt. Hoch steht der Mond über dem Wasser, spiegelt sein Gesicht in den nächtlichen Wellen. Von Gunzenhausens hübschem Marktplatz ist es nur ein Katzensprung bis zum Altmühlsee, eine Viertelstunde später schon gleitet man auf dem Radweg das Ufer entlang.

Auch in der Marina scheint alles zu schlafen, aus keinem der Boote dringt ein Lichtschein. Die Segel sind längst eingezogen, schwarz ragen die Masten in den Himmel, schaukeln sanft hin und her. Ein Fisch scheint neugierig, wer da wohl noch unterwegs ist, springt aus dem Wasser, ist aber ebenso schnell wieder verschwunden.

Der Radweg um den Altmühlsee ist vielleicht die gemütlichste aller fränkischen Rundtouren. Die zwölf Kilometer fahren sich wie von selbst und sind auch für kleinere Kinder gut zu schaffen (obwohl die natürlich jetzt längst im Bett liegen müssten). Die Strecke ist flach und gut befestigt. Tagsüber tummeln sich bei schönem Wetter die Wasserratten und Badenixen an den Stränden, lehnen sich die Segler gegen den Wind. Um Mitternacht aber hat man den See für sich.

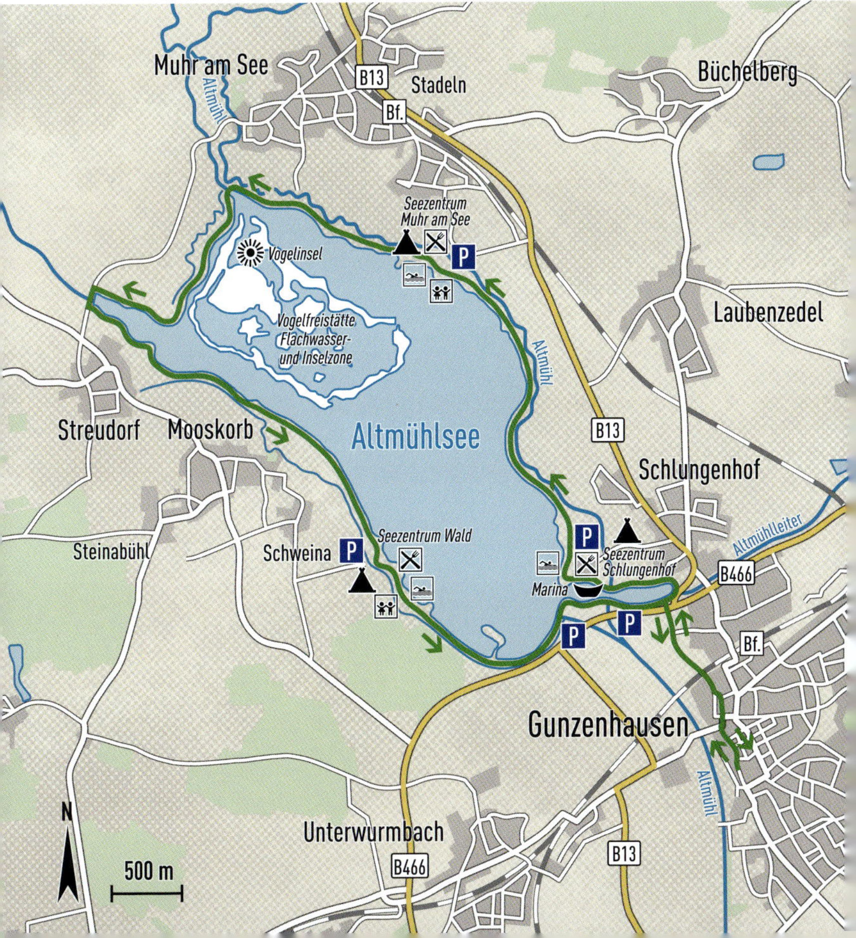

Altmühlsee Marina bei Nacht

Mitten im Wasser gibt es ein Naturschutzgebiet, die Vogelinsel. Zu Fuß darf man über die Brücke hinüber und zum Ausguck, um seltene Vögel zu bewundern. Schlafen auch sie schon, unsere gefiederten Freunde? Wir bleiben stehen und lauschen. Über 210 verschiedene Arten hat man am Altmühlsee schon gezählt, viele Wandervögel nutzen die Insel zum Brüten oder als Zwischenstopp auf dem Weg in die Sommer- oder Winterquartiere. Ob auch der Eisvogel dabei ist? Der scheue Farbenkünstler ist unser Lieblingsvogel. In den Schilfzonen und Feuchtwiesen fühlt er sich bestimmt wohl, nun aber schläft der geschickte Taucher sicherlich. Bis zum Beginn des Morgenkonzerts, der Zeit vor dem Sonnenaufgang, sind es ja noch ein paar Stunden. Nur die Nachtigall singt ihr Lied um Mitternacht oder besser Herr Nachtigall, denn Vögel bilden ja einen reinen Männerchor, die Frauen lauschen und genießen und schenken dem besten Sänger ihr Herz. Heute aber scheint selbst Herr Nachtigall ein Päuschen einzulegen, wir hören nur das Quaken der Frösche. Dann sitzt eine Spitzmaus auf dem Weg, schaut uns mit ihren schwarzen Knopfaugen erschrocken an und zischt ins Gebüsch.

Nachtschwärmer gibt es natürlich auch bei den Menschen. An einem einsamen Angler kommen wir vorbei, dann ertönt lustiges Lachen und Kichern, wie es nur Jugendliche inmitten der lebhaftesten Pubertät zustande bringen, und so ist es auch: Eine Gruppe von Schülern hat sich am Ufer niedergelassen, wir sehen Flaschen blinken und Zigaretten glimmen. Man schaut uns nach, erstaunt, welch seltsame Menschen denn da noch mit dem Rad unterwegs sind, übermütiges Gelächter tönt uns hinterher. Dann wird es wieder ruhig. Nur noch der stille See, der Mond, die zarten Wellen. Ein traumhaftes Bild, eine Tour für Romantiker, denn der Romantiker ist ein Kind der Nacht. Nach einer Dreiviertelstunde sind wir wieder zurück am Marktplatz von Gunzenhausen und sinken in die Federn. Wie man wohl träumt, wenn man nächtlich den Altmühlsee umrundet hat?

Johannes Wilkes

Ausgewählte Adressen und Tipps

Gunzenhausen
Tipps zum nahen Gunzenhausen siehe Tour 11.

Altmühlsee

Seezentrum Schlungenhof, Seestr. 19, 91710 Gunzenhausen, Tel. 09831/508191, www.altmuehlsee.de. Sandstrand mit großer Liegewiese, Restaurant, Tretbootvermietung, Familygolf, Beach-Volleyball und mehr. Auch Surfzentrum.

Seezentrum Muhr am See, Zum Seezentrum 6, 91735 Muhr a. See, Tel. 09831/6193729, www.altmuehlsee.de. Beachvolleyball, Spielplatz, Badestrand, Familienzeltplatz und Wohnmobilstellplatz (siehe unten), Gartenterrasse mit Seeblick.

Seezentrum Wald, Badestrand mit Liegewiese, Beachvolleyballplatz, Segelschule, Rikscha-, Segway- und Fahrradvermietung, Stand-Up-Paddling, Kajak, Aqua Zorbing, Anlegestelle der »MS Altmühlsee«, Strandcafé mit Seeterrasse und Kinderspielplatz.

Ausflugsschiff »MS Altmühlsee«, in der Saison tägliche Rundfahrten mit Gastroservice und speziellen Angeboten (Geheimtipp: Weißwursttour), www.altmuehlsee.de.

Strandcafé Wald, am Seezentrum Wald am Westufer nahe Schwaina, Tel. 09831/508191, www.altmuehlsee.de. Hier auch Segelschule und Segelbootvermietung.

Zwei Campingplätze am See, beide sehr beliebt, rechtzeitig buchen!

Altmühlsee Camping Herzog, Seestr. 12, 91710 Gunzenhausen, Tel. 09831/9033, www.camping-herzog.de.

Campingplatz »Zum Fischer-Michl«, Wald-Seezentrum 4, 91710 Gunzenhausen, Tel. 09831/2784, www.campingplatz-fischer-michl.de.

Wohnmobilübernachtungsplatz Schlungenhof, Ansbacher Str. 99, 91710 Gunzenhausen, Tel. 09831/508191. Am Surfzentrum am Seezentrum Muhr am See.

Familienzeltplatz am Seezentrum Muhr am See, Am Altmühlsee, 91735 Muhr a. See, Tel. 09831/501191. Ohne vorherige Anmeldung, ausschließlich für Familien.

Alles im Fluss

13

Auf dem »Altmühltal-Radweg« von Gunzenhausen nach Eichstätt

70 Kilometer pures Radlerglück: Das verspricht der »Altmühltal-Radweg« auf seiner Etappe von Gunzenhausen nach Eichstätt. Entspannt radeln wir entlang der Altmühl (Prädikat: langsamster Fluss Bayerns) fast steigungsfrei und fern aller Alltagshektik auf dem hervorragend ausgeschilderten Radweg durch die herrliche Landschaft des Naturparks Altmühltal. Es geht vorbei an eindrucksvollen Felsformationen, durch historische Orte mit spannenden Museen, sehenswerten Burgen und kulinarischen Genüssen. Kein Wunder also, dass der »Altmühltal-Radweg«, der in voller Länge auf 250 Kilometern von Rothenburg ob der Tauber bis nach Kelheim führt, zu den beliebtesten Radwegen in Deutschland zählt. Und wir fahren heute die für viele schönste Etappe.

Die Strecke: Gunzenhausen – Aha – Windsfeld – Graben – Treuchtlingen – Dietfurt – Pappenheim – Solnhofen – Altendorf – Dollnstein – Obereichstätt – Eichstätt.

Länge: 70 km.

Markierung: Die Route ist durchgängig mit den Schildern *Altmühltal-Radweg* gekennzeichnet.

Höhenprofil: entspannt zu fahrende Tour ohne große Steigungen.

Wegbeschaffenheit: sehr gut, größtenteils asphaltierte und geschotterte Radwege sowie kaum befahrene Flurwege und Straßen.

Familien: Die Tour ist auch gut für Familien mit größeren Kindern geeignet, die eine Grundkondition haben. Bei kleineren Kindern ist ein Fahrradanhänger sinnvoll.

An-/Abreise: *ÖPNV:* Der Bahnhof Gunzenhausen (Ausgangsort) ist mit Umstieg in Pleinfeld bzw. Ansbach in ca. 1 Std. bzw. 1,5 Std. (je nach Verbindung) vom Hbf. Nürnberg erreichbar. Vom Zielort Eichstätt zurück nach Gunzenhausen braucht man mit der Bahn ca. 1 Std. (Umstiege in Eichstätt Stadtbahnhof und Treuchtlingen). *Kfz:* Gunzenhausen ist von Nürnberg aus über die B 2 in gut 1 Std. erreichbar. In der Stadt stehen drei kostenfreie Großparkplätze zur Verfügung. Von allen drei ist die Innenstadt in nur wenigen Minuten erreichbar.

Fahrradverleih: SAN-aktiv-TOURS, Otto-Dietrich-Str. 3, 91710 Gunzenhausen, Tel. 09831/4936, www.san-aktiv-tours.de, Radvermietstation Gunzenhausen (direkt am Fahrradweg zum Altmühlsee), Apr. bis Okt. tägl. 9.30–17.30 Uhr; Werners Sport Shop, Ansbacher Str. 50, 91710 Gunzenhausen, Tel. 09831/7706, www.werners-shop.de, Mo–Fr 10–18 Uhr, Sa 9.30–18 Uhr. Nur E-Bikes.

E-Bike-Ladestationen: Treuchtlingen (Kur- und Touristinformation), Heinrich-Aurnhammer-Str. 3, 91757 Treuchtlingen; Solnhofen (gegenüber Bürgermeister-Müller-Museum), Bahnhofstr. 8, 91807 Solnhofen; am Zeltplatz Hammermühle, Hammermühle 5, 91804 Mörnsheim, Tel. 09145/8364515, www.zeltplatz-hammermuehle.de; Altmühlzentrum Burg Dollnstein, Unterer Burghof 4, 91795 Dollnstein, Tel. 08422/9879810, www.altmuehlzentrum.de; Bike Energy Eichstätt, neben Domplatz 18 (Café Segafredo), 85072 Eichstätt.

Durch die herrliche Landschaft des Naturparks Altmühltal

Mal ehrlich: Wann haben Sie sich zuletzt eine Auszeit gegönnt? Das ist viel zu lange her, werden Sie vermutlich sagen. Dann nichts wie rauf aufs Rad und ab nach Gunzenhausen. Im staatlich anerkannten Erholungsort am Ufer des Altmühlsees startet unsere persönliche Wohlfühltour, die uns entspannt durch die »Auszeitregion in Bayerns Mitte« bis nach Eichstätt führt.

Doch »Moment«, werden da manche direkt einwenden. Eine Radtour in Mittelfranken, die in Oberbayern endet? Nun ja, verwaltungstechnisch mag die barocke Bischofs- und Universitätsstadt zwar außerhalb der fränkischen Landesgrenzen liegen, doch in puncto Lebensgefühl, sprachliche Eigenheiten und kulturelle Ausrichtung ist Eichstätt sehr fränkisch. Kein Wunder, schließlich gehörte die Stadt bis 1972 zum Regierungsbezirk Mittelfranken. Erst seit der Gebietsreform ist Eichstätt Verwaltungssitz des nördlichsten Landkreises in Oberbayern. Aber machen Sie sich einfach selbst ein Bild, wenn Sie nach siebzig geradelten Kilometern tiefenentspannt in der Altmühlstadt angekommen sind.

Wenn ein Storch für eine kühle Erfrischung sorgt

In Gunzenhausen stärken wir uns in der historischen Altstadt noch in einem der zahlreichen Cafés am Marktplatz für die Tour, die wir an der Promenade starten. Durch eine Baumallee gelangen wir vorbei an der Stadthalle schnell zum Ortsausgang. Dort treffen wir zum ersten Mal auf unsere treue und entspannte Begleiterin, die Altmühl, die wir überqueren, und folgen dem Auweg in Richtung Aha. Wir durchfahren das kleine Pfarrdorf (orientieren Sie sich an der Beschilderung *Sportplatz*) und fahren zwischen Bahnlinie und Altmühl weiter bis nach Windsfeld.

Die Ortsmitte sollten Sie langsam durchrollen, denn der Gemeindeteil von Dittenheim wurde bereits bei Ortsverschönerungswettbewerben als Bundessieger ausgezeichnet. Wurden Sie schon einmal von einem Storch auf eine kühle Erfrischung eingeladen? Kurz nach dem Ortsausgang ist genau das der Fall. Am *Rastplatz im Storchennest* läuft frisches Trinkwasser aus dem Storchenschnabel in unsere dürstenden Radfahrerkehlen. Was für ein Service!

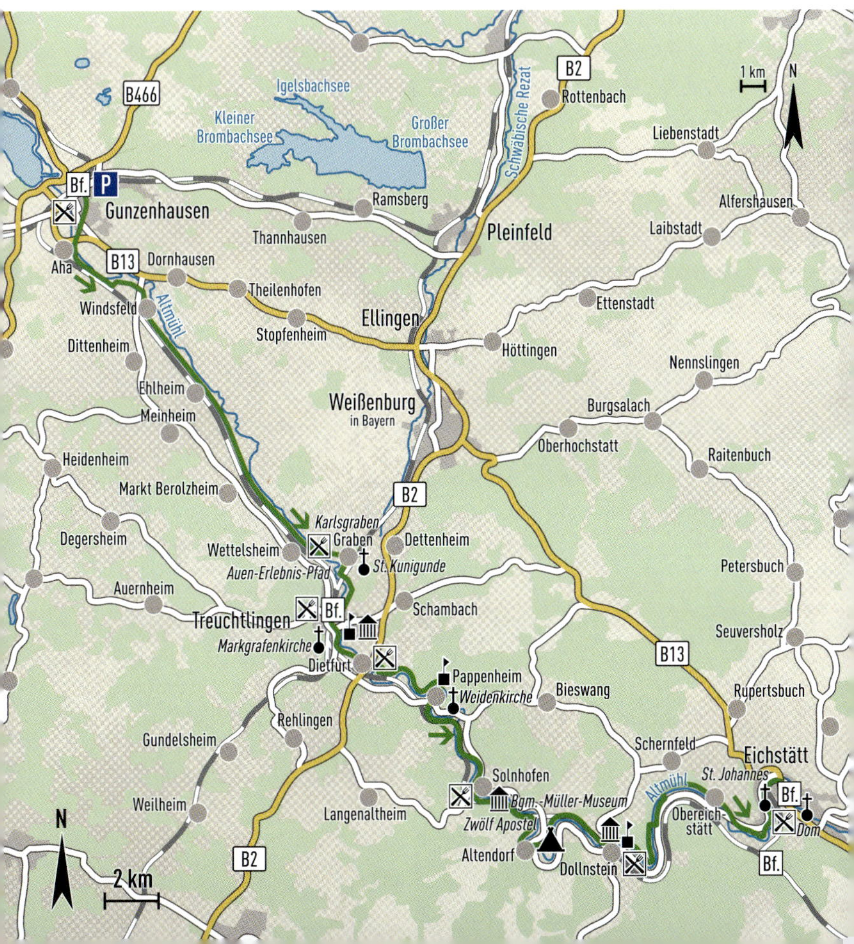

Der Radweg führt uns kilometerweit beinahe schnurgerade vorbei an den kleinen Orten Dittenheim und Ehlheim sowie an Markt Berolzheim und Wettelsheim bis nach Graben. Kurz vor dem kleinen Kirchdorf etwa drei Kilometer nordöstlich von Treuchtlingen überqueren wir die Altmühl über eine Brücke. Am Auwald bei Graben treffen wir auf den Auen-Erlebnis-Pfad, der uns allerlei Wissenswertes über die rund 15 Hektar Auenflächen erzählt, die der Altmühl bei Treuchtlingen als Lebensraum für eine artenreiche Pflanzen- und Tierwelt zurückgegeben wurden. Außerdem lässt sich hier wunderbar eine kleine Pause einlegen.

Ein interessanter Graben mit Geschichte in Graben

Bis nach Graben ist es nicht mehr weit und wir erreichen dort die kleine St.-Kunigunden-Kirche. Auch wenn das Dorf zwischen Altmühl und Rezat auf den ersten Blick unscheinbar wirkt: Anhalten sollten Sie in jedem Fall, denn nichts Geringeres als eines der größten technischen Kulturdenkmäler des frühen Mittelalters gibt es hier zu bestaunen: Die Fossa Carolina, auch »Karlsgraben« genannt, gilt als der Versuch Karls des Großen, die Flusssys-

Es gibt viel zu sehen entlang der Strecke: Historisches, Skurriles und Idyllisches.

teme von Rhein und Donau durch einen Kanal zu verbinden. Folgen Sie einfach dem Hinweisschild. Das rechteckig wirkende Kanalende, das Ihnen nach rund 200 Metern zu Füßen liegt, ist ein verbliebenes Stück von einem der größten ingenieurgeologischen Bauprojekte im Mittelalter und das wohl bedeutendste Bodendenkmal aus karolingischer Zeit in Franken. Praktischerweise finden Sie an dem kleinen Freiluft-Museum übrigens auch eine öffentliche Toilette.

Entsprechend erleichtert verlassen wir Graben über die Alte Treuchtlinger Straße, unterqueren die Bahnlinie Nürnberg–Augsburg und erreichen nach kurzer Zeit den Kurort Treuchtlingen. Rechts lädt der idyllische, von Wasserflächen durchzogene Kurpark zum Verweilen ein, nur einen Steinwurf weiter die Altmühltherme. Können Sie der Verlockung des Treuchtlinger Thermalwassers widerstehen? Dann geht es über die Bürgermeister-Döbler-Allee und die Altmühlstraße weiter zum Stadtschloss.

Es gibt viel zu erleben in Treuchtlingen

Hier finden Sie nicht nur die Touristen-Information und einen E-Bike-Ladepunkt, sondern unter anderem auch das Informationszentrum Naturpark Altmühltal mit allerlei Wissenswertem über die Geschichte und die Kulturlandschaft der Region. Auch dem Schlossgraben sollte Sie einen Besuch abstatten, denn hier wartet ganz und gar Kurioses. Zwei massige Gesteinsbrocken wirken wie zu einem Kunstobjekt arrangiert, sind aber ein seltenes Naturschauspiel. Unten eine etwa 150 Millionen Jahre alte Kalksteinplatte (sogenannter Treuchtlinger Marmor), darauf drapiert eine »Bunte Brekzie«, ein Gesteinsbrocken bestehend aus Bruchstücken verschiedener Gesteine, die vor etwa 15 Millionen Jahren bei einem Asteroideneinschlag aus dem Nördlinger Ries herausgeschleudert wurden und sich völlig chaotisch zu einem neuen Gestein vermengt haben. Wer mehr wissen will, findet ebenfalls im Stadtschloss die Ausstellung »Geopark Ries«.

Mehr zur Regionalgeschichte gibt es im Museum Treuchtlingen, das direkt auf unserem weiteren Weg durch die Innenstadt liegt. Im zugehörigen *Anjas Museumscafé* können wir uns selbst gemachte Kuchen und Torten schmecken lassen und nebenbei im Shop nach regionalen Mitbringseln stöbern. Über die Haupt-

und Kirchenstraße gelangen wir zur Markgrafenkirche. Dort sind wir als Ruhe-Sucher, Beine-Ausstrecker und Luft-Holer eingeladen aufzutanken. In der »Radwegekirche« steht sogar Mineralwasser für durstige Radler bereit. Eine sehr weltliche und schöne Art, daran zu erinnern: »Gott ist da« – finden Sie nicht auch?

Pappenheim lockt mit imposanter Burg und einzigartiger Kirche

Wir verlassen Treuchtlingen über die Straße Am Schulhof, die Jahn- und die Kanalstraße in Richtung Pappenheim. Doch zunächst erreichen wir über die Dietfurter Straße und Oberdorfstraße Dietfurt. Wir unterqueren zunächst die B 2, folgen ihr dann auf der gegenüberliegenden Seite über die Altmühlbrücke in die Schneckenhofener Straße und in den Altmühlweg. Ab hier geht es den Windungen der Altmühl entlang auf einem wunderschönen Abschnitt weiter nach Pappenheim. Bald schon erspähen wir die mittelalterliche Burg Pappenheim und wissen, dass wir auf dem richtigen Weg sind. Den Luftkurort, dem eigenen Bekunden nach »die Freizeitperle im Naturpark Altmühlpark« erreichen wir schließlich über die Wehrwiesenstraße.

Wir biegen rechts ab in den Badweg und gelangen über die Badwegbrücke vorbei am Campingplatz auf die Altmühlinsel. Wir beobachten Wassersportler, die sich mit Kajaks oder Kanus in die Altmühl stürzen, und gelangen direkt an den Stadtwerken vorbei linker Hand zum Marktplatz. Doch zuvor sollten Sie einen Abstecher rechts hinauf zur Burg Pappenheim machen, die, von drei Seiten von der Altmühl umrahmt, über der Altstadt thront. Genießen Sie den wunderbaren Ausblick vom Bergfried über die Stadt und die einmalige Landschaft. Außerdem lohnt der Besuch der Museen, untergebracht in der Burganlage.

Durch das Obere Tor geht es geradewegs zurück in die historische Altstadt. Wir wollen weiter, denn Pappenheim wartet mit weiteren Höhepunkten auf uns. Wir folgen der Deisingerstraße und Schützenstraße stadtauswärts zum Freibad, das mit seiner 40.000 Quadratmeter großen Liegewiese eines der größten Freibäder Bayerns ist. Erfrischung gefällig? Dann nichts wie rein ins kühle Nass. Gut erfrischt nehmen wir den Radweg durch eine prächtige Allee zur noch prächtigeren Weidenkirche Pappenheim.

Einzigartiges Gotteshaus: die Weidenkirche Pappenheim

Auszeit mit Ausblick: die Felsformation »Zwölf Apostel«

Was für ein Gotteshaus die *Evangelische Jugend in Bayern* hier verwirklicht hat: atemberaubend. Unter dem Motto »Kirche: natürlich!« haben über hundert Jugendliche 2007 ihre in Bayern einzigartige Naturkirche gebaut und gepflanzt. In der Kirche, die wächst und sich im Jahresverlauf immer wieder verändert (üppig grün im Sommer, klare Konturen zeigend im Winter), werden regelmäßig Gottesdienste gefeiert. Wir sind aber ebenso zum Innehalten und Rastmachen eingeladen.

Solnhofen: daheim beim Archaeopteryx

Nachhaltig beeindruckt setzen wir unsere Radtour durchs Altmühltal in Richtung Solnhofen fort. Den Ortseingang erreichen wir über die Badstraße, der wir bis zur Pappenheimer Straße folgen. Es geht abermals über die Altmühl und einen der zahlreichen Bahnübergänge, die uns immer wieder kleine Verschnaufpausen einräumen, wenn Züge an uns vorbeidonnern. Wir biegen links ab in die Bahnhofstraße und gelangen zu dem Ort, an dem der wohl bekannteste Solnhofer zu bestaunen ist.

Im Bürgermeister-Müller-Museum können vier in Stein manifestierte Originale des »Urvogels« *Archaeopteryx* sowie der weltweit einzigartige Babyraubdinosaurier *Sciurumimus albersdoerferi* bewundert werden. Doch neben *Archaeopteryx,* dem bedeutendsten Fossil, das 1861 in Deutschland gefunden wurde, gibt es noch mehr zu entdecken. Sie können beispielsweise Bekanntschaft machen mit *Ceratosaurus,* dem räuberischen Dinosaurier aus dem Jura.

Von »Zwölf Aposteln« und einem »Ja«-Wort auf dem Acker

Fasziniert von der »Welt in Stein« radeln wir nach unserem Museumsbesuch weiter Richtung Altendorf. Wir folgen der Bahnhofstraße und dem Mühlweg vorbei an der AktivMühle, wo uns der *Mühlenwirt* zu einer kleinen, wohltuenden Auszeit im Biergarten direkt an der Altmühl verführt.

Gut gestärkt wartet nach der nächsten Flussbiegung einer der landschaftlichen Höhepunkte im Naturpark Altmühltal auf uns: Die Felsformation »Zwölf Apostel« begrüßt uns auf der anderen Seite der Altmühl. Schier unglaublich, dass die mächtig aufragenden Dolomitfelsen einst ein Riffgürtel im tropischen Jurameer gewesen sind. Sollten Sie, derart ergriffen, das Verlangen haben, an diesem magischen Ort einem Ihrer Mitradler das »Ja«-Wort geben zu wollen: Die passende Örtlichkeit wäre bereits vorhanden, denn Sie stehen nicht nur vor einer beeindruckenden Felsformation, sondern zugleich an einem ganz besonderen Trau-Ort. Auf den 12.000 Quadratmetern des Altmühltaler Hochzeitsackers können Sie mit Blick auf die »Zwölf Apostel« heiraten, Ihr Ehegelöbnis erneuern, zu zweit allein auf weiter Flur kuscheln, ein erotisches Fotoshooting machen oder was Ihnen sonst noch so einfällt. Einzige Bedingung: Sie sollten nach Möglichkeit emissionsfrei anreisen und zur Trauung radeln, reiten oder direkt mit dem Kanu in den Hafen der Ehe paddeln.

Kneippen und shoppen in Altendorf

Wir erreichen bald schon Altendorf, einen Ortsteil von Markt Mörnsheim. Zuvor passieren wir die Grenze von Mittelfranken

45 Meter ragt der Burgsteinfelsen bei Dollnstein in die Höhe.

nach Oberbayern. Doch keine Angst, ein Visum brauchen Sie nicht (mehr) vorzuzeigen. In Altendorf überqueren wir auf einer Brücke die Gailach, einen Zufluss zur Altmühl. In ihr können Sie Ihre Füße abkühlen und etwas für Ihre Gesundheit tun, denn wir befinden uns an der Kneipp-Anlage des Marktes Mörnsheim. Außerdem haben geschäftstüchtige Altendorfer hier einen 24/7 geöffneten *RegioShop* aus der Taufe gehoben, in dem sich durstige und hungrige Radler an Automaten zu jeder Tages- und Nachtzeit gekühlte Getränke, Snacks und Süßigkeiten, Eis, Honig, Brot, Wurst und Käse (alles regional) ziehen können.

Nach unserer heilsamen Wasseranwendung geht es weiter über die Altmühl zum Zeltplatz Hammermühle. Auch hier können Sie (im Kiosk mit schattigem Biergarten direkt an der Altmühl) und Ihr elektrisch angetriebener Drahtesel (an der Stromtreter-Ladestation) auftanken. Entlang riesiger Felsen, die an den Talhängen immer wieder durch den Wald blitzen, fahren wir weiter bis nach Dollnstein, das wir am Unteren Burghof erreichen. Hier befindet sich das Altmühlzentrum Burg Dollnstein. Die vielfältige Ausstellung, die sich mit der Geschichte der Burg, des Ortes und Gegend beschäftigt, ist einen Besuch wert. In der kleinen Cafeteria können wir uns außerdem gut für die letzte Etappe unserer Tour durch den Naturpark Altmühltal stärken.

Vorbei am markanten Burgsteinfelsen bei Dollnstein

Wir verlassen Dollnstein über den Marktplatz und die Papst-Viktor-Straße, passieren dabei den Petersturm und biegen am Friedhof rechts ab in den Burgsteinweg in Richtung Sportanlagen. Auf unserem Weg nach Obereichstätt, vorbei an Breitenfurt, passieren wir den markanten Burgsteinfelsen bei Dollnstein. Obereichstätt erreichen wir schließlich über die Straße Am Wasserwerk. Hier heißt es Schwung holen, denn es geht noch mal bergauf in die Obere Dorfstraße, die nach einer Rechtskurve in die Straße Am Hüttenbach übergeht. Hier können Sie an der Kneippanlage Obereichstätt ausgiebig Wassertreten und den müden Beinen einen Frischekick für die letzten Kilometer bis zu unserem Zielort gönnen.

Entlang der Unteren Dorfstraße und der Eichstätter Straße geht es weiter bis zum Ortsausgang, wo wir wieder auf die Altmühl stoßen, die uns begleitet, bis wir Eichstätt über Rebdorf/ Marienstein erreichen. Begrüßt werden wir dort von der imposanten Anlage des ehemaligen Klosters Rebdorf. Das einstige Augustiner-Chorherren-Stift beherbergt heute eine Knaben-Realschule, die Maria-Ward-Realschule sowie die Klosterkirche St. Johannes der Täufer, deren markante Türme schon von Weitem sichtbar sind.

Flanieren, staunen und verweilen im barocken Eichstätt

Wir genießen die letzten Kilometer entlang der Altmühl und gelangen am Parkplatz Freiwasser in die Innenstadt, indem wir diese am Herzogsteg überqueren. Die kleine Herzoggasse und die Fischergasse bringen uns direkt auf den Marktplatz von Eichstätt. Wir flanieren noch ein wenig durch die verträumten Gassen, lassen uns über die großzügigen Plätze treiben und bestaunen die zahlreichen Brunnen. Urige Wirtshäuser, schattige Biergärten und gemütliche Cafés laden zum Verweilen und Ausruhen ein. Einplanen sollten Sie auch eine Besichtigung des Eichstätter Doms (sobald dieser nach Abschluss der umfangreichen Sanierungsarbeiten wieder zu besichtigen ist). Oder Sie begeben sich zum Abschluss dieses Tagesausflugs noch in einem der Eichstätter Museen auf eine spannende Zeitreise zu den Römern, Kelten, ins Mittelalter oder in die Urzeit.

Mit zwar müden Beinen, aber gleichzeitig tiefenentspannt und entschleunigt geht es für uns nur noch zum Stadtbahnhof Eichstätt. Von dort bringt uns die Zubringerbahn zum außerhalb des Zentrums gelegenen Bahnhof Eichstätt (Fernverkehr) mit Anschluss an die Verbindungsstrecke Ingolstadt–Treuchtlingen. Mal ehrlich: Wann haben Sie sich zuletzt eine solch schöne Auszeit gegönnt?

Michael Kniess

Ausgewählte Adressen und Tipps

Gunzenhausen (s. auch Tour 11)

Cafe & Restaurant Café LebensKunst, Marktplatz 26A, 91710 Gunzenhausen, Tel. 09831/8909440, www.cafe-lebenskunst.de. Mo–Mi, Fr 10–18 Uhr, Do 9–18 Uhr, So 14–18 Uhr, Sa Ruhetag. Integrationscafé der Lebenshilfe Altmühlfranken e. V. Kaffee und Kuchen, Crêpes, Waffeln und kleine Snacks.

Eiscafé Paradiso, Marktplatz 31, 91710 Gunzenhausen, Tel. 09831/88869. Tägl. 9.30–22.30 Uhr.

Graben

Gaststätte zum Karlsgraben, Nagelbergstr. 5, 91757 Treuchtlingen, Tel. 09142/4521. Mi–So 11–22 Uhr. Bayerische Küche und viele regionale Gerichte (z. B. Kaiser Karls »Leibspeise«).

Treuchtlingen

Stadtschloss Treuchtlingen, Heinrich-Aurnhammer-Str. 3, 91757 Treuchtlingen, Tel. 09142/960060, www.tourismus-treuchtlingen.de. Mo–Fr 9–12 und 13–17 Uhr, Sa 9–13 Uhr (nicht im Winter).

Museum Treuchtlingen, Josef-Lidl-Str. 3, 91757 Treuchtlingen, Tel. 09142/9600731, www.tourismus-treuchtlingen.de. Apr. bis Okt. Di–So 13–17 Uhr, Nov. bis März Mi–Fr, So und Fei 13–17 Uhr.

Anjas Museumscafe, Heinrich-Aurnhammer-Str. 8, 91757 Treuchtlingen, Tel. 0151/28384509, www.anjas-museumscafe.de. Di–So 13–17 Uhr. Selbst gemachte Kuchen und Torten. Kleiner Shop mit allerlei Regionalem.

Altmühltherme Treuchtlingen, Bürgermeister-Döbler-Allee 12, 91757 Treuchtlingen, Tel. 09142/96020, www.altmuehltherme.de. Tägl. 9–21 Uhr.

Dietfurt

Enten Stub'n, Unterdorf 2, 91757 Treuchtlingen, Tel. 09142/6707, www.entenstube.de. So und Fei 11.30–20 Uhr. Gutshofenten, Brotzeiten etc. Außerdem vegetarische Gerichte.

Pappenheim

Burg Pappenheim, Dr.-Wilhelm-Kraft-Weg 15, 91788 Pappenheim, Tel. 09143/838910, www.grafschaft-pappenheim.de. Di–So 10–17 Uhr.

Weidenkirche Pappenheim, Bahnweg, 91788 Pappenheim, www.weidenkirche.ejb.de. Zu besichtigen rund um die Uhr.

Freibad Pappenheim, Schützenstr. 18, 91788 Pappenheim, Tel. 09143/60695, www.stadtwerke.pappenheim.eu. Tägl. 9–20 Uhr.

Solnhofen

- Bürgermeister-Müller-Museum, Bahnhofstr. 8, 91807 Solnhofen, Tel. 09145/832030, www.museum-solnhofen.de. Mo–So 9–17 Uhr.
- *Zum Mühlenwirt,* Eßlinger Str. 3, 91807 Solnhofen, Tel. 0821/3434640 und 09145/836820, www.aktivmuehle.de und gasthof-solnhofen.de. Mi 12–22 Uhr, Do 12–19 Uhr, Fr 12–21 Uhr, Sa 10–21 Uhr, So 10–19 Uhr. Fränkisches Wirtshaus in der weit über 300 Jahre alten, denkmalgeschützten Solnhofer Dorfmühle. Wunderbarer Biergarten direkt an der Altmühl.
- Zeltplatz Hammermühle, Hammermühle 5, 91804 Mörnsheim, Tel. 09145/8364515, www.zeltplatz-hammermuehle.de. Apr. bis ca. Mitte Okt. tägl. 8–21 Uhr (HS), 9–18 Uhr (VS und NS). Kiosk mit gemütlichem Biergarten an der Altmühl.

Dollnstein

- Altmühlzentrum Burg Dollnstein, Unterer Burghof 4, 91795 Dollnstein, Tel. 08422/9879810, www.altmuehlzentrum.de. Di–So 9.30–17 Uhr zur Saison, im Winter verkürzt.
- *Zur Post,* Marktplatz 3, 91795 Dollnstein, Tel. 08422/1515, www.gasthofzurpost-dollnstein.de. Tägl. außer Mo und Do ab 13.30 Uhr. Bodenständige, gutbürgerliche Küche.
- *Gasthof zum Kirchenschmied,* Papst-Viktor-Str. 21, 91795 Dollnstein, Tel. 08422/1512, www.zum-kirchenschmied.de. Mo, Do, Sa/So 11–14 und 17–22 Uhr, Fr nur abends. Gutbürgerliche und saisonale Küche.

Eichstätt

- Eine gute Übersicht über alle Museen in Eichstätt bietet die Webseite www.eichstaett.de/museen.
- *Braugasthof Trompete,* Ostenstr. 3, 85072 Eichstätt, Tel. 08421/98170, www.braugasthof-trompete.de. Tägl. 11.30–21.30 Uhr (Küchenöffnungszeiten). Einheimische Klassiker, feine mediterrane Speisen und hausgemachte Pizzen aus dem Steinbackofen. Schöne Sonnenterrasse und Innenhofbiergarten.
- *Gasthof Krone*, Domplatz 3, 85072 Eichstätt, Tel. 08421/4406, www.krone-eichstaett.de. Tägl. 10–24 Uhr. Traditionswirtshaus in Eichstätt mit gemütlichem Biergarten und schöner Innenhofterrasse direkt neben dem Dom.
- *maletter,* Domplatz 1, 85072 Eichstätt, Tel. 08421/9356191, www.maletter.de. Mi–So ab 17.30 Uhr, So auch 11.30–14.30 Uhr. Hervorragende regionale Küche mit frischen Ideen und feinem Geschmack.

Am fränkischen Meer

14

Die Runde um den Großen Brombachsee

Eine Mondlandschaft! Das schoss mir durch den Kopf, als ich auf der hohen Staumauer stand und über den künftigen Seegrund blickte. Welch wüstes, welch unwirtliches Bild. Die Erde wie von Riesenhand aufgewühlt und wund, die Wälder gefällt, keine Spur menschlichen Lebens bis auf ein einsames Gebäude mittendrin, das den Eindruck der Verlassenheit nur noch verstärkte. Dreißig Jahre ist das her. Wer jetzt an derselben Stelle steht, dem geht das Herz auf. Inmitten von saftigen Wäldern und grünen Uferstreifen erstreckt sich ein tiefblauer See, der fast bis zum Horizont reicht, Segelboote legen sich in den Wind, Wasservögel gleiten über die Wellen: der Große Brombachsee, das fränkische Meer.

Die Strecke: Allmannsdorf – Enderndorf – Absberg – Ramsberg – Allmannsdorf.

Länge: 15 km (plus Zubringer, falls Anreise mit der Bahn).

Markierung: *Rundweg Brombachsee.*

Höhenprofil: sehr flach (232 Höhenmeter auf und ab).

Wegbeschaffenheit: sehr gut, gelegentlich feiner Schotter, deshalb für Rennräder nicht geeignet.

Familien: eine gemütliche Tour, die auch mit jüngeren Kindern gut zu meistern ist. Wer möchte, kann abkürzen und Teilstrecken auch mit dem Personenschiff zurücklegen.

An-/Abreise: *ÖPNV:* nach/von Pleinfeld mit RB 16 von Nürnberg nach Augsburg/München über Treuchtlingen und Donauwörth, Fahrzeit von Nürnberg 32 Min., weiter per Rad zum Seeufer in 13 Min. Nach/von Mühlstetten mit RB 16 von Nürnberg nach Augsburg/München, Fahrzeit von Nürnberg 27 Min., weiter nach Allmannsdorf am Brombachsee per Rad in 16 Min. Zwischen Gunzenhausen und Pleinfeld verkehrt die Seeland-Bahn RB 62 mit Halt in Langlau und Ramsberg, tagsüber alle zwei Stunden, Fahrzeit 17 Min. Interessant: Auf dieser Strecke verkehrt der erste regelmäßige Zug in Bayern mit Wasserstoffantrieb. Nach/von Gunzenhausen mit Umstieg in Pleinfeld oder Treuchtlingen ca. 65 Min., weiter entlang des Altmühlüberleiters in 40 Min. *Kfz:* Parkmöglichkeiten rings um den Großen Brombachsee, oft kostenfrei. Ausreichend Parkplätze finden sich z. B. bei den Campingplätzen von Langlau, Absberg oder Pleinfeld.

Varianten: Für jede Kondition ist etwas dabei: Sportler machen die ganz große Runde (28 km), welche die beiden vorgeschalteten Gewässer miteinschließt, den Igelsbachsee (6,5 km) und den Kleinen Brombachsee (7 km). Familien mit kleinen Kindern beschränken sich auf die Runde um eine der beiden Vorsperren, wir aber nehmen den Großen Brombachsee ins Visier (15 km). Verlängerung nach Gunzenhausen möglich (siehe Kasten »Verlängerung entlang des Altmühlüberleiters nach Gunzenhausen«).

Fahrradverleih: u. a. im Seezentrum Pleinfeld und in Ramsberg, Allmannsdorf und Absberg.

Wissenswertes zum Großen Brombachsee

Der Große Brombachsee zählt zu den größten Talsperren Deutschlands, nicht nur aufgrund seiner Fläche, sondern auch seines Speichervermögens. 56,4 Millionen Kubikmeter fasst er bei durchschnittlichem Wasserstand, 32,5 Meter muss man an der tiefsten Stelle tauchen, um den Ort zu erreichen, an dem sich einst die letzte der elf Mühlen drehte. Seine Größe macht den See unattraktiv für Blaualgen, die Wasserqualität ist ausgezeichnet. Jetzt, am späten Nachmittag, dreht der Trimaran »MS Brombachsee«, das stolze Passagierschiff, auf dem See seine letzte Runde. Einen Trimaran hat nicht jeder. Genauer gesagt ist der fränkische Trimaran ein Unikat und zugleich ein Unikum als Passagierschiff auf einem Binnengewässer, auf drei Kufen geht's flott dahin, auf Linienfahrt ebenso wie auf gecharterten Seereisen, bei denen man es richtig krachen lassen kann, ohne dass sich Nachbarn beschweren. Schön sind auch die lauschigen Buchten und kleinen Landzungen, die das Ufer prägen, überall gibt es schattige Plätze, denn in den dreißig Jahren seit der Geburt des Sees sind die Setzlinge zu kräftigen Bäumen herangewachsen, überall tun sich neue, überraschende Sichtachsen auf, denn die umgebende Hügellandschaft hat das Aussehen des Brombachsees maßgeblich mitgestaltet.

Widerstände gegen den Talsperrenbau gab es kaum, heute wäre ein solches Mammutprojekt nicht mehr umsetzbar. Heftige Proteste und eine Bürgerbefragung verhinderten erst kürzlich den Bau eines Feriendorfes. Damals waren die Leute braver. Nur ein einziger der elf Müller im idyllischen Brombachtal, ein Sägewerkbetreiber, wollte nicht verkaufen. Bis zuletzt blieb er in seiner Mühle wohnen, während ringsherum riesige Bagger alles wegrissen und aufwühlten. Ich habe die Szenerie noch vor Augen, damals vor dreißig Jahren, das Bild, das sich von der Staumauer bot, das einsame Haus mitten in der Mondlandschaft, der Kampf eines Einzelnen gegen das Riesenprojekt, ein trauriger Anblick. Als man begann, das Wasser zu stauen, wich der Sägmüller erst, als sich der See züngelnd auf sein Grundstück zubewegte. Alle ehemaligen Brombachtalbewohner wurden reich entschädigt, die meisten haben längst ihren Frieden mit dem See gemacht, viele leben heute von dem blühenden Tourismus, in guten Jahren kam man auf fast eine Million Übernachtungen.

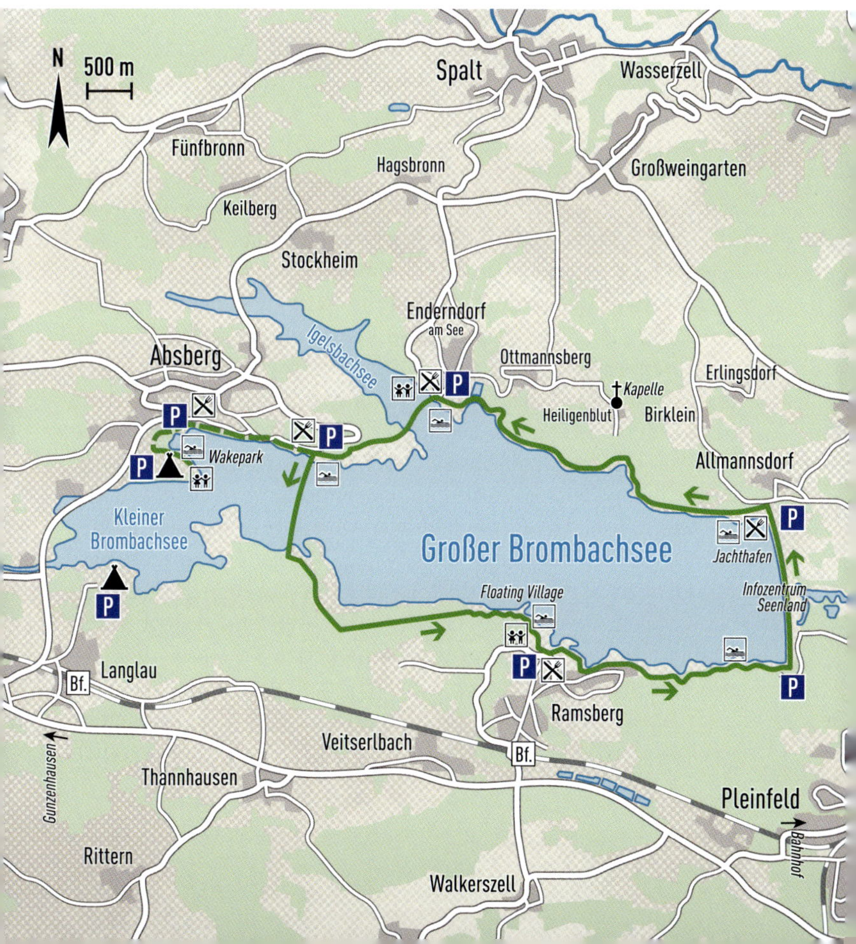

Abendstimmung im Jachthafen von Allmannsdorf

Manchmal nur holen die Alten noch ihre Fotoalben heraus und erzählen ihren Enkeln von der Zeit vor der großen Flut, von ihrem Leben an dem Ort, wo heute die Fische schwimmen.

Der Hauptgrund für den Talsperrenbau war die Wasserarmut im nördlichen Franken. Eine Überleitung von der Altmühl füllte via Brombachsee die Schwäbische Rezat und damit Regnitz und Main. Heutzutage schütteln selbst die mittelfränkischen Wasserexperten, die den Brombachsee lieben, über die Argumentation den Kopf. Kraftwerke und Industrie, für die man das zusätzliche Wasser benötigte, sind heute dank moderner Systeme mit internen Wasserkreisläufen deutlich bescheidener geworden, es hätte kein Altmühlwasser mehr gebraucht. Probleme bereitete vielerorts die fehlende Abdichtung des Sees an den Ufern. Der Grundwasserspiegel stieg, Wasser lief in manchen Keller, auch in Allmannsdorf. In anderen Anrainerorten mussten großflächige Drainagen eingebaut werden, weitere sechs Millionen Euro wurden ausgegeben, um den See wasserdicht zu machen.

Sympathisch, dass es trotz der Attraktivität des Seenlandes am Brombachsee meist gemütlich zugeht. Die von manchen Experten geforderten großen Wellnesshotels sucht man vergebens, auch eine direkte Anbindung an die Autobahnen fehlt bis heute, man setzt auf nachhaltigen und naturnahen Tourismus, so auch auf Radfahrer wie uns. Und das Radfahren macht richtig Spaß. Keine Autos, abwechslungsreiche Landschaft, gute Wege, was will man mehr.

Tourstart in Allmannsdorf

Die Radtour um den Großen Brombachsee ist etwas für Genießer. Keine großen Sehenswürdigkeiten locken, keine römischen Thermen, gotischen Kathedralen oder keltischen Gräber, dafür eine frische Seebrise und jede Menge Wasserspaß. In leichten Schleifen wird man immer wieder bis an das Ufer herangeführt, zwischendurch kurvt man durch die angrenzenden Wiesen und Wälder.

Wo man die Rundtour beginnt, ist natürlich beliebig und hängt von der Anreise ab. Wir begrüßen das Fränkische Meer in Allmannsdorf, wo im Jachthafen die Boote schaukeln. Gegen den Uhrzeigersinn, also in nordwestlicher Richtung, fahren wir weiter. Schon jetzt sei gesagt: Der Radweg ist durchgängig befestigt, nur wenige kleinere Steigungen sind zu bewältigen und verfahren kann man sich nicht.

Nach einer guten Viertelstunde erreichen wir Enderndorf und damit die Staumauer, die den Igelsbachsee von dem Großen Brombachsee trennt. Auch am Ufer des Igelsbachsees lässt es sich gut aushalten. Wir aber bleiben dem Großen Brombachsee treu und gleiten zwischen den Wassern dahin, trockenen Fußes wie einst Moses, als er das Rote Meer überquerte, die Staumauer macht's möglich. Immer noch dreht der Trimaran seine Runde, in einem deutlich kleineren Kahn werfen zwei Männer ihre Angel aus.

Abstecher nach Absberg

Absberg liegt zwischen dem Kleinen Brombachsee und dem Igelsbachsee, ein kleiner Abstecher, schon ist man dort. Absberg ist der geschichtsträchtigste Ort der Gegend, im Mittelalter herrschten hier die Edlen von Absberg, ein altes fränkisches Adelsgeschlecht mit etwas zweifelhaftem Ruhm. Wer etwas auf dem Kerbholz hatte, flüchtete nach Absberg. Im Schatten der Ritterburg gab es eine Freiung, ein Privileg, das dem Burgherr 1401 von König Ruprecht verliehen worden war. Jeder, der sich in der Freiung niederließ, durfte nicht mehr verfolgt werden. Zwielichtige Gestalten tummelten sich bald in Absberg, nur Stalkern des Königs durfte kein Asyl gewährt werden und keinem Mörder.

Zwielichtig aber war auch mancher Burgherr. Bekanntestes und berüchtigtstes Familienmitglied war Thomas von Absberg (1477–1531), ein Kumpan von Götz von Berlichingen im Kampf gegen die reichen Pfeffersäcke aus Nürnberg. Thomas' Spezialgebiet war das Kidnappen. Wo er konnte, überfiel er Kaufleute, schlug ihnen mit dem Haudegen die Hand ab und sandte das Amputat an die Familie seines Opfers, um Lösegeld zu erpressen. Viele Jahre ging das so, bis Thomas selbst Opfer einer Mordtat wurde. Ein Ölbild in der Christuskirche von Absberg zeigt den Raubritter in seiner ganzen Verschlagenheit (was auch immer das Abbild eines solchen Gauners in einer Kirche zu suchen hat). Lieber erzählen wir von einem anderen Absberger. Wie das

Malibu? Key West? Kingston Town?

Land Australien in größerem Maßstab beweist, können auch Orte, die von Straftätern besiedelt worden sind, echte Helden hervorbringen.

Ab die Post! – Reinhold Tiling, der fränkische Raketenbauer

Als Reinhold Tiling 1893 in Absberg geboren wurde, steckte die Luftfahrt noch in den Kinderschuhen. Seit zwei Jahren machte Otto Lilienthal in Berlin seine ersten Gleitflüge, der gebürtige Mittelfranke Gustav Weißkopf flog 1901 in den USA zum ersten Mal mit einem Motorflieger. Reinhold Tiling, Sohn eines Pfarrers, begeisterte sich früh für die moderne Technik und entschied sich für ein Ingenieursstudium. Mit dem Ausbruch des Ersten Weltkriegs meldete sich der junge Mann bei der Luftwaffe, wurde Jagdflieger und trat nach dem Krieg als Kunstflieger auf. Die waghalsigen Flüge aber schienen ihm nicht gereicht zu haben und er fing an zu tüfteln. Erste Raketen gab es schon, deren Nachteil aber war, sie kamen stets als Trümmer zur Erde zurück. So entwickelte der pfiffige Franke eine Rakete, die mit ausklappbaren Flügen zurücksegeln konnte, eine Idee, die viele Jahre später die NASA mit dem Space Shuttle aufgriff. Auch einen Propeller als Bremse entwickelte Tiling. Seine vielleicht wichtigste Erfindung aber war die Kombination zweier Antriebssysteme. Bislang konnten die gebräuchlichen Pulverraketen entweder nur schnell und kurz in den Himmel schießen oder höher, aber dafür langsamer. Durch den raffinierten Doppelantrieb des Absbergers gelang nun der rasante Flug in große Höhen. Doch was konnte der konkrete Nutzen der neuen Raketen sein? Ob man's glauben will oder nicht: der Postversand! Am 15. April zündete Tiling sein Wunderding auf dem Ochsenmoor am Dümmer, die Rakete raste gen Himmel und kehrte zielgenau wieder zur Erde zurück, 188 Postkarten wurden auf diese Weise zugestellt (über die Höhe des Portos für die Eilpost ist uns nichts bekannt). Überall in Deutschland führte Tiling seine Raketen nun vor, staunend sah das Publikum den zischenden Dingern nach, wie sie sich an die zwei Kilometer hoch in den Himmel bohrten.

Leider ist das Ende des Raketenpioniers ein tragisches. War es Unvorsichtigkeit oder die Verkettung dummer Zufälle? Als Reinhold Tiling am 10. Oktober 1933 zusammen mit seiner Assistentin und seinem Mechaniker einen weiteren Raketenstart vorbereitete und das Pulver verpresste, kam es zu einer Explosion. Man brachte die drei Verletzten noch ins Krankenhaus, die Verbrennungen aber waren zu schwer, keiner überlebte den nächsten Tag. Einen Krater des Mondes hat man nach Reinhold Tiling benannt, eine schöne Geste, war der Absberger doch ein Wegbereiter der Raumfahrt.

Aktiv im Wakepark Brombachsee

Ein interessanter Rundwanderweg erzählt viel zur Mühlengeschichte von Absberg, doch als Radler bleiben wir dem Uferweg treu. Freunde lustigen Funsports fahren noch ein Stückchen am Nordufer des Kleinen Brombachsees weiter, dort befindet sich ein Wassersportzentrum. Mutige vor! Im Wakepark kann man sich per Seilantrieb auf Skiern oder Board über die Wellen ziehen lassen, eine Schanze lädt zu wilden Sprüngen ein. Den meisten scheint das Zuschauen als Nervenkitzel zu reichen, auf dem Sandstrand chillen Alt und Jung. Auch Zeltmöglichkeiten gibt es hier wie anderswo im Seenland viele; und selbstredend, dass in Franken noch keiner verhungert oder verdurstet ist. Gleich hinter dem Eventbereich wird es wieder grüner und wir bleiben ehrfürchtig stehen. Welch ein Seepanorama! Fast könnte man an einen Palmenhain denken.

Verlängerung entlang des Altmühlüberleiters nach Gunzenhausen

Gleichermaßen schön und interessant ist die Fahrt von Gunzenhausen zum Brombachsee entlang des Altmühlüberleiters. Der Kanal verbindet den Altmühlsee mit dem Brombachsee und quert dabei die Europäische Hauptwasserscheide. 8,7 Kilometer ist er lang, nur 6 Kilometer aber lässt er sich sehen, 2,7 Kilometer verlaufen durch einen unterirdischen Stollen. Wer ihn in seiner vollen Länge begleiten will, der begebe sich in Gunzenhausen an die Südostecke des Altmühlsees, dort beginnt, unterhalb der B 13, die Ableitung des Sees über einen Düker, auch der Radweg beginnt hier, er hat eine Länge von 11 Kilometern und ist gut beschildert.

Kurz nach der Querung der Bahnlinie sieht man linker Hand einen Aussichtsberg. Das Material für den künstlichen Hügel hat eine Vortriebsmaschine aus dem nahen Höhenzug östlich von Gunzenhausen gefräst, der die Wasserscheide bildet, so bekommt man anschaulich demonstriert, welches Volumen der unterirdische Stollen hat.

Bald verschwindet der Kanal im Berg, der Radweg aber bleibt an der frischen Luft. Durch Laubwälder geht es einige Kilometer schattig dahin, bevor sich der Überleiter wieder sehen lässt – Zeit, die Europäische Hauptwasserscheide näher vorzustellen. Sie trennt die Quellen, deren Wasser zum Atlantik oder zur Nord- und Ostsee fließen, von den Quellen, die das Mittelmeer und das Schwarze Meer wässern. Die auch Europäische Zentralwasserscheide genannte

Grenze beginnt in Gibraltar, läuft fast bis zur spanischen Atlantikküste, um dann scharf nach Osten abzuknicken, die Pyrenäen zu umfahren, die Rhone westlich zu begleiten, um an deren Quelle abzubiegen und nun dem Alpenhauptkamm ein Weilchen zu folgen, bis die Rheinquellen erreicht werden, worauf es Richtung Schwarzwald geht, um die Donauquelle herum weiter über die Schwäbische Alb ins schöne Frankenland zu dem Punkt, an dem wir stehen. Weiter geht's ein Stück als Donaubegleiterin, dann hinauf bis nahe zu den Quellen von Elbe, Oder und Weichsel, durch Polen nach Russland, nach Moskau. Hier endet die Europäische Wasserscheide offiziell.
Taucht der Altmühlüberleiter wieder aus dem Berg auf, geht die Fahrt erneut an seinen Ufern entlang. Eine kleine Staustufe macht den Kanal zum Wasserfall. Dadurch wird sinnlich fassbar, wie viele Wasser nicht zum Schwarzen Meer dürfen, sondern zur Nordsee fließen müssen, die Europäische Wasserscheide wird vom Menschen ausgetrickst. Fairerweise aber darf nicht verschwiegen werden, dass nur ein Sechstel der überführten Gesamtmenge den Altmühlüberleiter passiert, das weit größere Volumen wuchten Pumpwerke an den Schleusen des Main-Donau-Kanals über die Wasserscheide nach Norden. Energiefreundlicher ist der Altmühlüberleiter und malerischer noch dazu. Besonders wenn er kurz vor dem Brombachsee bei der Hühnermühle den Querdamm nach Neuherberg überströmt. Hier kann, wer will, sich nasse Füße holen. Nach einigen Minuten liegt der Kleine Brombachsee vor uns, die Rundtour kann beginnen.

Ans Südufer

Die Weiterfahrt auf der Großen Brombachseerunde führt nun über den Damm des Kleinen Brombachsees zum Südufer. Auch dort finden sich viele malerische Uferpassagen. Alles ist gut beschildert. Bei Ramsberg kann man das *Floating Village* bewundern, in der Marina dümpeln an die zwanzig Hausboote am Steg; italienisch, skandinavisch oder im Vintage-Stil eingerichtet, laden sie zur Übernachtung ein. Mit allem Komfort: Man kann sich auch Frühstückssemmeln und fränkisches Bier an Bord bringen lassen.

Hinweise locken ins nahe Pleinfeld, der Schlenker lohnt sich. In der See-Gemeinde sind einige historische Gebäude erhalten. Wir aber sind im Flow, lassen Pleinfeld rechts liegen und sausen weiter am Ufer entlang, nun geht die Fahrt schon auf die große Staumauer zu.

Unterhalb der Staumauer, zur Gemeinde Pleinfeld gehörend, befindet sich das Infozentrum Seenland. Es ist in einem traditionellen Haus untergebracht, der Mandlesmühle. Ihr Name kommt nicht etwa daher, dass hier Mandeln gemahlen wurden, es war ein Sägewerk in einer Mantelach, wie der Föhrenwald im Mittelalter genannt wurde. Die Mühle gehörte dem Bischof von Eichstätt. Zur Faschingszeit musste sich der Müller aufs Pferd schwingen, an den Sattel gebunden ein Weidenkorb mit einem fetten Huhn. Jedes Jahr hatte er dem Bischof eine Fastnachtshenne zu bringen, auch bei Eis und Schnee.

Wenn sich die Gelegenheit bieten sollte, ist eine Führung durch das Innere der Staumauer unbedingt zu empfehlen. Sie ist nämlich überraschenderweise hohl, ein langer, sanft gebogener und ewig hoher, durch das Wasser sehr kühler Gang, auf dem der Betriebsmeister regelmäßig den Zustand der Staumauer kontrolliert.

Nun ist es nicht mehr weit zu unserem Ausgangspunkt Allmannsdorf. Wenn Sie nach Beendigung der Rundtour und einem guten fränkischen Abendessen noch mit zwei Gläsern Schnaps anstoßen – man brennt hervorragende Tropfen im Frankenland –, hat man genau die Menge an Flüssigkeit genossen, die täglich durch die Mauer sickert. Ein Prosit auf die Ingenieurskunst!

Johannes Wilkes

Ausgewählte Adressen und Tipps

- Infozentrum Seenland, Mandlesmühle 1, 91785 Pleinfeld, Tel. 0981/9503634, www.wwa-an.bayern.de/ueberleitung/infozentrum. Etwa Ende März bis Okt. tägl. 10–16 Uhr geöffnet. Der Eintritt ist frei.
- *Strandhaus Sand&Sofa,* zwei Standorte: Allmannsdorf und Enderndorf, Tel. 09175/9080408, www.sandundsofa.de.
- *Restaurant Seeklause,* Seespitz 3, 91720 Absberg, Tel. 09175/9073226, www.zv-brombachsee.de.
- *Strandcafé am Brombachsee,* Leitenbuckstr. 12, 91785 Pleinfeld, Tel. 01512/2334406, www.straca.de. Tägl. 18–24 Uhr, Fr/Sa bis 2 Uhr.
- Zahlreiche Hotels und Pensionen, für jeden Geldbeutel ist etwas dabei. Am originellsten übernachtet man auf dem See, im *Floating Village,* Am Segelhafen, 91785 Pleinfeld, Tel. 089/31110201, www.eco-lodges.de.
- Erlebnisschifffahrt Brombachsee, Am Anger 10, 91785 Pleinfeld-Ramsberg, Schiffstelefon 0172/5925130, www.msbrombachsee.com. Fahrt mit Europas größtem Trimaran, kostenlose Beförderung von Fahrrädern, wodurch auch eine Abkürzung der Radrunde möglich wird. Anlegestellen in Ramsberg, Absberg, Enderndorf, Allmannsdorf, Pleinfeld. Dauer der kompletten Runde 1,5 Std.
- Segelschule Fürst, Am Segelhafen 8, 91785 Ramsberg, Tel. 09144/808979, www.segelschule-fuerst.de.
- Wakepark Brombachsee, Badehalbinsel 7, 91720 Absberg, Tel. 09175/4419892, www.wakepark-brombachsee.de. 600-Meter-Rundkurs, 160-Meter-Einsteigerrunde mit Kursen. Mit Beachbar direkt am Ufer, SUP-Verleih, SUP-Touren, SUP-Polo, SUP-Yoga.
- SAN-aktiv-Tours, Ausgabestelle Badehalbinsel 1 a, 91720 Absberg, Tel. 09831/4936, www.san-aktiv-tours.de. Kajak und Kanadier, Verleih und Kurse.
- Surfschule Brombachsee, Badehalbinsel 1 b, 91720 Absberg, Tel. 09175/597 oder 0172/9532351, www.surfschulebrombachsee.de.
- SUP-Center, Seestr. 33, 91738 Profeld-Langlau (beim *Strandhotel Seehof*), Tel. 0151/59904634, www.sup-center-brombachsee.de.

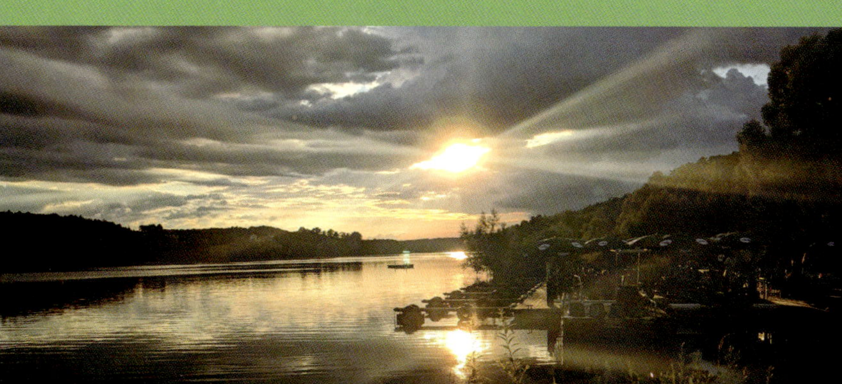

15 Reise durch unser Sonnensystem

Der Planetenweg zwischen Georgensgmünd und Spalt

Wie weit ist es bis zur Sonne? Wie groß ist unser Sonnensystem? Welche Planeten gibt es noch außer unserer Erde und welche sind uns am nächsten? Fragen über Fragen. Seufzen Sie nicht, sondern begeben Sie sich mit Ihren Kleinen auf eine Radtour, bei der alle Ihre astronomischen Fragen auf die anschaulichste Weise beantwortet werden. Viele Planetenwege gibt es, der Planetenweg zwischen Georgensgmünd und Spalt ist sicher einer der schönsten, zumal es sich um einen Radweg handelt.

Die Strecke: Georgensmünd – Wasserzell – Spalt.
Länge: 7 km (einfach).
Markierung: grüne Schilder auf weißem Grund, gut gekennzeichnet.
Höhenprofil: nahezu eben.
Wegbeschaffenheit: ausgezeichnet, durchgehend asphaltierte Radwege.
Familien: auch für kleine Radler gut zu schaffen, erst recht für Fahrradanhänger.
An-/Abreise: *ÖPNV:* per Bahn nach Georgensgmünd (Strecke Nürnberg–Treuchtlingen, tagsüber mindestens ein RE pro Stunde, von Nürnberg Reisezeit ca. 30 Min.).
Variante: Nicht lang, doch am Anfang recht steil, ist die Strecke auf dem Radweg über Großweingarten zum Brombachsee (5,4 km). Entlang dessen Nordufer Richtung Osten gelangt man in gut 30 Min. auf ebenen Wegen nach Pleinfeld, von dort mit RE in 25 Min. nach Nürnberg.
Fahrradverleih: Varaneo-Store, Bahnhofsstr. 10, 91166 Georgensgmünd, Tel. 0800/55480008.
E-Bike-Ladestationen: Aufgrund der Kürze der Strecke Laden kaum erforderlich, falls dennoch notwendig: Die freundlichen Gastronomen stellen bei der Einkehr gerne eine Steckdose zur Verfügung.

Die Highlights von Georgensgmünd

Gestartet wird in Schorschlasgmünd, wie Georgensgmünd auf gut Fränkisch genannt wird. Einst gab es eine Lokalbahn nach Spalt, die vor allem Hopfen und seine Endprodukte transportierte, gerne aber auch den Bauer und seine Frau: Der Bockl war eine schnaufende Dampflok, die man, wären Lokomotiven Hunde, wohl als Bulldogge bezeichnen würde. Der Bockl hat seit Langem ausgebockelt, seine Strecke hat man asphaltiert und einen Radweg daraus gemacht. Erfahrene Radfahrer wissen: Ehemalige Bahnstrecken haben den Charme, keine großen Steigungen zu kennen, zudem geht es oft mitten durch die Natur. So auch die Bockl-Tour, die zudem nur sechs Kurven kennt.

Bevor wir unsere Planetentour starten, wollen wir nicht versäumen, die Highlights von Schorschlasgmünd zu besuchen. In Georgensgmünd feiern Schwaben und Franken fröhliche Verbrüderung, die Schwäbische und die Fränkische Rezat vereinen sich auf dem Stadtgebiet. Eindrucksvoll ist das riesige Mühlrad im Zentrum, es dreht sich immer noch, von außen kann man

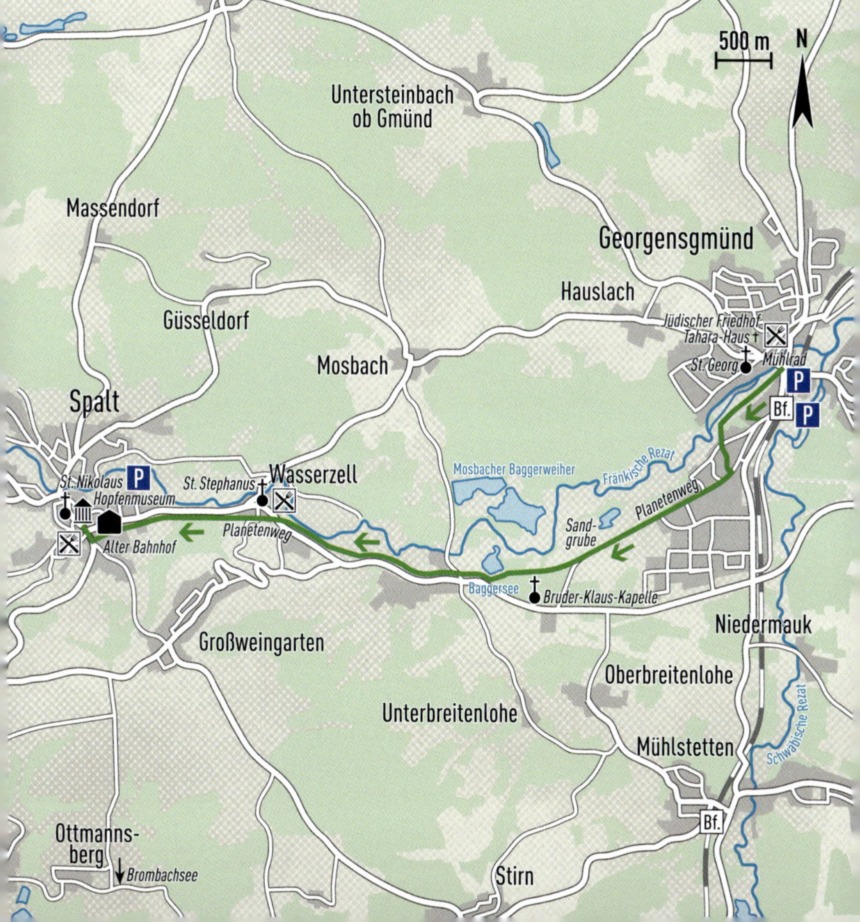

Taharahaus Georgensgmünd und die zum Radweg mutierte Bocklbahn

durch eine Scheibe des Brückenhauses das Spiel der Zahnräder beobachten. Setzt man über die Brücke, erhebt sich zur Linken die Stadtpfarrkirche, die – wen wundert's – dem heiligen Georg geweiht ist, dem Drachentöter. Auf dem Hügel vis-à-vis erstreckt sich einer der schönsten und eindrucksvollsten Judenfriedhöfe Frankens. Viele Gemeinden Mittelfrankens besaßen über Jahrhunderte eine ansehnliche jüdische Gemeinde, bis der Ungeist des Dritten Reichs, der leider auch in diesen anmutigen Gegenden kräftig blies, viele Menschen in den Tod stürzte oder zur Vertreibung zwang. Aufwendig renoviert wurde das Tahara-Haus, in dem die Toten vor der Bestattung gewaschen wurden. Nach jüdischer Tradition sollte die Beerdigung innerhalb eines Tages geschehen, was in verschneiten Wintern, bei Sturm und Eis eine große Herausforderung war. Gerne wählte man als Begräbnisstätte einen Hügel, vielleicht, weil dieser dem Himmel näher war. Die einzigartige Atmosphäre jüdischer Friedhöfe besteht in den aufgestellten Grabplatten, von denen viele wie die Gesetzestafeln Moses gestaltet sind, alle sind sie nach Osten ausgerichtet, wo die ewige Sonne aufgehen wird. Jüdische Gräber dürfen nicht wie die Gräber der Christen aufgelassen und neu belegt werden, so entwickelt ein jüdischer Friedhof eine einzigartige Chronologie von den ganz frühen bis zu den jüngsten Grabstellen.

Auf dem Planetenweg: Sonne – Merkur – Venus – Erde – Mars – Jupiter – Saturn

Nun aber auf zur Sonne, dem Beginn des Planetenwegs, über die Brücke zurück, dann nach rechts den Schildern folgend. Die große vergoldete Kugel, die Mutter allen Lebens, glänzt herrlich in der Flussaue, ein hohes Gestell erhebt sie würdig von der Erde. Die Schöpfer des Planetenweges haben sich wirklich viel Mühe gegeben. Nicht nur, dass die Größenverhältnisse der Himmelskörper zueinander maßstabsgerecht sind, auch ihre Entfernungen zur Sonne sind es. Haben Sie einen Meter zurückgelegt, entspricht das einer Million Kilometern im All. Erzählen Sie Ihren Kindern, Ihre Fahrräder seien nun Raumschiffe, mit denen sie durchs Weltall fliegen. Jeder darf seinem Raumschiff einen Namen geben und die Fahrradhelme sind jetzt natürlich die Helme von Astronauten, so macht die Sache noch mehr Spaß.

Mit den Sonnenwinden im Rücken geht es nun den Radweg entlang, nicht lange, und der erste Planet wartet schon am Weg. Es ist Merkur, den man wegen seiner ständigen Sonnennähe normalerweise nicht zu Gesicht bekommt, außer die Sonne verhüllt ihr Gesicht oder Merkur läuft ihr als kleiner Krabbelkäfer über dasselbige. Ihre Kinder wird interessieren, dass ein Merkurtag ein halbes Jahr lang ist. Sie werden leuchtende Augen bekommen! Was wäre das für ein Leben! Jede Menge Zeit zum Zocken! Keine nervigen Eltern, die, kaum sind Schule und Hausaufgaben geschafft, schon rufen: Ab ins Bett! Für diejenigen unter den Eltern, die bereits jetzt schon seufzen, wenn sie daran denken, wie sie ihren Kindern das Studium finanzieren sollen: Ab zum Merkur! Ein ganzes Semester ist von Sonnenaufgang zu Sonnenuntergang geschafft, das Studium in einer Woche.

Als Nächstes folgt, nur wenige Pedaltritte später, Venus, der Planet der Liebe. Venus dreht sich verkehrtherum, was nicht verwundert, ist Verliebtheit doch eine milde Form des Irreseins. Venus ist unser Abend- und zugleich unser Morgenstern. Leider kann man den Liebesplaneten selbst mit einem starken Teleskop nicht näher betrachten, er verbirgt seine Oberfläche im Nebel.

Und dann sind wir schon bei ihr, bei unserer Erde. Nur 150 Meter von der Sonne entfernt dreht sie ihre Runden. Ist sie nicht schön? So blau und so sauber. Wenigstens aus der Ferne betrachtet. Ein kleiner Schmutzfink namens Mensch aber macht ihr schwer zu schaffen, da haben es unsere Nachbarplaneten besser. Der nächste ist der Mars, auch auf ihm hat der Mensch seine Spuren bereits hinterlassen. Auf dem roten Planeten ist es ziemlich staubig, aber auch Eiskappen besitzt er und den größten Vulkan unseres Sonnensystems.

Was uns verblüfft: wie nah alle bisherigen Planeten um die Sonne kreisen. Wir haben doch erst ein allerkürzestes Stück des Wegs zurückgelegt. Die Sonne, sie scheint uns oft so weit entfernt, blicken wir aber in die andere Richtung unseres Sonnensystems, so tun sich erst recht unendliche Weiten auf. Bis zum nächsten Sonnenumrunder müssen wir schon ein Stückchen strampeln, immerhin 750 Meter liegt Jupiter von der Sonne entfernt. Der Jupiter ist gefährlich für Mondsüchtige, besitzt er doch der Monde viele. Wenn man die kleinen Dinger betrachtet und zurück zum Erdmodell schaut, staunt man, wie es gelingen konnte, sie zu entdecken. Galileo Galilei gebührt die Ehre, aber auch – weniger bekannt – einem echten Mittelfranken: Der Ansbacher Hofastronom Simon Marius war genauso schnell. Falls Ihre Kinder fragen: Hofastronom war einmal ein angesehener Beruf, jeder Barockfürst, der auf sich hielt, beschäftigte einen. Seine Aufgabe bestand nicht nur im Entdecken neuer Welten, er musste für die Fürstenfamilie auch Horoskope erstellen, glaubte man doch an die schicksalhafte Kraft der Sterne. Heute ist auch diese exklusive Tätigkeit demokratisiert worden, der Hofastrologe der Bild-Zeitung erstellt jedem Leser täglich sein Horoskop.

Weitere 750 Meter entfernt grüßt uns der vielleicht schönste Planet, der Saturn, dessen Ringe viele Bewunderer finden. Weniger bekannt ist, dass er auch zahlreiche Monde besitzt, 66 wurden schon gezählt. Wer einmal hinfliegen will, aufgepasst: Der Saturn ist flüssiger als Wasser, der Raumanzug sollte auch als Taucheranzug geeignet sein.

Auf dem Planetenweg: Uranus – Bruder-Klaus-Kapelle – Neptun

Wenig später folgt ein gutes Beispiel, wie der Mensch seinem Planeten zu Leibe rückt: Das sandige Mittelfranken verleitet dazu,

Strampeln bis zum Jupiter

Frankens großer Bodenschatz: Sand für alle Zwecke

immer mal in der Erde zu buddeln. Ein großes Sandabbaugebiet findet sich gleich am Wege. So schnell kann es gelingen, die Erde in eine Mondlandschaft zu verwandeln! Stolze 12,5 Millionen Tonnen mineralische Rohstoffe verbraucht jeder Bayer jährlich, davon mehr als die Hälfte als Sand und Kies. Für den Abbau aber gibt es natürlich gute Gründe. Sand ist vielseitig zu gebrauchen und beim Bau unentbehrlich, aber auch Gläser und Geschirr werden aus Sand gefertigt. Auf dem Beispielbild am Weg ist sogar Zahnpasta abgebildet, das wird Ihre Kinder interessieren. Hoffentlich aber protestieren sie am Abend bei der ungeliebten Hygiene nicht und sagen, sie wollten nicht, dass wegen ihrer Zahnpflege die Umwelt leidet. Beruhigen Sie sie: Die Sandgrube wird behutsam renaturiert und bietet Platz für seltene Pflanzen und Tiere wie die Blauflügelige Ödlandschrecke.

Zauberhaft grün geht es weiter, ein Wäldchen wird passiert. Beim Uranus angekommen, weist ein Holzschild auf die nahe Bruder-Klaus-Kapelle hin, ein idyllischer Ort für eine kleine Rast. Links abgebogen und den Wegweisern folgen, nach fünf Minuten sind wir dort. Bruder-Klaus-Kapellen befinden sich immer in der Einsamkeit, eben dort, wo sich Nikolaus von Flüe, ein Schweizer

Bauer, vor über 500 Jahren zurückgezogen hatte, Verehrer sagen, um ein heiliges, gottgeweihtes Leben zu führen, Spötter behaupten, um vor seiner Frau und seiner großen Kinderschar Ruhe zu haben. Das ist natürlich grober Unfug, denn seine Frau hat seinen Entschluss stets gutgeheißen und durch das wohltätige Wirken des Einsiedlers wurden zahllose Menschen von schweren Leiden und Gebrechen geheilt. Ein Rastplatz und ein munteres Bächlein laden zur Erquickung ein. Interessant sind die Einträge im Kapellenbuch. Auch die Spalter Kindergartenkinder haben die Planetentour gemacht und sich in dem Buch verewigt.

Wir fahren zurück auf den Planetenweg. Nachdem wir mit unseren pedalgetriebenen Raumschiffen einen tiefen Baggersee passiert haben, stoßen wir auf den nächsten Planeten. Neptun wurde 1846 von dem Astronom Johann Gottfried Galle gefunden, der, durch Berechnungen von Kollegen neugierig geworden, auf die Suche gegangen war. Auf dem Neptun ist das Leben ziemlich stürmisch, Windgeschwindigkeiten von über tausend Stundenkilometern wurden bereits gemessen, nichts für interplanetare Radtouristen: Da fliegt dir doch das Blech weg!

Auf dem Planetenweg: Wasserzell – Pluto – Spalt

Kurz darauf sehen wir vom Bahndamm aus eine kleine Ortschaft rechts von uns im Tal liegen, Wasserzell. Der kurze Abstecher lohnt, gleich bei den Gartenzwergen abbiegen. Die Stephanuskirche hat eine archaische Ausstrahlung, gedrungen und massiv gemauert scheint sie einst als Wehrkirche gedient zu haben. Erhalten hat sich der Brauch des Stephansritts. Am Namenstag des ersten christlichen Märtyrers, dem 26. Dezember, versammeln sich Reiter und Kutschen in der Langen Gasse in Spalt, wo um 9 Uhr morgens der Bügeltrunk gereicht wird (den Reitern, nicht den Pferden). Dann setzt sich der Zug in Bewegung, um in Wasserzell die Stephanuskirche dreimal zu umrunden. Der Pfarrer spendet seinen Segen, die Nachbarn reichlich Schnaps. Früher spendierte fast jedes Haus ein Gläschen, die Pferde mussten gute Ortskenntnisse besitzen, um ihre Reiter wieder heil nach Hause zu bringen.

Typische Hopfenhäuser finden wir noch in Wasserzell, Fachwerk mit hohen Speichern, auf denen die aromatischen Früchte getrocknet wurden. Zurück zum Bocklweg geht es wieder dieselbe Straße bergauf. Eindrucksvoll muss es gewesen sein, als der Bockl den hohen Damm entlanggeschnauft ist. Das Leben der Bocklbahn ist gut dokumentiert, nicht ganz ungefährlich war die Fahrt, es gab einige Unfälle. Im Jahr 1926 sprang der Bockl aus der Bahn, während man in Georgensgmünd auf frisches Bier wartete. Als die Nachricht von dem Unfall eintraf, war die Erleichterung im Georgensgmünder Wirtshaus eine doppelte: Erstens, weil es keine Verletzten gegeben hatte, zweitens, weil ersatzweise der Lastwagen die Bierladung aus Spalt brachte. Das wichtigste landwirtschaftliche Produkt der Gegend reift bis heute gleich am Wegesrand. Der Hopfen hätte den Bau der Eisenbahnstrecke beinahe verhindert. Als man plante, die bayerische Nord-Südbahn über Gunzenhausen–Spalt–Georgensgmünd zu trassieren, machten die Spalter Hopfenbauer Rabatz. Die stinkenden Loks sollten in unmittelbarer Nähe ihrer Qualitätsprodukte vorbeidampfen? Kam nicht in die Tüte! Wenige Jahre später (die Nord-Süd-Bahn hatte man weiträumig an Spalt vorbeigeleitet), sah man die Sache anders, nun wünschte man sich eine Bahn sehnlichst herbei und musste tief in die Tasche greifen, um den Bockl zu bekommen. Man sieht, Umweltdiskussionen sind so alt wie der menschliche Erfindergeist. Oberlokführer Karl Ammon hat den Konflikt zwischen Ökonomie und Ökologie auf clevere fränkische Weise gelöst: Er soll in seiner Freizeit mit seinem Bockl Mist für seine Felder ausgefahren haben.

Der Stadtrand von Spalt taucht auf und mit ihm Pluto. Der arme Pluto hat ein trauriges Schicksal. Erst dauerte es ewig, bis man den Winzling, der kleiner ist als unser Mond, in der Peripherie unseres Sonnensystems entdeckte, im Jahr 2006 beschlossen die Sternenkundler, ihn nicht länger als echten Planeten anzuerkennen. Pluto wurde zum Zwergplaneten herabgestuft, eine Diskriminierung, die wir scharf verurteilen. Als käme es auf die Größe an! Wichtig für einen Planeten ist doch allein die Eigenschaft, um die Sonne zu kreisen. Wir sind überzeugt, die Sonne liebt alle ihre Kinder, auch die Kleinsten! Lieber Pluto, halte durch und erfreue dich an deinen fünf Monden! Was wäre unser Planetensystem ohne dich? »Mein Vater erklärt mir jeden Sonntag unsere neun Planeten«, lautet der Merkspruch. Merkur, Venus, Erde, Mars, Jupiter, Saturn, Uranus, Neptun … und das wichtige »P« am Ende steht für Pluto.

Da lacht der Bierbauch: ein Wald von Hopfenstangen.

Früher Zehntscheune, heute das Hopfen- und Biermuseum Spalt

Wir steigen ab und dürfen uns stolz auf unsere Raumanzüge klopfen. 5 Milliarden und 900 Millionen Kilometer liegen hinter uns, so weit war der Weg von der Sonne bis zum Rand unseres Sonnensystems. In 248 Jahren dürfen wir den Pluto wieder in Spalt begrüßen, so lange dauert sein Weg um die Sonne, er hat es aber auch am schwersten, hat er doch die kürzesten Beine und den längsten Weg.

Gleich hinter Pluto wachsen die alten Gleise des Bockl wieder aus dem Gras, auch das alte Bahnhofsgebäude von Spalt steht noch, ein Stück Eisenbahngeschichte. Unsere Planetentour ist zu Ende. Zeit, um bei einer kleinen Einkehr – vielleicht vor dem Hopfenmuseum? – über das Erlebte nachzudenken. Die wirklich wichtigen Dinge, das was bleibt, wird immer von zwei gegensätzlichen Kräften in der Waage gehalten, so auch unsere Planeten. Gravitation und Fliehkraft halten unsere Erde auf ihrer Bahn, würde die Gravitation überwiegen, flögen wir der Sonne entgegen, überwöge die Fliehkraft, würde es uns in die Kälte des Alls schleudern, hinaus in die große Dunkelheit. Die richtige Gelegenheit, ihren Herzensmenschen wieder einmal herzlich in den Arm zu nehmen. Auch für eine gelungene Partnerschaft nämlich scheinen die kosmischen Gesetze zu gelten: Zu viel Anziehung kann ebenso riskant sein wie zu viel Fliehkraft.

Die Highlights von Spalt

Das Hopfen- und Biermuseum Spalt »HopfenBierGut« wurde 2015 mit der Goldenen Bieridee ausgezeichnet. Es befindet sich in der ehemaligen Zehntscheune der Fürstbischöfe von Eichstätt. Das schöne Städtchen Spalt aber hat noch mehr zu bieten.

Vor der Kirche St. Nikolaus steht Georg Burkhardt (1484–1545). Aus Spalt stammend und humanistisch gebildet, nannte er sich Spalatin. Er gilt als »Steuermann der Reformation« und rettete seinem Freund Martin Luther das Leben, als er dessen Flucht auf die Wartburg organisierte. Spalatin schrieb und übersetzte viele Bücher, das vielleicht wichtigste war die erste Biografie von Hermann dem Cherusker, »nach glaubwirdigen latinischen Historien«. Sein Vater war ein Spalter Rotgerber, den Namen seiner Mutter kennt man nicht mehr, weil der große Denker unehelich geboren wurde. Spalatin wirkte in Wittenberg und Altenburg, wo er starb und begraben wurde. Die ehemalige Stiftskirche St. Nikolaus ist ein barockes Bauwerk des Deutschordensbaumeisters Matthias Binder. 1771 wurde die Kirche fertiggestellt, die Stuckarbeiten stammen aus der Wessobrunner Schule. Sehenswert sind zudem die vielen erhaltenen Türme der Stadtmauer. Wo die Stadtmauer geblieben ist? Auch diese haben Sie kennengelernt. Um Kosten zu sparen, hat man ihre Steine in die wenigen Brücken der Bocklbahn verbaut. Unbedingt sehenswert sind natürlich auch die hohen Fachwerkhäuser mit ihren fünf oder sechs Dachgeschossen, in denen der Hopfen getrocknet und gelagert wurde. Spalt ist Zentrum des viertgrößten deutschen Hopfenanbaugebietes, die Spalter Brauerei ist noch ein Eigenbetrieb der Stadt.

Johannes Wilkes

Ausgewählte Adressen und Tipps

Georgensgmünd

- Touristinfo im »Meiersbeck«, Marktplatz 6, 91166 Georgensgmünd, Tel. 09172/70370, www.georgensgmuend.de.
- Jüdischer Friedhof mit Tahara-Haus, Download für den Flyer www.georgensgmuend.de. Es wird darum gebeten, am Samstag, dem Sabbat, von Besuchen abzusehen.
- Skulpturenweg: 40 Skulpturen und Künstlerbrunnen, verteilt auf das Gemeindegebiet, detaillierte Infos und Plan unter www.georgensgmuend.de.
- *Landgasthof Eichhorn mit Pension,* Pleinfelder Str. 2, 91166 Georgensgmünd, Tel. 09172/7322, www.landgasthof-eichhorn.de. So–Fr 10–14 und ab 16 Uhr, Sa Ruhetag.
- *Restaurant Bürgerhaus Zur Krone,* Bahnhofstr. 1, 91166 Georgensgmünd, Tel. 09172/663353, www.restaurant-zur-krone.info. Mi–So 11–14 und ab 17.30 Uhr.
- *Nostalgia,* Lokal, Marktplatz 10, 91166 Georgensgmünd, Tel. 09172/7005787, www.nostalgia-restaurant.de. Di–So 11.30–14.30 und ab 17.30 Uhr. Griechische Küche.

Wasserzell

- *Gasthaus Zum Rezatgrund,* Mosbacher Str. 2, 91174 Spalt, Tel. 09175/1432.

Spalt

- Tourist-Information im Kornhaus, Gabrieliplatz 1, 91174 Spalt, Tel. 09175/796550, www.spalt.de. Mi–So und die meisten Feiertage 10–17 Uhr. Viele Broschüren und Informationen über Spalt und das Seenland.
- HopfenBierGut – Museum im Kornhaus Spalt, Gabrieliplatz 1, 91174 Spalt, Tel. 09175/79650, www.hopfenbiergut.de. Öffnungszeiten siehe Tourist-Information. Führungen durch das Museum und die Brauerei mit Verkostung möglich, auch mit Stadtführung kombinierbar, Nachtwächterführung, Führung auf den Wegen von Spalatin.
- *Eisdiele und Bar La dolce vita,* Hauptstr. 4, 91174 Spalt, Tel. 09175/3710423.
- *Alte Backstub'n,* Bäckerei/Café mit Pension, Hauptstr. 21, 91174 Spalt, Tel. 09175/9555, www.alte-backstuben.de. Mo geschlossen.
- *Bäckerei/Konditorei Menzel,* Alte Rathausgasse 5, 91174 Spalt, Tel. 09175/202, www.baeckerei-menzel.de. Tägl. geöffnet.
- *Ciao Sicilia,* Restaurant, Pizzeria, Bar, Gänsgasse 53, 91174 Spalt, Tel. 09175/8099404, www.ciaosicilia.de. Tägl. 17–22 Uhr, im Winter Mo Ruhetag.

- *Tre Olive*, Restaurant/Pizzeria, Windsbacher Str. 2, 91174 Spalt, Tel. 09175/6909753.
- *Hotel Gasthof Krone*, Hauptstr. 23, 91174 Spalt, Tel. 09175/370, www.gasthof-krone-stengel.de.
- *Gaststätte und Hotel Bayerischer Hof*, Albrecht-Achilles-Str. 2 , 91174 Spalt, Tel. 09175/79600, www.bayerischer-hof-spalt.de. Gasthof Mi/Do 17–22 Uhr, Fr–So 8–14 und ab 17 Uhr, Mo und Di Ruhetag.
- *Ferienhaus Casa la Maria*, Turmgasse 10, 91174 Spalt, Tel. 09175/908400 oder 0176/64630488, www.casa-la-maria.com. In einem denkmalgeschützten Haus in zentraler Altstadtlage.
- *Pauls Fachwerkstübchen*, Ferienhaus, Höllgasse 5, 91174 Spalt, Tel. 01525/3151452, www.pauls-fachwerkstubchen.business.site.

16 Ein Quickie

Die Rothsee-Runde

Will man eine schöne Radtour machen, ohne zu sehr ins Schwitzen zu geraten, bietet sich der Rothsee an. Von Nürnberg ist man per Regionalexpress in einer guten halben Stunde am Ziel. Herrscht sonniges Sommerwetter, sollte man die Badesachen nicht vergessen, aber auch im Herbst, wenn sich die umliegenden Wälder färben, ist die Tour lohnend, erst recht im Frühjahr, wenn es überall blüht und sich die Zugvögel zur Rast in den Feuchtgebieten niederlassen. Ein Geheimtipp aber sind klirrend kalte Wintertage, wenn der Frost den See in eine spiegelnde Eisfläche verwandelt und starr das Rohr am verschneiten Ufer steht.

Die Strecke: Allersberg – Rothsee – Allersberg.
Länge: Rothsee-Runde 12 km, mit Zubringer zur Bahnstation Allersberg ca. 16 km.
Markierung: mit grünen Schildern auf weißem Grund gut gekennzeichnet, *Rothsee-Radweg*.
Höhenprofil: nahezu eben.
Wegbeschaffenheit: ausgezeichnet und gut gepflegt, meist fein geschottert, teilweise asphaltiert.
Familien: auch für kleine Radler und Fahrradanhänger gut zu schaffen.
An-/Abreise: *ÖPNV:* Regionalbahnhof Allersberg (Strecke Nürnberg–München): Schneller kommt man nicht zum Rothsee, auf der Schnelltrasse entlang der A 9 lässt selbst der Regionalexpress jeden Porsche hinter sich. Fährt ca. alle 2 Std. Nach 2,5 km ist man auf Radwegen am See. S-Bahnhof Roth (S 2 Strecke Roth–Schwabach–Nürnberg–Feucht–Altdorf, alle 20 Min., am Wochenende alle 30 Min., Fahrzeit von/nach Nürnberg Hbf. 28 Min.), nach ca. 10 km erreicht man den See. *Kfz:* über die A 9, Ausfahrt Allersberg. Zahlreiche Parkplätze am Rothsee in der Nähe der See-Zentren. Apr. bis Okt. gebührenpflichtig.
Variante: vom Rothsee in einer halben Stunde nach Roth radeln (moderate Steigungen) und dort die S-Bahn nehmen (siehe Kasten »Abstecher nach Roth«).
Fahrradverleih: Seezentrum Heuberg.
E-Bike-Ladestationen: in den Seezentren Grashof, Heuberg und Birkach.

Zubringer zum Rothsee

Vom Bahnhof Allersberg, der puristischsten deutschen Bahnstation, die nur aus Gleisen und Pendlerparkplätzen besteht, folgen wir den Hinweisschildern *Rothsee.* In einer knappen Viertelstunde sind wir an der Seewurzel, wie man poetisch die Stelle bezeichnet, an der ein See zum See wird. Die Kleine Roth wird sich in ihren feuchtesten Träumen nicht vorgestellt haben, einmal einen solch großartigen See zu speisen. Der Grund, warum man die Kleine Roth zum großen Rothsee gestaut hat, ist ein ziemlich profaner. Zwar war der Main-Donau-Kanal bereits frisch fertiggestellt, was aber ist ein Kanal ohne genügend Wasser? Im bayerischen Süden, im Donaueinzugsgebiet, mangelt es nicht an Himmelsnass, wohl aber in Franken. So legte man den Rothsee

Der Rothsee: für Genussradler und andere Vögel ein echtes Paradies

Roth entdecken
In der Kreisstadt Roth lockt neben dem Ortsbild das Schloss Ratibor, ein Jagdschloss der Markgrafen von Brandenburg-Ansbach im Stil der Renaissance, heute beherbergt es das Stadtmuseum. Freunden der lebendigen Industriekultur sei der historische Eisenhammer Eckersmühlen empfohlen. In der alten Schmiedehalle finden an Feiertagen Vorführungen statt, bei denen jeder ins Schwitzen kommt. Wie anno dazumal wird eine Esse angeschürt, das Eisen erhitzt und unter den Schlägen wasserkraftbetriebener Fallhämmer zu einem Vierkantnagel geformt, ein infernalisches Spektakel.

an, um das von Süden über den Kanalscheitel hinaufgepumpte Altmühl- und Donauwasser zu speichern und in trockenen Zeiten nach Bedarf wieder abzulassen.

Auch Zweckbauten können ihren Zauber entwickeln. Nach acht Jahren Bauzeit 1993 geflutet, wirkt der Rothsee heute so, als hätte es ihn immer schon gegeben, grün eingewachsen sind seine Ufer und so artenreich, dass man zwei neue Naturschutzgebiete ausweisen konnte, von denen das erste gleich am Anfang unserer Tour liegt. Auf stolzen 46 Hektar dehnen sich die weiten Uferbereiche aus.

Noch mehr Fakten zum Rothsee gefällig? Der Stauraum beträgt 10 Millionen Kubikmeter (Hauptsperre) bzw. 1,5 Millionen Kubikmeter (Vorsperre), die Wasserfläche misst 1,6 Quadratkilometer (Hauptsperre) bzw. 0,5 Quadratkilometer (Vorsperre), die Dammlänge ist 1,7 Kilometer (Hauptsperre) bzw. 0,5 Kilometer (Vorsperre), die Wassertiefe beträgt 15,4 Meter (Hauptsperre) bzw. 8,5 Meter (Vorsperre) und die Wege sind 6,5 Kilometer (Hauptsperre) bzw. 5,2 Kilometer (Vorsperre) lang.

Hauptsperre, Vorsperre ... Warum der Aufwand, fragen Sie? Nun, durch das Zwei-Damm-Prinzip kann der Wasserspiegel der Vorsperre auf konstantem Niveau gehalten werden, wichtig nicht zuletzt für das dortige Naturschutzgebiet. Nur der Spiegel der Hauptsperre variiert je nach Wetterlage. Und wenn Ihre Kinder Sie fragen, wie viel 10 Millionen Kubikmeter sind, die die Hauptsperre füllen, dann können Sie antworten: 66.666.666 Badewannen! Wenn Sie jede Woche ein Bad nehmen, haben Sie mit einer Roth-See-Hauptsperrenfüllung ausreichend Badewasser bis zum Jahr 185.171.

Von der Stauwurzel entlang des Ostufers zum Damm der Vorsperre

Wir entscheiden uns für die Runde im Uhrzeigersinn. Genießen wir noch einmal den Blick auf das Naturschutzgebiet. Vogelkundler kommen voll auf ihre Kosten, alle, die sich nicht so gut mit unseren gefiederten Freunden auskennen, können am Infopavillon des LBV, des Landesbundes für Vogelschutz, interaktiv ihr Wissen testen und spielerisch erweitern.

Die Strecke um den See ist abwechslungsreich, führt uns durch nahe Wälder und Wiesen immer wieder zum Wasser zurück. Auch die kulinarische Versorgung ist vorbildlich, Proviant braucht man nicht mitzunehmen, zumindest nicht in der Hauptsaison. Nicht lange und wir haben das Seezentrum Grashof erreicht und damit das erste der drei Strandcafés, auch durstige Fahrradakkus werden hier gerne mit frischem Saft getränkt.

Radeln wir weiter, erreichen wir kurze Zeit später den Damm der Vorsperre.

Von Damm zu Damm

Wir bleiben am südlichen Seeufer. Nicht verkneifen können wir uns einen Abstecher auf die Hasenbrucker Insel. Über eine schmale Brücke gelangen wir auf das grüne Eiland und werden mit herrlichen Blicken über den Rothsee belohnt, ein Kunstwerk bewegt sich spielerisch im Wind, eine Möwe lässt sich darauf nieder.

Lebendiger wird es am Seezentrum Heuberg, ungeduldig schaukeln Segelboote am Steg, bereit, durch die Wellen zu pflügen. Auch den Radfahrern hat man ein Kunstwerk spendiert, wie wir mit Freude bemerken, ein geflügeltes Zweirad, das es versteht, über dem Boden zu schweben, um sich auf Himmelswege zu begeben. Dass es Flugstraßen gibt, war uns bekannt, dass nun aber auch Flugradwege angelegt werden, ist neu. Gibt es nicht eine Fahrradmarke namens Pegasus? Wir aber bleiben hübsch am Boden und erfreuen uns am bunten Treiben des Seezentrums. Wenn die Sonne sticht, sollte man unbedingt ein Bad nehmen. Doch aufgepasst: Die Wasserwächter sind bei Badewetter nur am Wochenende und an Feiertagen auf ihrem Posten.

Langsam und auf querende Kinder achtend gleiten wir an dem Trubel vorbei und geben erst wieder Druck auf die Pedale, als wir

Genügend Platz für die Räder

den Damm der Hauptsperre erreichen. Durch ihn hindurch tritt die Kleine Roth und wundert sich bestimmt noch lange, dass sie einmal solch einen stolzen See gespeist hat. In unmittelbarer Nähe zur Staumauer, parallel zu dieser, verläuft der Main-Donau-Kanal, der uns mit dem Namen Europakanal noch sympathischer ist. Durchpflügen Dutzende von Schwimmern das Kanalwasser, ist der Tag des Rother Triathlons gekommen, der Challenge Roth, eines der spannendsten Sportereignisse Frankens und der weltweit größte Wettkampf auf der Langdistanz. Ein tolles Event, ein schlechter Zeitpunkt aber für eine gemütliche Radrunde.

Von der Hauptsperre am Nordufer zurück zum Bahnhof

Auch die Hauptsperre hat ihr Naturschutzgebiet mit Vogelquartieren der 3-Sterne-Kategorie. Großseggenriede, Schildröhrichte und Weidensträucher bieten Frau Graugans und ihren Freunden, dem Haubentaucher und der Rohrammer, perfekte Bedingungen. Die Rohrammer erkennt man an ihrem »Gesang«, dem sie ihren bekannteren Namen zu verdanken hat, schimpft sie doch

Am Sonntag will mein Süßer mit mir segeln gehn …

wie ein Rohrspatz. Das Prachtkleid des Männchens besteht aus einem breiten weißen Nackenband und einem gräulichen Bürzel; ist der Bürzel rotbraun, handelt es sich um die Waldammer. Die Rohrspätzin ist überaus emanzipiert und allein für den Nestbau zuständig, was jedoch den Nachteil hat, dass ihr Männchen Muße findet, sich nach einer Zweitfrau umzusehen. Gelegenheit macht Liebe. Verständlich, dass das grüne Revier nicht betreten werden darf, ein Aussichtspavillon aber gibt Interessierten einen guten Überblick. Besonders lohnend ist der Besuch im Frühjahr oder im Herbst zur Zeit des Vogelzugs. Dann unbedingt einen Feldstecher mitnehmen! Gänse, Enten und Kiebitze sind in dichten Schwärmen zu beobachten, aber auch der Kranich mit seinem stolzen Flug.

Von nun an geht's auf der Nordseite des Rothsees wieder zu unserem Ausgangspunkt zurück, gemütlich auf gut geschotterten Wegen. An Zwiefelhof und Birkach vorbei erreichen wir wieder die Vorsperre. Dort liegt das Strandbad Birkach, dem Seezentrum Grashof direkt gegenüber.

Bald kommen wir wieder zum östlichen Naturschutzgebiet mit der Seewurzel und es geht zurück zum Bahnhof Allersberg.

Ist man bei der Heimfahrt zeitig dran, kann man sich das Warten auf den Zug im *Gasthaus Altenfelden* verkürzen, nur 250 Meter vom Bahnhof entfernt Richtung Allersberg (kein Kuchen, aber sehr gute Apfelküchle!). Passiert man auf dem Weg den Tunnel unter der A 9, kann man sich am rasanten Flug der Schwalben erfreuen, die in der Unterführung nisten. In Altenfelden steht zudem die sehenswerte Kirche St. Vitus, die Basis des wuchtigen Turms stammt noch aus dem Mittelalter, sie besitzt drei barocke Altäre.

Warnhinweis für Schlittschuhläufer!
Bitte nur in wirklich strengen Frostwintern Runden über den See ziehen, und zwar ausschließlich im Bereich der Vorsperre, niemals auf dem Hauptsee! Weil dessen Wasserstand sinken kann, bilden sich Hohlräume unter dem Eis, bricht man ein, fällt man tief ins Wasser und das letzte, was man von dieser schönen Welt sieht, ist eine gigantische Glaskuppel am Himmel.

Johannes Wilkes

Ausgewählte Adressen und Tipps

- Erholungszentrum Grashof, Tel. 09176/90293, www.rothsee.de. Liegewiesen und Badesteg, Kiosk.
- Seezentrum Heuberg, Tel. 09174/492420, www.rothsee.de. Gasthaus und Kiosk, Strände mit Liegewiesen, Bootshafen, Segelschule, Tretbootverleih, Minigolf.
- Erholungszentrum Birkach, Tel. 09176/1700, www.rothsee.de. Strandhaus, Café und Kiosk, Liegewiesen, Badesteg, Beachvolleyball.
- *Gasthaus Altenfelden,* Altenfelden 9, 90584 Allersberg, Tel. 09176/1673. In direkter Nähe des Bahnhofs Allersberg, der über keine Einkehrmöglichkeit verfügt.
- Weitere schöne Gasthäuser in Allersberg und Roth.

Entlang der ehemaligen Bahntrasse der »Gredl-Bahn« 17

Der »Gredl-Radweg« von Hilpoltstein nach Greding

Die Radtour von Hilpoltstein nach Greding ist ein Schmankerl für alle Eisenbahn-Nostalgiker. Auf der asphaltierten ehemaligen Bahntrasse der »Gredl-Bahn« gibt es Eisenbahnfeeling pur. Entlang der Strecke tauchen wir ein in die Historie der Lokalbahn, die bis in die 1970er-Jahre Fahrgäste und Güter von Roth über Hilpoltstein und Thalmässing nach Greding brachte. Und auch sonst hat der gemütliche »Gredl-Radweg« auf seinen 29 Kilometern viel zu bieten. Immer wieder laden schöne Rast- und Spielplätze zum Verweilen und Ausruhen ein. In Thalmässing und Greding gibt es zahlreiche Einkehrmöglichkeiten für ausgedehntere Pausen. Den Rückweg von Greding nach Hilpoltstein können Sie für eine entspannte Fahrt entlang des Main-Donau-Kanals nutzen. Worauf warten Sie noch? »Abfahrt«. Nächster Halt: »Gredl-Radweg«.

Die Strecke: Hilpoltstein – Hofstetten – Heideck – Seiboldsmühle – Alfershausen – Thalmässing – Eckmannshofen – Kleinhöbing – Großhöbing – Günzenhofen – Hausen – Greding – Großhöbing – Untermässing – Obermässing – Schmellnricht – Hilpoltstein.

Länge: Hilpoltstein–Greding 29 km, Greding–Hilpoltstein via Main-Donau-Kanal 30 km.

Markierung: Die Route ist durchgängig mit den Schildern *Gredl-Radweg* gekennzeichnet. Auf der Rückfahrt von Greding nach Hilpoltstein einfach der ebenfalls ausgezeichneten Beschilderung folgen.

Höhenprofil: Etwas anstrengender ist der Anstieg vom ehemaligen Bahnhof Heideck-Seiboldsmühle hinauf zur Europäischen Wasserscheide.

Wegbeschaffenheit: sehr gut, größtenteils asphaltierte Radwege sowie kaum befahrene Flurwege, am Main-Donau-Kanal entlang geschotterter Radweg.

Familien: Die Tour ist auch gut für Familien mit größeren Kindern geeignet, die eine Grundkondition haben. Bei kleineren Kindern ist ein Fahrradanhänger sinnvoll.

An-/Abreise: *ÖPNV:* Der Bahnhof Hilpoltstein ist über Roth (Umstieg) in knapp 45 Min. vom Hbf. Nürnberg erreichbar. *Kfz:* zum Bahnhof Hilpoltstein von Nürnberg über die A 9 in gut 30 Min., am Bahnhof stehen 30 kostenfreie Parkplätze zur Verfügung.

Fahrradverleih: Zweirad Häckl, Marktstr. 18, 91161 Hilpoltstein, Tel. 09174/9191, www.zweiradhaeckl.de. Mo–Fr 9–13 und 14.30–18 Uhr (außer Mi), Sa 9–13 Uhr. Nur Verleih von E-Bikes.
E-Bike-Ladestationen: mit Schließfächern und Reparaturstation in der Marktstr. 3, 91161 Hilpoltstein.

Von Hilpoltstein zum ehemaligen Bahnhof Heideck-Seiboldsmühle

»Bitte einsteigen, Türen schließen selbsttätig. Vorsicht bei der Abfahrt.« Wir fahren mit der »Gredl-Bahn«. Lokführer und Zugbegleiter sind wir selbst in Personalunion. Und statt mit stählernen Eisenbahnrädern geht es für uns mit Fahrradreifen aus Gummi auf die Strecke. Doch ansonsten bietet die gemütliche Radtour Eisenbahnfeeling pur. Wir fahren auf der einstigen Trasse der Lokalbahn, die bis in die 1970er-Jahre hinein fast 90 Jahre lang Fahrgäste und Güter von Roth über Hilpoltstein und Thalmässing nach Greding brachte. 1887 wurde die Lokalbahn erstmals in Betrieb genommen. Heute verkehrt die Deutsche Bahn nur noch von Roth bis Hilpoltstein. Entlang der Strecke versorgen uns zahlreiche Informationstafeln sowie historische Bahnsignale und sonstige Bahnutensilien mit Wissen um deren Bedeutung.

Ausgangspunkt ist der Bahnhof in Hilpoltstein, den wir nach links verlassen, um dann rechts auf den Altstadtring einzubiegen. Folgen Sie einfach immer der guten Beschilderung des *Gredl-Radwegs,* die uns zuverlässig auf unserer Fahrt begleitet. Nach rund 500 Metern haben wir den offiziellen und nicht zu übersehenden Startpunkt des »Gredl-Radwegs« erreicht. Zunächst führt uns dieser durch ein Gewerbegebiet ins 1,6 Kilometer entfernte Hofstetten, dann weiter vorbei an der Schweizermühle und Fuchsmühle bis zum knapp neun Kilometer entfernten ehemaligen Bahnhof Heideck-Seiboldsmühle.

Auf der asphaltierten ehemaligen Bahntrasse lässt es sich durch Kiefernwälder wunderbar dahinradeln. Zeit zum Entspannen und um den Kopf freizubekommen. Genießen Sie bei Ihrer Fahrt den Blick aus dem Zugfenster. Zwischendurch werden wir immer wieder mit allerlei nützlichem Bahn-Knowhow versorgt. Wissen Sie beispielsweise, was es mit den grauen Kästen mit dem großen »F« auf weißem Grund auf sich hat? In diesen Fernmeldekästen befand sich ein Kurbeltelefon, mit dem

Bahnmitarbeiter die – Achtung Bahndeutsch – jeweils benachbarten Zugfolgestellen, wie Bahnhöfe, erreichen konnten.

Unser nächster Halt, der ehemalige Bahnhof Heideck-Seiboldsmühle, lädt uns zu einer ersten ausgiebigen Pause ein. Sie haben hier sogar die Qual der Wahl, wo genau Sie sich ausruhen möchten. Wenn Sie als Familie mit Kindern unterwegs sind, dann wählen Sie sicherlich den Gredl-Spielplatz direkt am ehemaligen Bahnhofsgebäude (übrigens dem einzigen verbliebenen entlang der gesamten Bahnstrecke). Auf dem rund 3900 Quadratmeter großen einstigen Bahnhofsgelände finden sich neben einem Parkplatz zahlreiche, teilweise mit Sonnensegel überdachte Sitzgelegenheiten zum Ausruhen und allerlei Möglichkeiten für Kinder zum Spielen, Klettern und Toben – inklusive Miniatur-Eisenbahn für alle angehenden Nachwuchslokführer.

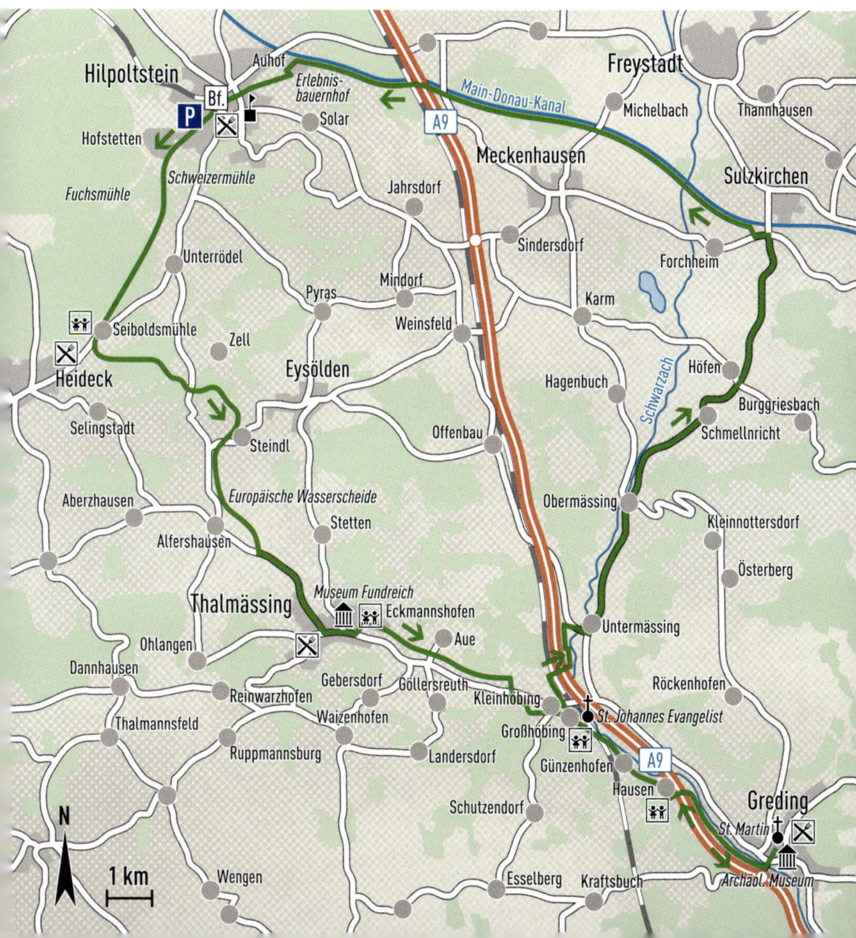

Entlang der Bahnstrecke: historische Bahnsignale und sonstige Bahnutensilien

Nächster Halt: Europäische Wasserscheide

Alternativ können Sie am Rastplatz Seiboldsmühle an der Kleinen Roth (einfach die Staatsstraße überqueren) Natur erleben, denn außer Radfahrern gibt es hier immer wieder auch andere Lebewesen zu entdecken – heimische Vögel, Schmetterlinge oder Libellen. Oder Sie lassen sich im *Gasthof zur Mühle* mit traditioneller österreichischer und Südtiroler Küche im idyllischen Biergarten (mit schönem Spielplatz für die Kleinen) verwöhnen.

Gut gestärkt heißt es wieder »Abfahrt«. Nächster Halt: das zehn Kilometer entfernte Thalmässing. Schnurgerade fahren wir durch den Wald, passieren die ehemaligen Haltepunkte Zell und Eysölden und erreichen kurz vor dem einstigen Bahnhof Alfershausen auf 461 Metern über Normalnull zunächst die Europäische Wasserscheide (höchster Punkt unserer Tour). Ein eher unscheinbares Kunstwerk des Künstlers »Tevauha« (Thomas Vokmar Held) markiert den Ort, an dessen einer Seite die Wassereinzugsgebiete von Donau und Rhein in das Schwarze Meer und auf der anderen Seite in die Nordsee fließen.

Achten Sie am Wegesrand unbedingt auf den ein oder anderen Kilometer- bzw. 100-Meter-Stein – ein Überbleibsel, das einst an der gesamten Strecke von Roth nach Greding (39,2 km) zu finden war. Mit deren Hilfe war es den Lok- und Zugführern möglich, bei Unfällen oder sonstigen außerplanmäßigen Stopps ihre genaue Position zu melden. Und wer weiß, vielleicht finden Sie am Rande des ehemaligen Gleisbetts auch noch eine der Weinbergschnecken, die bis Mitte der 1960er-Jahre mit der »Gredl« für den Export nach Frankreich weitertransportiert wurden. Die ein oder andere soll während der Fahrt das Weite gesucht haben. Darüber hinaus wurden mit der »Gredl« alle möglichen Güter transportiert, allen voran unter anderem Kohle, Getreide, Zuckerrüben, aber auch Holz, Schafwolle, Schweine, Krautsköpfe, Gurken und sogar lebende Fische aus Jugoslawien.

Einen Blick sollten Sie auch auf die weißen Dreiecke mit aufgedruckten schwarzen Zahlen werfen. Diese Geschwindigkeitstafeln zeigten an, wie schnell die »Gredl« auf diesem Abschnitt fahren durfte. Erlaubt war jeweils das Zehnfache der angezeigten Zahl. Ein Schnellzug war sie nicht, die Eisenbahn, die sich auf ihrer Fahrt über Höhen und Tiefen pustend und schnaubend vorankämpfte. Für die knapp 40 Kilometer lange Fahrt benötigte

Einladende Einkehrmöglichkeit in Thalmässing

sie zweieinviertel Stunden. Damit war sie aber sage und schreibe mehr als doppelt so schnell wie die Postkutsche (mit lediglich zwei Pferdestärken), die bis zur Eröffnung der »Gredl« knapp fünfeinhalb Stunden für dieselbe Strecke benötigte.

Einkehrschwung in Thalmässing

Apropos »Gredl«: Haben Sie sich auf der Tour bis hierher nicht auch schon gefragt, warum die »Gredl« eigentlich »Gredl« heißt? Ihr Spitzname hat nichts mit dem Frauennamen »Gretel« zu tun, sondern ist eine Abkürzung für »Gredinger Bahn«. Merken Sie sich einfach den Zungenbrecher »Die Gretel fuhr mit der Gredl nach Greding«. Wir erreichen nun aber zunächst Thalmässing auf dem Radweg entlang der Nürnberger Straße. Dieser führt uns am *Thalmässinger Landgasthof* vorbei über die Bahnhofstraße, Nürnberger Straße und Schulgasse in die Ortsmitte zum Marktplatz.

Hier bieten sich verschiedene Einkehrmöglichkeiten für eine Pause an oder Sie besuchen das kleine, aber sehr sehenswerte

Museum Fundreich, das einen mitnimmt auf eine spannende archäologische Reise in die regionale Vergangenheit. Der Raum um Thalmässing ist uralte Siedlungslandschaft, hier wurden bereits in der Steinzeit erste Menschen sesshaft. Weil es im vor- und frühgeschichtlichen Museum für Kinder dank zahlreicher »Mitmach-Elemente« Geschichte zum Anfassen gibt, haben auch diese ihren Spaß.

Der kommt auch an unserer nächsten Pausenmöglichkeit, ebenfalls noch in Thalmässing, nicht zu kurz. Wir verlassen den Marktplatz und folgen der Beschilderung des *Gredl-Radwegs,* der von nun an bis Greding weitgehend nicht mit der einstigen Bahntrasse identisch ist, über die Stettener Straße, die Straße An der Thalach und den Auer Weg bis zu einem schönen Spielplatz. Rutsche, zahlreiche Klettermöglichkeiten, sogar eine Slackline und eine mit Sonnensegel überspannte Pausenbank – was will man mehr? Die passende Brotzeit vielleicht? Diese bekommen sie direkt gegenüber in der *Metzgerei Eberle.*

Fahrt durchs Schwarzachtal: zwischen zwei Verkehrsadern

Wir verlassen unseren Pausenort dem Radweg über die Thalach folgend in die Eckmannshofener Straße. Durch Eckmannshofen und vorbei an Aue geht es entlang der Thalachwiesen und später ein kurzes Stück neben der Staatsstraße bis nach Kleinhöbing. Wir durchqueren den Gemeindeteil des Marktes Thalmässing und erreichen mit nur einem Katzensprung Großhöbing (von Ortsschild zur Ortsschild sind es tatsächlich nur wenige Fahrradlängen). Wir folgen der Alten Dorfstraße, biegen rechts ab in den Pfarrweg und erreichen schnell das Ortsende.

Weiter geht es den asphaltierten Flurweg, der uns unter der Bahntrasse der ICE-Strecke Nürnberg–München hindurch nach Günzenhofen führt. Uns empfängt eine Ortskapelle mit Sitzbänken zum Ausruhen, an einem kleinen Bachlauf gelegen. Welch idyllischer Ort für eine Einkehr, wenn da nicht Autobahn und Bahnstrecke links und rechts von uns wären, die uns daran erinnern, dass wir uns im Schwarzachtal zwischen zwei großen Verkehrsadern befinden, auf denen Tag für Tag und Nacht für Nacht Tausende Pkws und Lkws sowie pfeilschnelle ICEs mit Tempo 300 geräuschvoll vorbeibrausen.

Ein weiterer Flurweg bringt uns, nachdem wir Günzenhofen hinter uns gelassen haben, nach Hausen. Den Gemeindeteil, der bereits zu Greding gehört, durchradeln wir entlang der Straße am Radweg und Talbrunnenstraße. Am Ortsausgang wartet noch mal ein Höhepunkt für alle kleinen Radler auf uns. Der Spielplatz Hausen ist ein echtes Juwel. Ausgestattet mit Ritterburg zum Klettern und Schaukeln, Matschküche, Westernsaloon, Tipi und schattiger Essensecke lädt er zum Kreativsein und Verweilen ein. Das i-Tüpfelchen sind Sandspielsachen und Rutschfahrzeuge, die zur freien Verfügung bereitstehen.

Nächster Halt: Greding

Greding, den Endhaltepunkt der »Gredl-Bahn«, erreichen wir schließlich nach weiteren eineinhalb Kilometern wiederum über einen Flurweg entlang der Schwarzach. Wir folgen der langen Industriestraße und fahren über die Schwarzachtalbrücke in den Stadtkern. Am sehenswerten und schön angelegten Marktplatz gibt es zahlreiche Einkehrmöglichkeiten, um sich mit Blick auf das barocke Rathaus für die Rückfahrt zu stärken.

Auch ein Besuch des Archäologie Museum Greding lohnt sich. Der Streifzug in die Vergangenheit erzählt von der Besiedelung in und um Greding von der Eiszeit bis ins hohe Mittelalter. Auch die Verkehrsgeschichte im Schwarzachtal bekommt in der Ausstellung ihren Raum – inklusive »Gredl-Bahn« versteht sich. Wer noch genügend Kraft in den Beinen hat, dem sei zudem ein Aufstieg zur romanischen Basilika St. Martin empfohlen. Das Kirchengebäude aus dem 12. Jahrhundert ist die größte romanische Kirche der Diözese Eichstätt.

Rückweg am Main-Donau-Kanal entlang

Für die anstehende Rückfahrt gibt es zwei Möglichkeiten. Entweder Sie fahren dieselbe Strecke zurück, alternativ führt die einen Kilometer längere »Große Rundtour« am Main-Donau-Kanal zurück nach Hilpoltstein. Doch bis zur endgültigen Entscheidung bleibt Ihnen noch etwas Zeit, denn zurück bis nach Großhöbing müssen wir in jedem Fall.

Mit Blick auf das barocke Rathaus stärken wir uns in Greding für die Rückfahrt.

Um die Tour am Kanal entlang zu nehmen, biegen wir in Großhöbing vor der katholischen Kirche St. Johannes Evangelist rechts ab und folgen dem Radweg in Richtung Freystadt. Am Ortsausgang erwartet uns noch ein ruhiger und gepflegter Spielplatz, der sich für eine Pause anbietet, bevor es endgültig Richtung Main-Donau-Kanal geht.

Der Radweg führt uns zunächst ins rund drei Kilometer entfernte Untermässing und dann weiter nach Obermässing, gefolgt von Schmellnricht. Wir folgen dem Radweg weiter Richtung Sulzkirchen, dafür den Kreisverkehr in Höhe von Höfen an der zweiten Ausfahrt verlassen. Kurz vor Sulzkirchen erreichen wir erneut einen Kreisverkehr, dessen dritte Ausfahrt Richtung Hilpoltstein und Forchheim wir nehmen. Hier können wir das Wasser des Main-Donau-Kanals schon riechen.

Nach kurzer Zeit sind wir endlich an der 171 Kilometer langen Wasserstraße, die den Main mit der Donau verbindet (achten Sie auf das Hinweisschild, wir biegen rechts zum Main-Donau-Kanal ab).

Knapp 13 Kilometer bis nach Hilpoltstein haben wir nun noch vor uns, die es fast komplett am Wasser entlanggeht. Ge-

Zurück nach Hilpoltstein geht es am Main-Donau-Kanal entlang.

legenheit, um einfach vor sich hinzuradeln, seinen Gedanken freien Lauf zu lassen und dem ein oder anderen Schiff sehnsüchtig hinterherzublicken auf seinem Weg zwischen Nordsee und Schwarzem Meer. Kurz nach der Schleuse Hilpoltstein verlassen wir den Kanal, um in Richtung Innenstadt zu fahren.

Unsere Endstation heißt Hilpoltstein

Wir erreichen Hilpoltstein im Gemeindeteil Auhof, fahren auf der Straße Am Lohbach, biegen rechts ab in die Auhofer Straße, folgen dem Radweg, der uns über die Badstraße vorbei am Freibad bis zur Johann-Friedrich-Straße führt. Diese bringt uns geradewegs in die Innenstadt. Wer mit Kindern unterwegs ist, kann zuvor jedoch die Gunst der Stunde nutzen und dem Erlebnisbauernhof Auhof der Rummelsberger Diakonie einen Besuch abstatten. Eingerahmt von Feldern und Wiesen gibt es hier Pferde, Hasen, Schweine, Katzen und Co., aber auch einen (Wasser-)Spielplatz und Biergarten. Die Kinder können Pony reiten oder durch den Bauerngarten mit Streuobstwiese und Teich streifen.

Rund um das Rathaus (Marktstraße) locken uns schließlich zahlreiche Gastronomen zum Verweilen am wunderbar sanierten Marktplatz. Egal ob fränkisch oder mediterran, gemütliches Café oder schattiger Biergarten: Möglichkeiten, unsere Radtour auf den Spuren der »Gredl-Bahn« gemütlich ausklingen zu lassen, gibt es viele. Auch die rund tausend Jahre alte Burg Hilpoltstein, die auf ihrem Sandsteinfelsen über unseren Köpfen thront, ist sehenswert. Beim Rundgang durch die Burganlage geben uns Informationstafeln alles Wissenswerte über die Geschichte des Wahrzeichens der Stadt mit. Wir erfahren etwa, dass Ritteressen, wie sie heute Hochkonjunktur haben, nichts mit der Wirklichkeit des Mittelalters zu tun haben.

Zurück zum Bahnhof gelangen wir schließlich nach rund 500 Metern über den Döderleinsweg und Parkweg durch das Gelände der Försterwiese wieder hinauf zum Altstadtring und von dort direkt in die Bahnhofstraße. Bevor Sie dorthin abbiegen, werfen Sie unbedingt noch einen Blick nach rechts in den von der Stadt Hilpoltstein angelegten Steingarten (nicht zu verwechseln mit den in der Kritik stehenden Schottergärten, bei denen Pflanzen zwischen grauem Kies und Bruchsteinen Fehlanzeige sind). Hier haben verschiedenste Pflanzen- und Tierarten einen wertvollen Lebensraum.

Am Ende unserer Radtour heißt es noch mal: »Bitte einsteigen, Türen schließen selbsttätig. Vorsicht bei der Abfahrt.« Wir fahren mit der »Gredl-Bahn«. Doch Lokführer und Zugbegleiter sind nun nicht mehr wir selbst. Wir können uns bequem zurücklehnen und chauffieren lassen. Die elf Kilometer bis Roth sind noch echtes »Gredl-Bahn«-Feeling pur. So steht es übrigens auch nach wie vor im Fahrplan der Deutschen Bahn.

Michael Kniess

Ausgewählte Adressen und Tipps

Hilpoltstein

Erlebnisbauernhof Auhof der Rummelsberger Diakonie, Auhof 1, 91161 Hilpoltstein, Tel. 09174/99263, www.erlebnisbauernhof-auhof.de. Bauernhof Ostern bis 3. Okt. Di–Fr 9–17 Uhr, Mo Ruhetag außer an gesetzlichen Feiertagen, Kiosk Di–So 12–17 Uhr. Der Besuch ist kostenfrei.

Burg Hilpoltstein, Maria-Dorothea-Str. 7, 91161 Hilpoltstein, Tel. 09174/978505, www.hilpoltstein.de. Apr. bis Okt. Mo–So 10.30–17 Uhr. Der Eintritt in die Burgruine ist frei.

Café-Bistro 1601, Marktstr. 3, 91161 Hilpoltstein, Tel. 09174/6636, www.cafe-1601.de. Mo, Mi/Do 11–22 Uhr, Fr und So 10–24 Uhr, Sa 11–24 Uhr. Gutes Restaurant, Café und Bistro mit vielfältiger europäischer Küche, gemütliche Terrasse, direkt am Marktplatz.

Gutmann Zur Post, Marktstr. 8–10, 91161 Hilpoltstein, Tel. 09174/47950, www.gutmann-zur-post.de. Mo–Mi 11–14.30 und 17–22 Uhr, Fr/Sa 17–22 Uhr, So 11–14.30 und 17–20 Uhr, Do Ruhetag. Bayerisch-fränkische Schmankerl und Brotzeiten, frische Salate und vegetarische Gerichte.

Heideck

Gasthof zur Mühle, Oberrödeler Str. 6, 91180 Heideck, Tel. 09177/4859777, www.gasthof-muehle-heideck.de. Mo, Do–Sa ab 16 Uhr, So ab 11 Uhr, Di/Mi Ruhetage. Traditionelle Tiroler und Südtiroler Küche, idyllischer Biergarten (mit schönem Spielplatz).

Thalmässing

Museum Fundreich, Marktplatz 1, 91177 Thalmässing, Tel. 09173/9134, www.fundreich-thalmaessing.de. Apr. bis Sep. Di–So 10–12 und 13–16 Uhr.

Thalmässinger Landgasthof, Bahnhofstr. 11, 91177 Thalmässing, Tel. 09173/833, www.thalmaessinger-landgasthof.de. Mo–Do 16–22 Uhr, Fr/Sa 16–24 Uhr, So und Fei 10–22 Uhr. Regionale und internationale Küche (Schäuferla bis Pulled Pork). Direkt am »Gredl-Radweg« gelegen.

Gasthaus zur Krone, Marktplatz 3, 91177 Thalmässing, Tel. 09173/9791, www.krone-thalmässing.de. Mo 16.30–22 Uhr, Di–So 11–22 Uhr. Gasthaus im Herzen von Thalmässing mit traditioneller fränkischer Küche. Regionale Zutaten. Schöner Biergarten direkt am Marktplatz.

Metzgerei Eberle, Münchener Str. 32, 91177 Thalmässing, Tel. 09173/208. Mo–Fr 6–18 Uhr, Sa 6–14 Uhr.

Greding

Archäologie Museum Greding, Marktplatz 8, 91171 Greding, Tel. 08463/90460, www.greding-museum.de. Mo/Di 9–12 und 14–16 Uhr, Mi und Fr 9–12 Uhr, Do 9–12 und 14–17.30 Uhr, So und Fei 13–18 Uhr.

Gasthof Krone, Marktplatz 1, 91171 Greding, Tel. 08463/65280, www.krone-greding.de. Mi–So 11–14 und 17–20.30 Uhr. Frische, regionale, bodenständige Gerichte. Schöne Zimmer.

Gasthof zum Bayerischen, Marktplatz 7, 91171 Greding, Tel. 08463/6032524, www.zum-bayerischen-greding.de. Tägl. 11–24 Uhr. Gesamtes Spektrum der bayerischen und fränkischen Küche (Schweinsbraten, Innereien, Leberkäse, Weißwürste etc.).

18 Durch reizvolle Landschaft in und um Lauf

Familienfreundliche Entdeckungen auf dem »Laufer Radrundweg«

Der »Laufer Radrundweg« lädt dazu ein, Lauf und seine Ortsteile (neu oder wieder) zu entdecken. Sie werden erstaunt sein ob deren Unterschiedlichkeit. Über asphaltierte Radwege, geschotterte Feldwege und wenig befahrene Straßen geht es auf knapp 36 Kilometern durch die landschaftlich reizvolle Umgebung der mittelalterlichen Handelsmetropole und Industriestadt mit viel Charme. Zahlreiche lukullische und kulturelle Genüsse warten ebenso darauf erkundet zu werden wie jede Menge Spiel und Spaß für Kinder. Also, nichts wie rauf aufs Rad.

Die Strecke: Pegnitzwiese Lauf – Schönberg – Letten – Wetzendorf – Rudolfshof – Günthersbühl – Oedenberg – Tauchersreuth – Beerbach – Bullach – Simonshofen – Dehnberg – Heuchling – Pegnitzwiese Lauf.

Länge: 35,6 km.

Markierung: Die Route ist durchgängig mit den roten Schildern *Laufer Radrundweg* gekennzeichnet.

Höhenprofil: Tour mit zwei größeren Steigungen (von Rudolfshof nach Günthersbühl und von Oedenberg nach Tauchersreuth) sowie mehreren moderaten Anstiegen.

Wegbeschaffenheit: gut, durchgehend asphaltierte Radwege, geschotterte Feldwege und wenig befahrene Straßen.

Familien: Auch für Familien mit Kindern ist die Tour gut geeignet. Die Anstiege müssen evtl. (gemeinsam) geschoben werden.

An-/Abreise: *ÖPNV:* Mit der S-Bahn (S 1) ist der Parkplatz Pegnitzwiese problemlos zu erreichen – Haltestelle Lauf (links Pegnitz). Einfach vom Bahnhofsvorplatz in die Weigmannstraße, links halten, den Berg hinunter in die Briver Allee. *Kfz:* Der Parkplatz Pegnitzwiese bietet ausreichend Stellplätze, gebührenpflichtig (Mo–Fr 8–18 Uhr, Sa 8–13 Uhr, 4 Std. kosten 2 Euro, Tagesticket 5 Euro).

Fahrradverleih: keiner in unmittelbarer Nähe.

E-Bike-Ladestationen: eBike Maass, Altdorfer Str. 2, 91207 Lauf an der Pegnitz, Tel. 09123/9999960, www.ebike-maass.de (das Laden ist nur während der Geschäftszeiten möglich); Städtische Werke Lauf, Schlossplatz 1 (an der Kaiserburg), Simonshofer Str. 55 (am Krankenhaus, Nähe Heuchling), 91207 Lauf an der Pegnitz, www.stwl.lauf.de.

Burg oder Schloss? Kaiser oder Wenzel?

Wo könnte eine Radtour rund um Lauf besser starten als dort, wo man auf gleich zwei prägende Wahrzeichen der mittelalterlichen Handelsmetropole und Industriestadt trifft. Was der Parkplatz Pegnitzwiese damit zu tun hat, fragen Sie sich? Ein Hinweis steckt bereits im Namen des Abstellplatzes für Fahrzeuge aller Art. Wir befinden uns nämlich direkt an der Pegnitz, dem Fluss, der die Geschichte von Lauf entscheidend geprägt und der Stadt zu ihrem Namen verholfen hat. Denn »Lauf« ist an dieser Stelle nicht als die unverhohlene Aufforderung zu verstehen, sein Fahrrad umgehend abzustellen und sich zu Fuß weiterzubewegen, sondern vielmehr ein Hinweis, dass Wasser hier ziemlich schnell von A nach B fließt.

Im Mittelhochdeutschen bedeutet »Loufe« Flussschnelle und davon leitet sich unser »Lauf« ab. Diesem Umstand hat es die mittelfränkische Stadt vor den Toren von Nürnberg zu verdanken, dass sie den Rang einer wichtigen Handwerks- und Industriestadt erlangte. Früh gab es an diesem energiegeladenen Ort Wasserräder. In Wehren wurde Wasser gestaut und damit konnten Getreide- oder Drahtmühlen, Hammerwerke und Nadelfabriken betrieben werden. Grundlage dafür, dass sich im 20. Jahrhundert eine bedeutende Industrie in Lauf entwickelte.

Und dann ist da noch das stattliche Bauwerk, welches da mitten in der Pegnitz, unmittelbar angrenzend an den Ausgangsort unserer Tour, auf einer kleinen Insel thront: die Kaiserburg bzw. das Wenzelschloss. »Ja, was denn nun«, möchte man fragen. Burg oder Schloss? Kaiser oder Wenzel? Gemeint ist schließlich ein und dasselbe. Könnte sie (oder es) doch nur selbst reden, denn für sie (oder es) wäre es ein Leichtes, in bestem Fränkisch zu erklären, wie sie (oder es) zu gleich zwei Namen kommt. Uns bleibt einstweilen nur, darüber noch ein bisschen nachzudenken. Beim Strampeln auf dem Drahtesel kommen einem bekanntlich ja die besten Ideen.

Also, nichts wie los. Doch bevor wir uns auf die rund 36 Kilometer lange Tour machen, werfen Sie doch noch einmal einen Blick in Ihr Portemonnaie. Besonders dann, wenn Sie mit Kindern oder Enkelkindern unterwegs sind. Haben Sie ein 20-Cent-Stück einstecken? Prima. Am höchsten Punkt des Laufer Radrundwegs werden Sie die Münze womöglich noch brauchen können.

Von Lauf nach Schönberg entlang der Sandhochterrasse

Wir starten, immer den roten Hinweisschildern folgend, entlang der Pegnitz ein Stück auf dem Radweg und fahren einen kurzen Anstieg hinauf in die Eichenhainstraße. Dieser folgen wir durch ein ruhiges Wohngebiet stadtauswärts in Richtung Ottensoos (an der Abzweigung Eichenhainstraße/Ottensooser Straße Letzterer folgen). Kurz vor dem Ortsausgang lohnt sich ein Blick nach links. Hier befindet sich die Sandhochterrasse Lauf, eine Fläche von rund einem Hektar, die Lebensraum für seltene Tier- und Pflanzenarten, wie die Sand-Grasnelke oder den Kleinen Feuerfalter, bietet. Dieser faszinierende Sandlebensraum ist Teil der SandAchse Franken – ein Naturschutz-Großprojekt auf rund 100 Kilometern, das von Bamberg fast bis Weißenburg reicht und sich an den Flüssen Rednitz, Pegnitz, Regnitz und deren Zuflüssen entlangzieht.

Wir fahren weiter die Ottensooser Straße entlang über die A 9 und biegen nach etwa 750 Metern rechts ab in Richtung Schönberg (Nessenmühlstraße). Hier wird zunächst die S-Bahnlinie unterquert und kurz vor Erreichen der Sportanlagen des FSV Schönberg »stolpern« wir über ein hölzernes Hinweisschild: »Naturerlebnispfad« steht da geschrieben. Wer mit Nachwuchsradlern unterwegs ist, sollte unbedingt rechts abbiegen und einen kleinen (oder auch größeren) Abstecher einplanen. Es lohnt sich! Denn hier, im Schönberger Forst, liegt ein ganz besonderer Kinderort versteckt.

Ein Abstecher in den Erlebniswald

Der Naturerlebnispfad führt vorbei an spannenden Erlebnisstationen, zunächst dem Klanghaus, wo man nach Herzenslust drauf-

Der Pegnitz begegnen wir auf dem »Laufer Radrundweg« immer wieder.

Der Tastpfad bei Schönberg lädt ein, barfuß die Vielfalt des Waldes zu erkunden.

losmusizieren und der Akustik des Waldes lauschen kann. Wir folgen dem geschotterten Waldweg weiter und erreichen nach kurzer Zeit einen Niedrigseilgarten, wo auch bereits die Kleinsten ihr Klettergeschick erproben und sich austoben können. In unmittelbarer Nähe befinden sich zudem noch ein kleines Weidenlabyrinth und eine Baumwippe. Obwohl wir wissen, dass wir auf unserer eigentlichen Tour noch viel vor uns haben, radeln wir ein Stück weiter in Richtung Waldhaus, einen prima Unterschlupf bei schlechtem Wetter. Hier heißt es »Augen zu und durch«. Ein Tastpfad lädt ein, barfuß die Vielfalt des Waldbodens zu erkunden. Es geht über Kiefernzapfen, Moos, Kiesel, Laub oder Lehm. Eigentlich könnte man allein in diesem Erlebniswald einen halben Tag oder mehr verbringen, denn zu entdecken gäbe es entlang des Naturerlebnispfades noch einiges, angefangen vom Waldspielplatz über das gruselige Moorauge bis zum Waldsee. Egal ob an einem heißen Augusttag oder kühlen Herbstsonntag – der Naturerlebnispfad ist immer ein besonderes Erlebnis.

Wir entern ein Piratenschiff

Mit diesen Eindrücken im Gepäck radeln wir zurück zur Abzweigung und setzen unsere Tour entlang der Nessenmühlstraße weiter in Richtung Sportanlagen bis nach Schönberg fort. Es geht vorbei an den Moritzberg-Werkstätten der Lebenshilfe Nürnberger Land bis zur Abzweigung Zollernstraße, der wir über die Neuhäuserstraße bis zur Ortsmitte folgen. Nach dem kurzen Aufstieg hinauf zum Schönberger Marktplatz haben wir uns eine kleine Erfrischung verdient. Wenn man schon so nett zum »Einkaufen, Ratschen, Pause machen« eingeladen wird wie vom Dorfladen Schönberg, kann man schließlich auch gar nicht widerstehen. Gestärkt mit einem Eis und einem leckeren Stück Käse setzen wir unsere Tour fort in Richtung Letten.

Wir verlassen den Schönberger Marktplatz über die Pfarrstraße und folgen der Heilingstraße bis zur Abzweigung Auerweg (Höhe Grundschule). Wir folgen dem Auerweg, bis er in einen Feldweg mündet. Dieser führt uns ein Stück durch den dichten Lorenzer Reichswald bis zum *Waldgasthof am Letten*. Hier überqueren wir (vorsichtig!) die Staatsstraße und fahren auf einem Radweg gemütlich bis in den Ort Letten. Weiter geht es über die Straße Am Hohlanger vorbei an einem wunderschönen Weiher in Richtung Röthenbach. Doch diesen Ort der Inspiration nutzen wir erst mal für eine kleine Auszeit. Mit Blick in die Natur und bei absoluter Ruhe kann man hier fabelhaft abschalten und seinen Gedanken freien Lauf lassen. Denn eine Frage beschäftigt uns schließlich nach wie vor: Burg oder Schloss? Kaiser oder Wenzel?

Jetzt folgen wir aber erst mal dem Feldweg in Richtung S-Bahnstation Seespitze. Wir unterqueren die Bahnlinie und erreichen am Ortsrand (Ecke Laufer Weg) den Radweg nach Wetzendorf. Wir lassen die Abzweigung Am Winkelsteig rechts liegen und folgen dem Karl-Büttner-Ring in den Laufer Ortsteil hinein. Dort biegen wir links ab in die Wetzendorfer Hauptstraße. Wer mit Kindern unterwegs ist, sollte unbedingt noch einen Schwenk nach links in den Griesbergweg machen und dem dortigen Spielplatz einen Besuch abstatten. Der kleine Spielplatz am Ortsrand ist komplett umzäunt, gepflegt und bietet viel zu entdecken. Darunter ein echtes Piratenschiff, das nur darauf wartet, geentert zu werden.

Hier sind »Aahs« und »Oohs« garantiert

Nach unserem Abstecher geht es zurück auf die Wetzendorfer Hauptstraße, der wir bis zur Ecke Winkelsteigstraße/Krummleitenweg folgen. Über einen Holzsteg geht es von dort auf die andere Seite der Pegnitz, weiter ein kurzes Stück auf einem Radweg an der B 14 bis an den Ortseingang von Lauf. Dem Radweg folgen wir entlang der Nürnberger Straße bis zur Abzweigung Eschenauer Straße, in die wir nach links abbiegen. Auf einem Radweg geht es vorbei am Laufer Freibad bis zur Straße Am Rudolfshof. Wir folgen dem Anwandweg durch ein Wohngebiet und werden dabei immer wieder auf Hinweisschilder »Kein Durchgang zur Bitterbachschlucht« aufmerksam. Erst die letzte Querstraße, der Brunnenweg, macht den Weg schließlich frei zum gleichnamigen Naturlehrpfad.

Diesen Abzweig sollten Sie sich merken, denn die Bitterbachschlucht ist gerade mit Kindern einen Besuch wert. Versteckt im Wald hat der Bitterbach auf seinem Weg zur Pegnitz hier eine malerische Klamm geschnitten: die gleichnamige Schlucht. Und was für eine. Steile, zum Teil unterspülte Schluchtwände oder kleine Wasserfälle sorgen für »Aahs« und »Oohs« beim Entdeckernachwuchs. Und unten am Bachlauf erst: Da kann man wunderbar die Füßchen ins kühle und erfrischende Nass stecken oder von einem Stein auf den anderen kraxeln.

Am Rande des drei Kilometer langen Rundweges informieren zudem Schautafeln über die Bedeutung des Waldes für den Menschen, die Entstehung der Schlucht und die Bedrohung des natürlichen Gleichgewichts. Wussten Sie zum Beispiel, dass eine Hand voll Waldboden mehr Lebewesen enthält, als es Menschen auf der Welt gibt? Eines sollten Sie auf alle Fälle mitnehmen: viel Zeit. Zeit, um all das Kleine, das am Wegesrand wartet, zu entdecken. Da werden Käfer bestaunt und Ameisen beobachtet, Blätter gesammelt und Blümchen gepflückt. Deshalb besuchen wir die Bitterbachschlucht ein andermal.

Deftiges auf die Radler-Hüften

Wir überqueren stattdessen am Ortsende die Staatsstraße und folgen dem Radweg nach Günthersbühl. Besonders die letzten

Romantik in Oedenberg

800 Meter dieser drei Kilometer langen Etappe haben es in sich. Der Anstieg in den Ort hinein ist sehr steil und zwingt gerade im Schlussteil womöglich zum Absteigen und Schieben. Oben angekommen, orientieren wir uns in Richtung Behringersdorf und fahren bis zum Ortsausgang. Hier erreichen wir einen kleinen Parkplatz mit Glascontainern. Dem Feldweg folgen wir an einem Reiterhof vorbei rund einen Kilometer bis nach Oedenberg. Vorsicht: Auch dieser Abschnitt unserer Tour hat ein starkes Gefälle und ist zudem uneben (Rutschgefahr).

In Oedenberg folgen wir der Oedenberger Hauptstraße einige Meter, bis wir die Behringersdorfer Straße erreichen. Vorbei am Schloss Oedenberg geht es hinauf nach Tauchersreuth, dem höchsten Punkt unserer Rundfahrt. Wer sich für den Anstieg dorthinauf stärken möchte, ist im Schloss Oedenberg genau richtig, denn hier gibt es einen besonderen kulinarischen Angriff auf die Hüften. Einmal pro Woche (immer mittwochs ab 11.30 Uhr) wird hier noch fränkisches Kulturgut gepflegt und Schlachtschüssel kredenzt. Frisch aus dem Topf kommen Blut-, Kraut- und Leberwürste sowie Kesselfleisch, begleitet von Sauerkraut und Salzkartoffeln auf den Teller. Als passendes Hors d'œuvre noch eine Metzelsuppe (kräftige Brühe, in der das Kopffleisch

Pause auf 436 Höhenmetern: In Tauchersreuth genießen wir Brotzeit und Fernblick.

gegart wurde, verfeinert mit Brotwürfeln und Majoran) und Sie könnten wahrscheinlich ganz Mittelfranken erradeln, ohne eine Pause für weitere Nahrungsaufnahme einlegen zu müssen. Doch keine Angst, natürlich können Sie sich im historischem Schloss-Stübchen oder noch besser unter schattigen Bäumen im naturbelassenen Garten auch leichter Verdauliches schmecken lassen oder sich in der hauseigenen Metzgerei einfach eine Brotzeit für unterwegs kaufen.

Vom höchsten Punkt der Tour zum höchsten Bauwerk Bayerns

Ein geeigneter Ort, um diese genüsslich zu verspeisen, findet sich auf 436 Höhenmetern am Wasserturm in Tauchersreuth. Hier eröffnet sich ein beeindruckendes Panorama Richtung Südwesten. Bei gutem Wetter reicht der Blick bis zum »Nürnberger Ei«, auf das alle Franken ganz besonders stolz sind, denn mit ihm steht das höchste Bauwerk Bayerns in Mittelfranken und nicht etwa in der Landeshauptstadt. Sein Pendant in München überragt der Nürnberger Fernsehturm, der seinen Kosenamen wegen seines eiförmigen Turmkorbes erhalten hat, um ganze 1,52 Meter.

Aus der Höhenstraße kommend, biegen wir in der Ortsmitte nach links in die Tauchersreuther Hauptstraße in Richtung Beerbach ab. Doch an dieser Stelle ist zunächst Ihre 20-Cent-Münze gefragt. Hier gibt es ihn noch, einen der letzten seiner Art, den Kaugummiautomaten, wie man ihn noch aus der eigenen Kindheit und Jugend kennt. Zugegeben, etwas in die Jahre gekommen hängt er da. Aber das Gefühl, seine Münze einzuwerfen, den Drehgriff zu betätigen und schließlich das Objekt der Begierde freigegeben zu bekommen – »a draam«.

Den nächsten Kilometer können wir es gemütlich angehen lassen und einfach vor uns hin rollen. Es geht auf einer langen Abfahrt hinunter nach Beerbach. An der Kreuzung Beerbacher Hauptstraße/Egidienstraße biegen wir nach rechts in Letztere ab und fahren bis zur St.-Egidien-Kirche (ein Besuch lohnt sich). Der Radweg wird hier zu einem Feldweg, dem wir für knapp zwei Kilometer bis nach Neunhof folgen (erst Richtung Kläranlage, kurz davor links Richtung Neunhof). Der Laufer Gemeindeteil begrüßt uns freundlich mit einer Pausenbank, deren Angebot wir natürlich dankend annehmen und kurz verschnaufen.

Prost und Slàinte

Weiter geht es den Beerbacher Weg bis zur Staatsstraße. Diese überqueren wir und biegen direkt gegenüber links ab in den Eckenhaider Weg. Auf einer wenig befahrenen Landstraße geht es drei Kilometer bis nach Bullach. Doch zuvor lohnt es sich, erst noch ein paar Meter der Neunhofer Hauptstraße zu folgen. Denn dort ist mit *Wiethaler* eine von gleich vier Brauereien (neben Brauereien *Simon* und *Dreykorn* sowie der *Braukommune Kunigundenberg*) zu Hause, die in Lauf die Tradition des handwerklichen Bierbrauens am Leben erhalten und dem Gros der Industriebiere geschmackvoll und im Rahmen des Reinheitsgebots Widerstand leisten. Den Unterschied probieren Sie am besten selbst, frisch vom Fass im *Brauerei Gasthof Wiethaler* im Herzen Neunhofs.

In Bullach angekommen, biegen wir am Bullacher Platz zunächst rechts ab in die Straße Am Michelsberg und fahren dann gleich wieder links in die Untere Eisenstraße. Wir folgen ab dem Ortsende dem beschilderten Radweg nach Simonshofen, wo wir am idyllisch gelegenen Höllweiher ankommen. Simonshofen durchqueren wir schließlich entlang der Hopfenstraße und treffen – nomen es omen – auf eine Oase des Biergenusses, die man so nicht auf dem mittelfränkischen Land erwartet. Lust auf eine kleine Reise nach Irland? Dann sollten Sie unbedingt eine Rast bei Hausnummer 16 einlegen. Denn hier wird das Bier nicht in Maßen genossen, sondern in Pints. *The Irish Times* ist ein Pub, wie man ihn auf der »Grünen Insel« erwarten würde – mit Guinness, Burger, Fish 'n' Chips. Slàinte!

Kleiner Ort mit großem Theater

Am Ortsende stoßen wir wieder auf einen Radweg, der uns zum Weiler Ziegelhütte führt, von wo wir links nach Dehnberg abbiegen. Hier, im kleinen, idyllischen Laufer Ortsteil sind Sie in bester Gesellschaft. Neben Ihnen waren bereits Jazz-Legende Chet Baker, Liedermacher Konstantin Wecker, die vielfach preisgekrönte Kabarettistin und Nockherberg-Bavaria Luise Kinseher oder Tatort-Star Miroslav Nemec in Dehnberg. Der Grund liegt direkt vor uns: Das Dehnberger Hof Theater, eines der schönsten Theater

In Simonshofen begrüßt uns der idyllische Höllweiher.

Deutschlands, hat hier in einem mehr als 100 Jahre alten Hopfengehöft mit liebevoll restaurierten Sandsteingebäuden sein Zuhause. Kommen Sie unbedingt einmal wieder und lassen Sie sich von der ganz besonderen Atmosphäre dort in ihren Bann ziehen. Oder bleiben Sie einfach da, vielleicht findet ja ohnehin gerade eine Aufführung statt.

Langsam, aber sicher haben wir auch das Ziel des Laufer Radrundwegs vor Augen. Wir biegen an der Abzweigung am Dehnberger Hof Theater nach links ab und fahren durch den Ort bis zum Brückelweg, dem wir in Richtung Heuchling folgen. Kurz nach der Kleingartenanlage Bergfried halten wir uns links und fahren in die Schulstraße bis zur Neunkirchener Straße. Es geht nach links und durch die Bahnunterführung bis zur Hersbrucker Straße.

»Dem Wenzel sei Schloss«

Wir fahren nach rechts und geradewegs wieder auf Lauf zu. An der Ampel in Höhe E-Center/Tankstelle überqueren wir die

Über die Pegnitzwiese geht es zurück zum Wenzelschloss.

Straße und folgen dem Fahrradweg, der rechts neben der Parkhauszufahrt etwas versteckt in Richtung Pegnitz verläuft. Diese überqueren wir über einen Holzsteg und fahren an ihrem Ufer entlang der Abendsonne entgegen zu unserem Ziel und gleichzeitig Ausgangspunkt, dem Parkplatz Pegnitzwiese.

Hier blickt sie uns nun wieder fragend entgegen, die Kaiserburg bzw. das Wenzelschloss. Burg oder Schloss? Kaiser oder Wenzel? Ist Ihnen auf dem Laufer Radrundweg die zündende Idee gekommen? »Dem Wenzel sei Schloss« – im fränkischen Genitiv liegt des Rätsels Lösung. Denn das altehrwürdige Gemäuer auf der schönen Pegnitzinsel geht zurück auf Kaiser Karl IV., der es in seiner Eigenschaft als König von Böhmen zwischen 1356 und 1360 errichten ließ. Und Karl war unter anderem auch auf den Namen des böhmischen Nationalheiligen Wenzel getauft. Eine Burg in Lauf war für den Kaiser wichtig, weil die Stadt für ihn eine große strategische Bedeutung hatte. Unter ihm (nach mehrmaligen Wechseln in der Herrschaft fiel Lauf 1353 an Karl IV.) erlebte die Stadt ihre wirtschaftliche und politische Blüte, als sie sich, an der »Goldenen Straße« von Nürnberg nach Prag gelegen, zum Verwaltungs-, Zoll- und Geleitsmittelpunkt der Gegend östlich von Nürnberg entwickelte. Dem Kaiser diente die Burg als Rastplatz, Ausgangspunkt und Rückkehrort auf seinen Reisen durch das Territorium. Kein Wunder: Nach tagelangem und strapaziösem Ritt von der Kaiserresidenz Prag kommend, konnte es sicherlich nicht schaden, einen Ort zu haben, an dem er sich noch einmal frisch machen konnte, ehe es vor die Tore Nürnbergs ging.

Ein wenig Erfrischung tut sicherlich auch uns nach den knapp 36 Kilometern rund um Lauf gut. Fahren Sie zum Abschluss doch noch hinauf zum Marktplatz und genießen Sie dort das Flair in einem der zahlreichen Restaurants, Cafés, Kneipen und Wirtshäuser, die dort zum Verweilen einladen. Egal ob Sie Liebhaber von Pizza und Pasta, Burger, türkischen Spezialitäten oder der fränkischen Küche sind – hungrig (und durstig) muss niemand den Heimweg antreten.

Michael Kniess

Ausgewählte Adressen und Tipps

Lauf

Kaiserburg (Wenzelschloss), Schlossinsel 1, 91207 Lauf an der Pegnitz, Tel. 09123/184-4000 oder 4002, ww.lauf.de/kaiserburg. Ungeführte Burgbesuche sind Di–Fr 14–17 Uhr und Sa/So 11–17 Uhr möglich. Führungen Sa (14 Uhr) im Rahmen einer Stadtführung mit den Laufer Stadtführern (www.stadtfuehrer-lauf.de) und So (15 Uhr) mit den Altstadtfreunden Lauf (www.altstadtfreunde-lauf.de). Die Tourist-Info in der Laufer Kaiserburg hat Di–So 9.30–12.30 und 13–17 Uhr geöffnet.

Schönberg

Lebenshilfe-Laden, Nessenmühlstr. 35, 91207 Lauf an der Pegnitz, Ortsteil Schönberg, Tel. 09123/975021, www.lebenshilfe-nbg-land.de. Mo–Do 9–16 Uhr, Fr 9–14 Uhr. Hier kann man die Produkte aus den Moritzberg-Werkstätten (von Grußkarten über Kerzen bis Kinderspielzeug) kaufen.

Ristorante La Marina, Neuhäuserstr. 2, 91207 Lauf an der Pegnitz, Ortsteil Schönberg, Tel. 09123/13942, www.ristorante-la-marina.de. Mi–Sa 17–22 Uhr. Gute italienische Küche, Pizza, Pasta, Fleisch- und Fischgerichte.

Dorfladen Schönberg, Neuhäuserstr. 1, 91207 Lauf an der Pegnitz, Ortsteil Schönberg, Tel. 09123/9809729, www.dorfladen-schoenberg.eatbu.com. Mo–Fr 6.30–18 Uhr, Sa 6.30–12 Uhr.

Oedenberg

Gasthaus Weisses Ross Walk, Oedenberger Hauptstr. 2, 91207 Lauf an der Pegnitz, Tel. 09123/6570, www.weisses-ross-oedenberg.de. Mi–So 11–21.30 Uhr. Traditionelles fränkisches Essen.

Schloss Oedenberg, Restaurant & Metzgerei, Schloßweg 1, 91207 Lauf an der Pegnitz, Tel. 09123/6766, www.schloss-oedenberg.de. Mi–Fr 11.30–14 und 17–21.30 Uhr, Sa 11.30–21.30 Uhr, So 11.30–20.30 Uhr. Traditionelles fränkisches Essen. Hausgemachte Schlachtschüssel sowie Wurstwaren; Kuchen, Torten und Gebäck aus der eigenen Backstube.

Neunhof

Brauerei Gasthof Wiethaler, Welserplatz 6, 91207 Lauf an der Pegnitz, Tel. 09126/5460, www.gasthof-wiethaler.de. Mi–So 11.30–21 Uhr. Traditionelles fränkisches Essen. Bier von der eigenen Brauerei frisch vom Fass.

Bullach

🍴 *Hofladen Geflügelhof Pabst*, Herpersdorfer Str. 6, 91207 Lauf an der Pegnitz, Tel. 09126/1513, www.gefluegelhof-pabst.de. Mo 16–18 Uhr, Mi 8.30–17 Uhr, Do 13–17 Uhr, Fr 8.30–17 Uhr, Sa 13–15 Uhr. Frischei-Nudeln, Wurstdosen, frische Eier, Eierlikör sowie verschiedene Schnäpse, saisonales Gemüse und Obst, Frischgeflügel.

Simonshofen

🍴 *Dorfcafé Simonshofen*, Hopfenstr. 32, 91207 Lauf an der Pegnitz, Tel. 09123/9996424, www.dorfcafe-simonshofen.de. Do-So und Fei 12–18 Uhr. Vielfältige Auswahl an Torten, Kuchen und Gebäck. Auch Herzhaftes wie Quiche oder Flammkuchen.

🍴 *Dorfmarkt Simonshofen*, Hopfenstr. 23a, 91207 Lauf an der Pegnitz, Tel. 09123/9981122, www.dorfmarkt-simonshofen.de. Mo, Mi–Fr 7–13 und 14–18.30 Uhr, Di und Sa 7–13 Uhr.

🍴 *The Irish Times*, Hopfenstr. 16, 91207 Lauf an der Pegnitz, 09123/9906443. Mi–Sa 16–23 Uhr. Traditionelles irisches Pub.

Dehnberg

🏛 Dehnberger Hof Theater, Dehnberg 14, 91207 Lauf an der Pegnitz, Tel. 09123/954490, www.dehnbergerhoftheater.de.

19 Durch Wald und Fels

Im lauschigen Pegnitztal

Still schlängelt sich die Pegnitz durch eine malerische Karstlandschaft, Wälder und schroffe Felsen wechseln sich ab, mit etwas Glück kann man sogar einen Wasserfall bewundern. Wer eine noch unberührt erscheinende Naturlandschaft und sympathische kleine Ortschaften erleben will, ist auf dem »Pegnitztal-Radweg« gerade richtig.

Die Strecke: Hersbruck – Hohenstadt – Eschenbach – Alfalter – Vorra – Rupprechtstegen – Güntersthal – Velden – Neuhaus.

Länge: ca. 33 km.

Markierung: zunächst *5-Flüsse-Radweg-Symbol* (fünf stilisierte Flüsse), ab Hohenstadt *Pegnitztal-Radweg-Symbol* (Fluss mit Felsen).

Höhenprofil: fast durchgehend eben, nur wenige, kurze Anstiege, kurven- und abwechslungsreich. Höhendifferenz 96 m.

Wegbeschaffenheit: Feld- und Flurwege, gelegentlich fein geschottert, nur selten und für kurze Abschnitte gröberer Schotter, teils auch asphaltierte Nebenstraßen. Sehr ruhige Strecke, kaum Kreuzungen mit Autoverkehr. Durch viele schattige Abschnitte und die stete Nähe zum Wasser auch an heißen Sommertagen eine coole Sache.

Familien: Trainierte Kinder schaffen die Strecke gut. Pausen einplanen. Auch für Fahrradanhänger sehr gut geeignet.

An-/Abreise: *ÖPNV:* Startpunkt Hersbruck, dort gibt es zwei Bahnhöfe, einen links und einen rechts der Pegnitz, von beiden ist man schnell beim Startpunkt in der Innenstadt. Direkte Anbindung von Nürnberg oder Bayreuth, mit der S-Bahn auch von Bamberg, Erlangen und Fürth. Von Neuhaus mit der Bahn zurück nach Hersbruck oder weiter. Die Fahrzeit für die Direktverbindung nach Hersbruck beträgt ca. 20 Min. Praktischerweise halten die Züge meist auch in Hohenstadt, Vorra, Rupprechtstegen und Velden, alles Orte entlang der Route des Pegnitztal-Radweges. So kann die Länge der Radtour individuell angepasst werden. *Kfz:* Hersbruck ist über die A 9 gut erreichbar, Ausfahrt Lauf/Hersbruck. Parkmöglichkeiten in Hersbruck sind gut ausgeschildert.

Varianten: Mögliche Fortsetzung: Auf dem Pegnitz-Radweg gelangt man über Pegnitz bis nach Bayreuth. (Vorsicht, Verwechslungsgefahr! Die bisher befahrene Strecke hieß Pegnitztal-Radweg). Nun hat man zwar keine mittelfränkische Erde mehr unter den Reifen, doch auch das schöne Oberfranken ist ein Radlparadies, wenngleich die Steigungen steiler werden. Beginnt man die Fahrt in Neuhaus, um den Lauf der Pegnitz gen Süden zu begleiten, kann man über Hersbruck bequem nach Lauf und Nürnberg weiterradeln. Interessant insbesondere für Fans von historischen Mühlen, welche die Freie Reichsstadt Nürnberg mit den verschiedensten Produkten versorgten.

Fahrradverleih: E-Bike-Verleih *Gasthof Bauer*, Martin-Luther-Str. 16, 91217 Hersbruck, Tel. 09151/81880.

E-Bike-Ladestation: beim *Café Inselblick*, Bahnhofstr. 4a, 91247 Vorra.

Von Hersbruck über Hohenstadt nach Eschenbach

Natürlich kann man auch in Nürnberg starten oder in Schwaig oder in Lauf, die Pegnitz aber ist lang und wir sind Genussradler und keine Extremsportler – und außerdem: Zu schade wäre es, keine Zeit zu haben für all die schönen Dinge, die es an den Ufern zu entdecken gibt. Wir entscheiden uns dafür, in Hersbruck zu starten, schieben unsere Räder aus dem Zug und kurven zum Einstand durch das hübsche Städtchen, um es beim Spitaltor wieder zu verlassen.

Nicht widerstehen können wir der Versuchung, am Rosengarten abzusteigen und, den Bienen gleich, an den übervollen Blüten zu schnuppern. Welche duftet am schönsten? Schwer zu entscheiden. Kurz darauf steht eine eindrucksvolle Bronzeskulptur am Weg. Erschöpft hat sie ihren Kopf aufs Knie fallen lassen, trotz aller Trauer jedoch hat sie sich ihre Würde bewahrt, das Einzige, was ihr geblieben ist. Der geschundene Mensch steht stellvertretend für die Tausende, die im KZ Hersbruck starben, von den Nazis zu grausamen Frondiensten gezwungen. Vielfältig sind die Initiativen der Bürger, das Andenken an die Ermordeten aufrecht zu erhalten. Respekt für diese Form der Erinnerungskultur.

Hersbruck: Mahnmal für NS-Opfer

Nun geht es Richtung Osten. Im wilden Zickzack mäandert die Pegnitz durch die grünen Wiesen, man scheint ihren Lauf kaum reguliert zu haben, gibt ihr großzügig Raum. So wässert sie bei Hochwasser die Wiesen und nicht die Keller der Anwohner.

Kurz darauf ist Hohenstadt erreicht. Das Pfarrdorf schmiegt sich an den Fuß eines Bergrückens. Auf dem Hohenfels siedelten die frühen Hohenstädter, doch das ist schon über 2500 Jahre her. Stattliche Fachwerkscheunen erinnern an den guten Hopfen, der hier gezupft worden ist. Damit konnte man sich ein kleines Zubrot verdienen, man zupfte zusammen in der Stube, erzählte oder sang dazu. Wenn ein Zupfer aber eine »Hopfmmutter« entdeckte, eine dicke Hopfendolde, gab es fröhliches Gelächter, denn dann musste er seine Nachbarin küssen. Der Hersbrucker Hopfen ist weltbekannt, sogar eine eigene Biermarke ist nach ihm benannt.

Ein anderer Erwerbszweig war das Erz, das einst aus dem Felsen geschlagen und vor Ort verhüttet wurde – ein hübsches Geschäft, denn der Eisenbedarf der Freien Reichsstadt Nürnberg war groß.

Geradeaus Richtung Osten ginge es weiter den *Fünf-Flüsse-Radweg* entlang nach Pommelsbrunn und Hartmannshof. Wir aber folgen einem neuen Radwegsymbol, das treffend die Landschaft entlang des nördlichen Pegnitztals charakterisiert: steil aufragende Felsen über einem blauen Band. Der Wegweiser wird uns bis Neuhaus begleiten, dorthin windet sich der *Pegnitztal-Radweg* durch die natürlichen Flussauen.

Auch die Bahnstrecke nach Hof und Bayreuth hat sich für das Pegnitztal entschieden. An einem beschrankten Bahnübergang hängen bemalte Bettlaken aus den Fenstern. »Signal-Ton-Weg«. Wir schauen uns verblüfft an. Ein neuer Radweg, von dem wir bislang noch nichts wussten? Der Signaltonweg? Was ist darunter zu verstehen? Das nächste Bettlaken klärt auf: »Kein Signal-Ton-Terror«. Ach so, jetzt verstehen wir! Die armen Anwohner! Bevor sich die Bahnschranke senkt, bimmelt es regelmäßig, muss es bimmeln, damit niemand von den niedergehenden Schranken überrascht wird. Wie lässt sich dieses Dilemma lösen? Vielleicht durch die Beschränkung auf Lichtsignale?

Nun geht es mitten ins Grüne hinein. Es ist Liebe auf den ersten Blick. Der Radweg ist fein geschottert und verläuft entlang blumengesäumter Felder abseits der Straßen durch das malerische Tal, das von den felsigen Hügeln der Hersbrucker Schweiz begleitet wird. Mal treten die Berge weiter zurück und öffnen den Blick, mal rücken sie näher ans Pegnitzufer heran und formen es zur Schlucht. Alle paar Kilometer kuschelt sich ein Dorf ans Ufer, mit einer Kirche, einem Schlösschen, hübschen Fachwerkhäusern und einer steinernen Brücke. So auch in Eschenbach.

Erkundungen in Eschenbach

Der Eschenbach heißt seltsamerweise Hirschbach, über eine Treppe kann man in seine klaren Wasser steigen und sich die Füße kühlen. Der vielleicht berühmteste Sohn des Ortes war Johannes Zeltner (1805–1882), Sohn eines Hopfenhändlers. Sein Engagement führte zur Gründung der Ultramarinfabrik in Nürnberg. Ultramarin kann auch rot leuchten, dafür erhielt Zeltner 1877 das erste deutsche Reichspatent der Geschichte. Nürnbergern ist das Zeltnerschloss bekannt, das der erfolgreiche Unternehmer mit dem sozialen Herzen erworben hat. Viel ist Johannes Zeltner geglückt, hart jedoch hat es das Schicksal mit ihm gemeint. Frisch verliebt brach er mit seiner jungen Braut zu einer Hochzeitsreise nach Wittenberg auf, im Sarg musste er sie zurück in die Heimat begleiten. Nur 23 Jahre alt, ist sie im Hotel überraschend verstorben.

Das Schlösschen war einst von einem Wassergraben umgeben. Bis heute gehört es den Ebnern von Eschenbach, über Jahrhunderte eine der einflussreichsten unter den Nürnberger Patrizierfamilien. Einflussreich war, wer auf der Einladungsliste zu bestimmten Rathausbällen stand, das Tanzstatut entschied, wer das Sagen hatte. Das bekannteste Familienmitglied der Ebner war Christine, die Mystikerin von Engelthal.

Wie jahrhundertelang üblich, so wachten auch die Eschenbachs als Patrone über die Geschicke der örtlichen Kirche, zu der wir jetzt emporsteigen. Der Patron sorgte sich um den Erhalt der Kirche, durfte dafür bei der Besetzung der Pfarrstelle mitreden und sich im Kirchenraum bestatten lassen. St. Paul liegt malerisch über dem Ort, umgeben und geschützt von einer Friedhofsmauer – mächtig der frühgotische Kirchturm. Überrascht sind wir, dass die Kirche geöffnet ist. Ein heller, freundlicher Innenraum

Auch ein Umstieg ins Kanu ist möglich.

strahlt uns entgegen, die Doppelemporen sind mit feinem Rokoko-Stuckdekor geschmückt. Sehenswert. Eine Tafel informiert darüber, dass der Vorgängerbau 1059 vom Eichstätter Bischof Gundekar II. geweiht worden ist. Gundekar muss über reichlich Weihwasservorräte verfügt haben, stattlichen 126 Kirchneubauten spendete er seinen Segen, die meisten aus Stein statt aus Holz errichtet, in romanischer Strenge und mit wehrhaftem Charakter, um gegen Überfälle gewappnet zu sein.

Lange hatte allein der Eichstätter Bischof das Sagen im Nürnberger Land, bis Kaiser Heinrich II. im Jahr 1007 sein Bamberger Bistum bekommen sollte. Seitdem werden die katholischen Schäfchen des Nürnberger Landes von zwei Bischöfen gehütet, südlich der Pegnitz vom Eichstätter Bischof, nördlich von seinem Bamberger Kollegen.

Von Eschenbach über Alfalter und Vorra nach Artelshofen

Von Eschenbach geht es weiter nach Alfalter. Immer wieder gleiten Kajakfahrer über das silberne Wasser. In Alfalter ein hübscher

Brunnen, ein junger Hirte, der seinen Gänsen auf der Panflöte aufspielt. Und tatsächlich: Gänse gibt es noch an der Pegnitz! Kurz darauf tummelt sich eine ganze Familie im Pegnitzwasser.

Man fühlt sich in eine andere Zeit versetzt, Nostalgiker kommen voll auf ihre Kosten. Mal drängen sich Kühe zur Tränke ans Ufer, mal lädt ein Heuboden zum Übernachten ein, mal führt ein schmaler Kanal neben einem Wehr das Wasser einer Mühle zu. Hohe Uferbäume strecken ihre Äste über die springenden Wasser, auf dem einen kann man sich sogar ausstrecken und ein Nickerchen halten.

In Vorra grüßt die hübsche Marienkirche. Tritt man hinter den barocken Altar, wird eine romanische Säulengruppe sichtbar. Zwei volle und zwei halbe Säulen tragen drei Bogen, deren mittlere einen stattlichen Dreipass aufweist. Um das Jahr 1200 haben Baumeister der Romanik diese Kostbarkeit erschaffen. Das Alte Schloss von Vorra ist ein Neubau, der erst gute hundert Jahre alt ist, man hat es zu einem Schullandheim umgebaut. Anmutig ein Brunnenensemble, zwei Kinder, deren Mutter einen Kübel ausgießt. Das *Inselcafé,* eine filigrane Gaststätte mit Terrasse über der Pegnitz, lädt zur Rast ein (Tipp für E-Biker: Stromtankstelle), auch auf der benachbarten Insel lässt es sich gut ausspannen.

Schloss Artelshofen, von Grün umgeben

Barockkunst in Artelshofen

In Artelshofen steht ein schönes Schloss, das so ziemlich jede Nürnberger Patrizierfamilie einmal bewohnt hat, die Mauern sind von blühenden Rosen bestanden.

Plötzlich ziehen dunkle Wolken auf, ein Gewitter dräut. Wir schlüpfen beim *Pechwirt* unter, wo man im offenen Hof unter ausladenden Dächern Schutz findet. Während wir uns das Mittagessen schmecken lassen, schüttet sich der Himmel aus, grollend werfen sich die Berge das Echo der Donner zu. Eine halbe Stunde später lacht die Sonne wieder, letzte Wolkenfetzen ziehen die Hänge hinauf.

In Artelshofen wurde einer der mutigsten deutschen Politiker geboren, Hans Vogel, der in dunkler Zeit als Vorsitzender der SPD die Ehre der Demokraten zu retten versucht hat. Wo sein Geburtshaus gestanden hat, fragen wir die Wirtin. Vermutlich gegenüber vom Friedhof, meint sie sich zu erinnern.

Spiegelnd hell glänzt das Dach der evangelischen Pfarrkirche St. Philippus und Jakobus im Sonnenlicht. 1434 erstmals urkundlich erwähnt, wurde sie im Stil der Spätgotik errichtet. Der Kunstgeschmack jedoch verändert sich bekanntlich. Im Zeitalter des Barocks wollte jeder, der auf sich hielt und es sich leisten konnte, seinen Kirchenraum modern aufhübschen, so auch der Schlossherr von Artelshofen, Hans Christof von Tetzel. Eine barocke Ausschmückung inklusive Familienwappen, das wär's! Wie würden die Freunde staunen! So wandte sich Tetzel an den einzigen in Nürnberg arbeitenden Stuckateur, an Donato Polli. Wie so viele Barockkünstler kam auch Donato Polli aus Italien. Am 24. Oktober 1663 wurde er in Muzzano Agno am Luganer See im heutigen Tessin als Sohn eines Baumeisters geboren. Über Frankreich wanderte der junge Künstler 1690 nach Nürnberg und hatte das Glück, dass es in der Noris noch keinen Stuckateur gab. Es wurde ihm gestattet, eine Werkstatt zu gründen, ja, er bekam sogar Stadtschutz und mit dem verliehenen Monopol mehr als genug zu tun. Bald begann er, über die Stadtmauern hinaus zu wirken. Die Artelshofer Kirche stuckierte er in den Jahren 1709/1710. Chor, Langhaus, Herrschaftsempore und Kanzel, alles barockisierte er auf geschmackvolle Weise. Die Apsis wirkt nahezu alpenländisch in ihrer fröhlichen Sinnlichkeit, üppige Stuckdekorationen dominieren, die freien Flächen treten zurück und bilden mit ihren zarten Pastelltönen in Blau und Rosa einen gelungenen Kontrast.

Es lohnt sich, auch die übrigen Arbeiten Donato Pollis zu bewundern. Kein Künstler, der so viele barocke Spuren im Nürnberger Land hinterlassen hätte, manche erinnern bereits an das frühe Rokoko. Ein paar Beispiele? Das Welserschloss in Neunhof, St. Margareta in Waller, Burg Grünsberg bei Altdorf, das Wenzelschloss in Lauf … Donato Polli blieb Franken bis zum Tode treu. Als Katholik musste er außerhalb Nürnbergs bestattet werden; in der Kirche St. Xystus in Büchenbach (heute ein Stadtteil von Erlangen), die er ebenfalls stuckiert hatte, wurde er Anfang Januar 1739 beigesetzt.

Glücklichen Umständen ist es zu verdanken, dass sich die Arbeiten von Donato Polli in der Artelshofener Kirche fast unverändert erhalten haben und nicht wie so viele seiner Nürnberger Arbeiten den Bomben des Zweiten Weltkriegs zum Opfer gefallen sind. Besonders schmerzlich sind die Verluste in der Egidienkirche, einem der Hauptwerke des genialen Künstlers.

Von Artelshofen über Rupprechtstegen, Güntersthal und Velden nach Neuhaus

Durch das regentropfenglitzernde Tal geht es weiter in Kurven dahin. Imposante Kletterfelsen spitzen aus den grünen Hängen, Enten gleiten über das muntere Wasser, das stets von Uferbäumen begleitet wird. Immer stiller wird es, da stürzt sich unvermittelt ein Wasserfall zu Tal, tosend ergießt er sich in die Pegnitz. Ein bronzener Hirsch wacht über dem alpin anmutenden Spektakel, an dem der Gewitterregen vielleicht nicht unschuldig war.

Das enge Tal zieht die Dörfer zunehmend in die Länge. In Rupprechtstegen ist neben stolzen Fachwerkscheunen der originelle Uhrturm des ehemaligen Feuerwehrhauses sehenswert. Rupprechtstegen war einst ein Luftkurort, der mit seinem Eisenbahnhalt und einem auf der Höhe thronenden Luxushotel Gäste wie Prinzessin Gisela von Bayern oder Richard Wagner ins Pegnitztal lockte.

Weniger luxuriös, aber genauso originell kann man noch am Bahnhof einkehren, in einem Rast-Waggon auf den Schienen. Er fährt nicht mehr, immer noch aber kann man sich dort stärken.

In Güntersthal steht eine stattliche Fabrik am Weg, schmuck sieht sie aus mit ihrem Uhrenturm und ihren gezahnten Shed-Dächern. Wir bremsen und wollen ein Foto schießen, da ruft uns eine Stimme barsch zur Ordnung. Das hier sei privates Firmengelände, belehrt uns ein Mann aus seinem Auto heraus, was wir hier wollen? Wir loben das Industrieensemble und fragen, welches Baujahr die älteren Fabrikanlagen wohl haben. »1920«, brummelt er, nur wenige Grad milder gestimmt. Später erfahren wir, dass die Werke vom Fürther Goldschläger Carl Eckart gegründet worden sind, der 1876 in seiner Heimatstadt mit der Herstellung von Goldbronze begonnen hatte. Das Werk in Güntersthal stellt bis heute Bronzepulver her. Wozu man dies braucht? Nun, zur Zeit der Gründung des Werkes boomte die Elektroindustrie. Schleifkontakte in Elektromotoren brauchen das feinblättrige Metallpulver, das wegen seines Glanzes auch Goldpulver genannt wurde. Mit ihm konnte man Bücherdeckel prägen, Namenskarten drucken und – noch wichtiger für ein Werk nahe Nürnberg – Christbaumschmuck zum Funkeln bringen. Gerne auch in Silber, wozu man Kupfer mit Aluminium legierte. Weltweit beschäftigt die Eckart GmbH heute als Teil der Altana AG über 1700 Mitarbeiter. Ein fränkischer Global Player.

Zum Herumklettern: Uferbäume an der Pegnitz

Velden: Pavillon mit Flussblick

Nicht einfach muss es gewesen sein, eine Bahnlinie durch die sich windende Schlucht zu bauen. Immer wieder kreuzt die Fichtelgebirgsbahn das Pegnitztal, zwischen Nürnberg und Pegnitz 29-mal, filigrane Brücken aus stählernem Fachwerk lassen das Licht flirrend hindurchfallen. Im offiziellen Ingenieurdeutsch werden die kühnen Konstruktionen Fischbauchträgerbrücken genannt, weil sie etwas durchzuhängen scheinen. Für ihren Erhalt macht sich eine Bürgerinitiative stark, zu Recht, stehen die fast 150 Jahre alten Brücken doch unter Denkmalschutz.

Velden ist mit knapp 2000 Einwohnern schon fast eine Großstadt im Pegnitztal. Dass Kaiser Karl IV. die Flussforellen so gut geschmeckt haben sollen, sei der Grund, weshalb er dem Ort 1376 die Stadtrechte verliehen hat. Einen hübschen Pavillon hat die Gemeinde über der Pegnitz errichtet, der passende Ort, um in Ruhe ein gutes Buch zu lesen. Auch die Kirche St. Maria lohnt den Besuch, sehenswert die üppigen Malereien und Skulpturen der Saalkirche, die um 1600 entstanden sind. Wie mag wohl der Stuckateur geheißen haben? – Richtig!

Stolz sind die Veldener auch auf den noch erhaltenen Stadtturm aus dem frühen 15. Jahrhundert und auf das in seiner Art in

Deutschland einmalige Scheunenviertel. Um die Brandgefahr in der Stadt zu minimieren, hat man die Scheunen außerhalb der teilweise noch erhaltenen Stadtmauer errichtet; ein Fachwerkgiebel reiht sich an den anderen, eine Reihenhaussiedlung aus Scheunen.

So idyllisch das Tal ist, früh schon wurden seine Schätze auch wirtschaftlich genutzt. Bis heute wird Dolomit aus den benachbarten Bergen gesprengt und zu feinem Mehl gemahlen, wertvolles Material, besonders bei der Glasherstellung. Aber auch den Kalkstein nutzt man, Mit seinem Mehl lässt sich Rauchgas vorzüglich entschwefeln, der Landwirt schätzt es als mineralischen Dünger.

Der wildeste Teil des Pegnitztales scheint nun hinter uns zu liegen, die Landschaft weitet sich wieder, bald gerät das bekannte Panorama einer prächtigen Burganlage in den Blick: Veldenstein, oberhalb von Neuhaus gelegen. Möglicherweise, ja sehr wahrscheinlich, geht die Burg auf den Eichstätter Bischof zurück, der um das Jahr 1000 die Nordgrenze seines Bistums gegen die heidnischen Slawen sichern wollte. Burg Veldenstein hat eine wechselvolle Geschichte. 2013 gab es einen lauten Knall: 300 Tonnen Fels und Teile der Burgmauer stürzten zu Tal, 16 Einwohner mussten evakuiert werden. Die Schäden sind beseitigt, eine Besichtigung ist voraussichtlich ab Herbst 2022 wieder möglich. Mit Burg Veldenstein ist die Geschichte eines Brüderpaares verbunden, das einige Jahre hier gelebt und die örtlichen Schulen besucht hat. Den älteren kennt jeder: Hermann Göring, den großen Naziverbrecher, der sich seiner gerechten Strafe durch das Schlucken von Zyankali entzogen hat. Sein jüngerer Bruder Albert hingegen ist in Vergessenheit geraten, sehr zu Unrecht, denn seinem teuflischen Bruder zum Trotz hat er sich engagiert für Verfolgte des Naziregimes eingesetzt. Als er in Wien erleben musste, wie lachende SS-Leute Juden dazu zwangen, auf Knien die Straße zu schrubben, kniete sich Albert ebenfalls nieder und fing an zu schrubben, worauf die SS-Leute, weil sie von der Verwandtschaft wussten, die Aktion abbrachen. Auch gelang es Albert Göring neben vielen anderen, den jüdischen Chef der Tobis-Sascha-Filmwerke, für die er eine Zeit lang gearbeitet hat, aus der Haft zu befreien und ihm bei der Flucht nach Amerika zu helfen, ja, er fälschte sogar die Unterschrift seines Bruders, um Gefangenen zu helfen. Man nahm ihn wiederholt in Gestapo-Haft, musste ihn jedoch jedes Mal bald wieder laufen lassen, befürchtete man doch eine öffentliche Demütigung des Reichsfeldmarschalls, wenn bekannt wurde, wen man da geschnappt hatte. Albert Göring machte unbeeindruckt weiter. Als Exportchef der Skoda-Werke Pilsen forderte er Arbeiter aus einem Konzentrationslager an, um den Insassen dann die Flucht zu ermöglichen. Ein Held aus dem Pegnitztal: In Velden und Hersbruck hat Albert Göring die Schule besucht. Sehenswert ist das Doku-Drama *Der gute Göring,* das 2016 erstmals von der ARD gezeigt wurde.

Mit Neuhaus ist das Ende des Pegnitztal-Radwegs erreicht. Zeit für ein kleines Resümee. Die Pegnitz hat das Nürnberger Land geprägt und die Bürger des Nürnberger Landes die Pegnitz. Dabei ist man respektvoll miteinander umgegangen. Zwar hat man den Fluss schon früh genutzt, sein Gefälle hat manche Mühle angetrieben, seine Energie hat dazu beigetragen, den Wohlstand von Lauf und Hersbruck und erst recht den von Nürnberg zu begründen. Und doch hat man den Charakter der Pegnitz nicht gewaltsam zerstört. Sie hat sich ihre Ursprünglichkeit bewahrt und auch ihr Tal. Der Pegnitztal-Radweg zählt zu den schönsten in Deutschland, probieren Sie ihn aus!

Johannes Wilkes

Burg Veldenstein, eine gut erhaltene Wehranlage aus dem 13. Jahrhundert

Ausgewählte Adressen und Tipps

 Zur Abkühlung gibt es zahlreiche seichte Stellen entlang der Pegnitz, wo man bequem ins Wasser steigen kann. Auch eine Kanufahrt ist sehr zu empfehlen, allerdings weniger für Radtouristen.

Hersbruck

 Deutsches Hirtenmuseum, Eisenhüttlein 7, 91217 Hersbruck, Tel. 09151/2161, www.deutsches-hirtenmuseum.de. Fr–So 10–16 Uhr.

Hohenstadt

 Der Hohenstädter Fels und der Baggersee Happurg (mit dem Fahrrad in 15 Min. erreichbar, gut ausgeschildert) sind lohnende Ziele.

Eschenbach

 Wengleinpark, 1930 gegründeter Naturschutzpark, Lehrpfad mit Infotafeln, www.naturschutzzentrum-wengleinpark.de. Gut ausgeschildert, liegt auf der Anhöhe östlich der Pegnitz.

Alfalter

 *Gasthof Stiegler*, Alfalter 32, 91247 Vorra, Tel. 09152/8167, www.gasthof-stiegler.de. Hier wird jeder satt! Mi–Sa 11.30–14 und ab 17.30 Uhr, So nur mittags.

Vorra

 *Café Inselblick*, Bahnhofstr. 4a, 91247 Vorra, Tel. 09152/9219906. Hübsch an der Pegnitz gelegen.

Artelshofen

Landgasthaus Beim Pechwirt, Von-Tetzel-Straße 4, 91247 Vorra-Artelshofen, Tel. 09152/8555, www.beim-pechwirt.de. Kommt ein Regenguss, sitzt man geschützt unter einem hohen Terrassendach.

Rupprechtstegen

Rast-Waggon Rupprechtstegen, Am Bahnhof 3, 91235 Hartenstein-Rupprechtstegen, Tel. 09152/4085585, www.rast-waggon-rupprechtstegen.business.site. Do–Mo 11–22 Uhr. Sehr originell: ein zum Lokal umgebauter Eisenbahnwaggon unweit der Pegnitz.

Neuhaus an der Pegnitz

- Maximiliansgrotte, 91284 Neuhaus an der Pegnitz, Tel. 09156/434, www.maximiliansgrotte.de. Apr. bis 1. Nov. geöffnet.
- Burg Veldenstein, Burgstr. 12, 91284 Neuhaus an der Pegnitz. Die Burg kann voraussichtlich ab Herbst 2022 wieder besichtigt werden, Infos unter www.urlaub.nuernberger-land.de.

Der Text ist eine modifizierte und verkürzte Variante der Beschreibung aus dem Buch *Nürnberger Land* der Autoren Johannes Wilkes und Michael Kniess.

Berg- und Talfahrt mit Kind und Kegel

20

Durchs Nürnberger Land von Winkelhaid nach Ottensoos

Fantastische Ausblicke, ein grandioser Weiher, ein echter *Tatort*-Tatort, leckere Süßspeisen, Herzhaftes und gleich fünf sehr besuchenswerte Spielplätze (einer sogar mit direktem Biergartenanschluss) – das alles (und noch viel mehr) hat die Fahrradtour von Winkelhaid nach Ottensoos zu bieten. Bei der meist gemütlichen Berg- und Talfahrt durchs Nürnberger Land werden Kind und Kegel glücklich. Sie erwartet ein optimaler Familienausflug per rollendem Vehiculum auf 23 Kilometern mit viel Abwechslung und noch mehr Spaß.

Die Strecke: Winkelhaid – Ungelstetten – Fuchsmühle – Scherau – Diepersdorf – Rockenbrunn – Haimendorf – Schönberg – Ottensoos.

Länge: 23 km.

Markierung: keine ausgeschilderte Tour, bitte den Straßenschildern und den Hinweisen im Text folgen.

Höhenprofil: Tour mit einem größeren Anstieg (von Rockenbrunn hinauf nach Haimendorf) und einer moderaten Steigung (kurzes Stück von Haimendorf in Richtung Schönberg bei der Umfahrung des Moritzberges).

Wegbeschaffenheit: gut, durchgehend asphaltierte Radwege, geschotterte Feld- und Forstwege und wenig befahrene Straßen.

Familien: Die Tour ist gut für Familien mit Kindern geeignet. Die Anstiege müssen evtl. (gemeinsam) geschoben werden.

An-/Abreise: *ÖPNV:* Mit der S-Bahn (S 2) ist der Bahnhof Winkelhaid (Ausgangsort) vom Hbf. Nürnberg in gut 20 Min. ohne Umsteigen erreichbar. Vom Bahnhof Ottensoos (Zielort) erreicht man den Hbf. Nürnberg mit der S-Bahn (S 1) in 27 Min. ohne Umsteigen. Zurück zum Ausgangsort Winkelhaid geht es mit der S 1 und S 2 in 27 Min. (Umstieg in Nürnberg-Dürrenhof). *Kfz:* Am Bahnhof Winkelhaid gibt es einen kostenfreien Park & Ride-Parkplatz mit ausreichend Parkplätzen. Adresse für das Navi: Juraweg 8, 90610 Winkelhaid.

Fahrradverleih: keiner in unmittelbarer Nähe.

E-Bike-Ladestationen: am *Historischen Gasthaus Zum Rockenbrunn*, Rockenbrunn 1, 90552 Röthenbach an der Pegnitz; Gemeinde Ottensoos, Dorfplatz 3 (vor dem Rathaus), 91242 Ottensoos.

Wo einst schon Napoleon lagerte

Sind Sie schon einmal von Westerland auf Sylt bis zur Zugspitze geradelt? Rund 1000 Kilometer müsste man strampelnd über Berg und Tal zurücklegen, um diese Strecke zu schaffen. Genauso viele Kilometer sind im Nürnberger Land für Drahtesel ausgebaut. Einmal rund um den Landkreis zu fahren würde bedeuten, am Ende eine Tour von schweißtreibenden 165 Kilometern auf dem Fahrradtacho zu haben. Offiziell empfohlen werden dafür sage und schreibe drei Tagesetappen und eine gute Grundkondition. Doch keine Angst. Zwar ist auch unsere Tour eine Berg- und Talfahrt durch das Nürnberger Land, aber eine, die für Familien bestens geeignet ist und bei der Sie garantiert bis zum sonntäglichen *Tatort* um 20.15 Uhr wieder vor dem heimischen Fernseher die Beine hochlegen und den Muskelkater in selbigen pflegen können. An den Kultkrimi werden Sie am Ende unserer gepflegten Runde ebenfalls denken, wie auch an einen großen Kaiser, der für eine 1000-Kilometer-Radtour wohl nur ein müdes Grinsen übrig gehabt hätte.

Doch der Reihe nach. Wir verlassen unseren Startpunkt, die S-Bahn-Station Winkelhaid im Juraweg, biegen nach rechts ab in die Bahnhofsstraße und fahren durch die Bahnunterführung. Dem Radweg folgen wir ab hier bis kurz vor Ungelstetten und überqueren dabei die A 6. Am ersten Forstweg nach der Überführung treten wir kurz auf die Bremse, biegen links in diesen ab und staunen. Denn nach 300 Metern steht sie vor uns: Majestätisch überragt die etwa 350 Jahre alte Napoleoneiche mit ihren stattlichen 30 Metern und einem Stammumfang von knapp sieben Metern ihre Kollegen im Nürnberger Reichswald um Längen. Allein die drei starken Äste, die in rund fünf Metern Höhe senkrecht nach oben streben, sehen aus wie eigenständige Bäume. Ein wahrhaft beachtlicher Baum, an dem einst Napoleon gelagert haben soll. Ob auch der sicherlich nicht leicht zu beeindruckende weitgereiste französische General und Kaiser ehrfurchtsvoll in ihre Krone gen Himmel geblickt hat?

Wir nutzen die verbleibende Wegstrecke bis nach Ungelstetten, um uns darüber Gedanken zu machen. Doch allzu sehr in Tagträumen sollten Sie sich nicht verlieren, denn an der Einmündung zur Kreisstraße, an der wir uns rechts halten, wird es eng (Autobahnunterführung). Kurz nach dieser Engstelle biegen wir schwungvoll nach links ab und erreichen schließlich Ungelstetten. Hier haben Sie die Wahl. Brauchen Kind (und Eltern) ein kleines Päuschen? Dann folgen wir der Fischbacher Straße in den Ort hinein bis zur *Alten Scheune* in der Dorfstraße. Während Sie sich auf der großzügigen Terrasse unter Schatten spendenden Obstbäumen bei einem Kaltgetränk und herzhaftem »Strammen Max« (oder »Strammer Lotte«) ausruhen, können sich die Kinder auf dem kleinen, aber feinen Spielplatz direkt in Sichtweite der Terrasse vergnügen.

Egal ob mit oder ohne diesen Einkehrschwung geht es für uns am Ortseingang von Ungelstetten auf der verkehrsarmen und über weite Teile schnurgeraden Verbindungsstraße gut vier Kilometer durch den Wald in Richtung Brunn. Links neben uns fließt der Verkehr auf der A 3, rechts neben uns das Wasser des

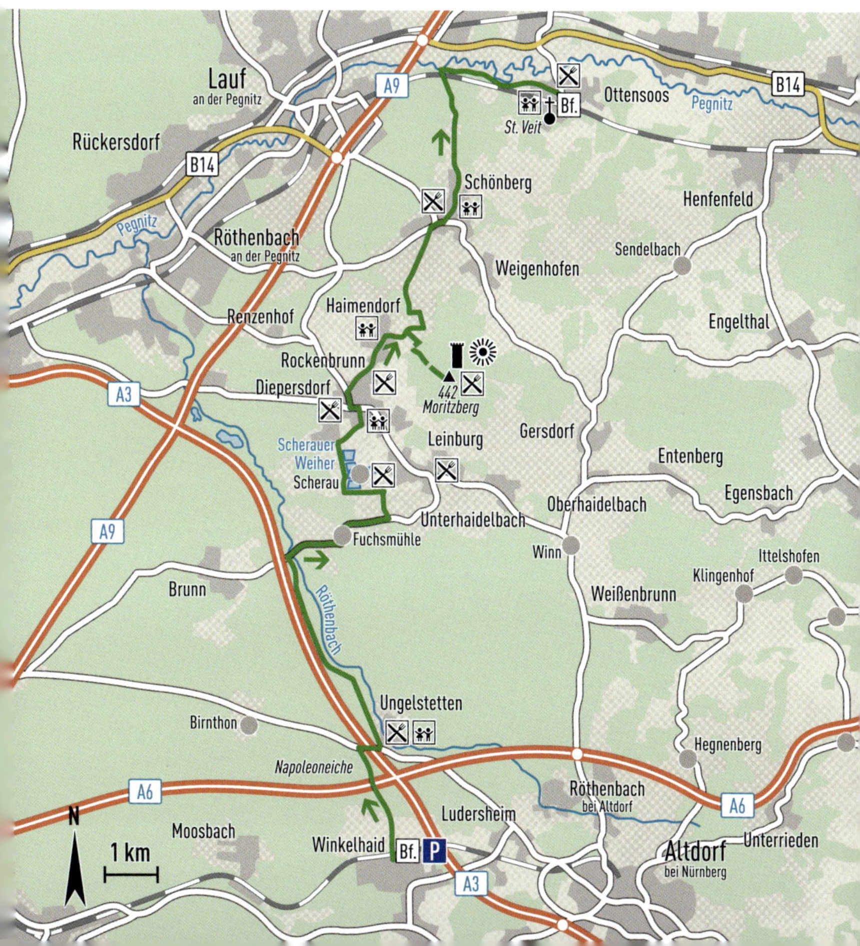

Majestätisch überragt die Napoleoneiche ihre Kollegen im Nürnberger Reichswald.

Röthenbachs. Ansonsten nichts. Nur Wald und Bäume. Wieder auf Zivilisation (doch kaum mehr Verkehr) stoßen wir schließlich an der Heiligenmühlstraße. Hier biegen wir rechts ab in Richtung Leinburg. Nach rund eineinhalb Kilometern und kurzer Abfahrt erreichen wir zunächst das Wasserwerk Krämersweiher und schließlich das Sägewerk Fuchsmühle.

»Allmächd, ich seh den Wald vor lauter Kiefern ned«

Den kleinen Weiler gibt es bereits seit 1407 – zunächst als Mahlmühle, schließlich umgebaut zur Sägemühle als Antwort auf den steigenden Holzbedarf Nürnbergs im Spätmittelalter und in der Frühen Neuzeit sowie auf die zahlreichen Hammerwerke entlang der Pegnitz. Kein Wunder, denn um eine Tonne Schmiedeeisen zu erhitzen, wurden 30 Tonnen Holz gebraucht. Das ist der Grund, warum Sie womöglich den Wald vor lauter Kiefern nicht sehen. Denn seit dem 14. Jahrhundert existiert aufgrund des enormen Holzbedarfs hier im Lorenzer Reichswald und nördlich der Pegnitz, im Sebalder Reichswald, eine geregelte Forstwirtschaft. Kiefern waren – da schnell wachsend und genügsam – besonders geeignet, um dem ältesten deutschen Kunstforst zügig auf die Sprünge zu helfen.

Deshalb radeln wir auch heute noch vorwiegend durch den Schatten von Kiefern, wenn wir den kleinen Weiler hinauf weiter in Richtung Leinburg fahren. Nach rund 900 Metern biegen wir links ab (der Beschilderung *Sportpark Leinburg* und *Scherauer Hof* folgen) und erreichen nach kurzer Zeit die Nürnberger Straße, der wir wiederum links weiter in Richtung der Sportanlagen des TV Leinburg folgen. Es geht halb rechts in die Kitzengasse und nach gut einem Kilometer sind wir im Paradies, Eldorado, fränkischen Himmel … Aber finden Sie doch am besten einfach selbst einen Namen, der in Ihren Augen zu diesem Wohlfühlort passt.

»Ein Königreich für einen (Scherauer) Weiher«

Das ist der Scherauer Weiher zweifelsohne. Gönnen Sie sich unbedingt eine Auszeit an diesem Ruhepol zwischen Wäldern und Wiesen. Im Hofladen des Scherauer Hofs decken wir uns noch mit einer zünftigen Brotzeit ein und dann lassen wir einfach den lieben Gott einen guten Mann sein, schauen genüsslich vor uns hin schmatzend aufs Wasser, während der scheinbar nimmermüde Nachwuchs die Weiheranlagen erkundet. Hach, das Leben kann so schön sein. Doch allzu lange sollten Sie nicht pausieren, am Ende kommen Sie (oder der Nachwuchs) noch auf die Idee, Ihre Fahrradausfahrt einfach hier zu beenden. Und das wäre doch schade, immerhin warten noch einige fantastische Spielplätze und ein echter *Tatort*-Tatort auf uns.

Deshalb: Keine Müdigkeit vortäuschen, wieder auf in den Sattel und es geht weiter. Wir folgen der Kitzengasse bis nach Diepersdorf (an der Einmündung zur Industriestraße biegen wir nicht links ins Industriegebiet ab, sondern rechts in Richtung Wohngebiet). Vor uns liegen die ersten Häuser von Diepersdorf und der Moritzberg, mit dessen Fuß wir noch auf Tuchfühlung gehen. Aber erst mal heißt es »Spielplatz voraus«. Wir verlassen die Kitzengasse nach links in die Wartberger Straße, nehmen die zweite Ausfahrt des Kreisverkehr(chen)s und dann heißt es eine Runde Toben. Der schön angelegte Spielplatz mit gepflegten Geräten ist eingezäunt und bietet sowohl für kleine als auch größere Kinder genug zum Entdecken – angefangen von einem Kletterturm über Schaukeln bis zur Kleinkindrutsche.

Ein gastfreundlicher Mordschauplatz

Genug geblödelt, geklettert und geschaukelt? Prima, dann folgen wir weiter der Wartberger Straße, passieren rechter Hand das Feuerwehrhaus und biegen links ab in die Diepersdorfer Hauptstraße – und zwar in deren ruhigeren Teil entlang der Parkplätze. Den nächsten – diesmal ausgewachsenen – Verkehrskreisel verlassen wir von der Industriestraße kommend an der zweiten Ausfahrt in Richtung Lauf. Nach rund 100 Metern auf der Laufer Straße biegen wir rechts ab in die Rockenbrunner Straße, die wenig später zur Diepersdorfer Straße wird. Auch wenn Sie denken, nun am Ende der Welt angekommen zu sein, nur Mut. Nach ein paar Metern erreichen Sie den Weiler Rockenbrunn und sind mittendrin in einer waschechten Filmkulisse.

Seit dem 22. Mai 2016 kennt das *Historische Gasthaus Zum Rockenbrunn* ganz Deutschland oder um genauer zu sein, die

Mach mal Pause: Einkehrschwung in Ungelstetten und am Scherauer Weiher.

Bekannt aus Film und Fernsehen: Rockenbrunn kennt ganz Tatort-Deutschland.

8,41 Millionen Zuschauer, die an diesem Abend um 20.15 Uhr *Tatort* geschaut haben. Denn in der zweiten Franken-Ausgabe des ARD-Kultkrimis mit dem Titel »Das Recht, sich zu sorgen« war die Wirtschaft Schauplatz eines Mordes. Doch keine Angst, heute wird in dem altehrwürdigen und sehenswerten Gasthaus, das nachweislich seit 1653 besteht, und seinem barocken Brunnenhof nicht mit Mord- sondern ausschließlich mit Küchenwerkzeugen hantiert. Auf den Tisch kommen frisch zubereitet allerhand Klassiker der fränkischen Küche. Und während Sie beim Schmausen Ihren Akku aufladen, kann es Ihr E-Bike direkt gegenüber an der Schnellladestation gleichtun.

Spielplatz mit Leseecke

Die frischen Kräfte können wir gut brauchen, denn die nächsten 600 Meter bis nach Haimendorf geht es steil bergauf (immer der Diepersdorfer Straße folgen, bis diese in die Friedrich-von-Fürer-Straße abzweigt). Glückwunsch, wir feiern Bergfest, denn der anstrengendste Teil unserer Tour liegt nun hinter uns. Zur Belohnung wartet ein weiterer schöner Spielplatz (kurz nach dem Feuerwehrhaus auf der linken Seite) darauf, erobert zu werden. Doch nicht nur das. Direkt auf dem Haimendorfer Spielplatz ist zudem eine Bücherrakete gelandet. Eine mit Regalen ausgestattete ehemalige Telefonzelle lädt dazu ein, unkompliziert und kostenlos Bücher zu tauschen. Lassen Sie sich doch einfach mal wieder zum Schmökern verführen.

Noch eine kurze Erfrischung mit kühlendem Nass am Brunnen vor dem Feuerwehrhaus und es geht weiter zum höchsten Punkt unserer Tour. Dazu folgen wir der Hohe-Reuth-Gasse entlang des Feuerwehrhauses, die nach kurzer Zeit zu einem breiten Flurweg wird. Vorbei an Pferdekoppeln geht es am Fuße des Moritzbergs noch ein Stück aufwärts, bevor wir nicht nach rechts weiter in Richtung Gipfel fahren, sondern uns links halten (hölzerner Toreingang zu einer Weidefläche). Auf 442 Metern genießen wir den Ausblick ins Pegnitztal mit den Kuppen der Fränkischen Alb im Hintergrund.

Ein Eldorado für Spiderwomen und Spidermen

Von nun an geht's bequem bergab, vorbei an einem Antennenmast immer in Richtung Schönberg, das wir in Höhe der Heilingstraße erreichen. Wir folgen dieser nach rechts in die Ortsmitte. Auf dem Schönberger Marktplatz biegen wir links ab in die Neuhäuserstraße, auf der wir bleiben, bis wir rechter Hand den Spielplatz erblicken (Abzweigung zur Nessenmühlstraße). Im Schatten unter großen Bäumen kann man hier auch an heißen Sommertagen wunderbar spielen, im Sand buddeln, sein Geschick als Spiderwoman und Spiderman unter Beweis stellen oder auf der Slackline einen Balanceakt vollführen. Und wer es ganz schnell haben möchte und hoch hinaus will, der nimmt einfach die Seilbahn.

Unsere Tour führt uns weiter die Nessenmühlstraße entlang zum Ortsausgang von Schönberg und weiter in Richtung Lauf (einfach der Beschilderung *Lebenshilfe* folgen). Im (Wind-) Schatten von alten Eichen geht es vorbei an den Sportanlagen des FSV Schönberg und ein Stück durch den Wald. Kurz nach der Unterquerung der Bahnstrecke biegen wir rechts ab Richtung Ottensoos. 2,4 Kilometer sind es nun noch (immer parallel zur Bahnstrecke), bis wir am Zielort unserer Fahrradausfahrt ankommen. Ottensoos erreichen wir über die Hans-Pirner-Straße.

Des Kaisers Schmarrn neu interpretiert

An deren Ende befindet sich auf der rechten Seite ein schön angelegter, gepflegter und sogar eingezäunter Abenteuerspielplatz. Vor allem für ältere Kinder ist hier viel Abwechslung geboten. Ob auf der Seilbahn, dem Karussell, auf der breiten und langen Rutsche oder dem Klettergarten mit integrierter Kletterwand: Hier ist Spaß garantiert. Und alle anderen Mitradler gönnen sich einfach eine kleine Auszeit auf einer der Sonnenliegen.

Noch ein Schluck (Trink!-)wasser aus dem Brunnen vor der Kirche St. Veit (sehr sehenswert sind die beiden Seitenaltäre) am Dorfplatz und dann wird es im wahrsten Sinne des Wortes noch einmal kurios. Genauer gesagt im *Roten Haus* bzw. dem zugehörigen *Kurioseum,* wo der Name Programm ist. Wenn geöffnet, einfach mal reinspitzen, dann wird vieles klarer. Kurios

Am Fuß des Moritzberges vorbei an Pferdekoppeln in Richtung Schönberg

mutet mitunter auch die Küche des etwas anderen Cafés *Rotes Haus* an. Schon mal einen herzhaften Kaiserschmarrn probiert? Hier können Sie es tun. Zur Beruhigung aller bodenständigen Gemüter: Es gibt des Kaisers Schmarrn natürlich auch klassisch, nebst einer sehr leckeren Auswahl an Kuchen und Torten. Im angrenzenden Laden kann man zudem nach Herzenslust in allerlei Krimskrams, Nützlichem, Unikaten oder sonstigen Dingen stöbern und sich damit die Fahrradtaschen vollpacken.

Greifen Sie ruhig zu, denn das zusätzliche Gewicht müssen Sie nicht mehr allzu weit mit sich herumfahren. Wir biegen nach rechts ab in die Obere Dorfstraße und gelangen geradewegs zur S-Bahn-Station Ottensoos, dem Ziel unserer Fahrradausfahrt.

Michael Kniess

GALERIE
Café
Küriosеüm
Anders & Mehr
Sonnenwinkel
Unikatmacherei
ROTES HAUS
GALERIE-CAFÉ-LADEN

Ausgewählte Adressen und Tipps

Ungelstetten

Zur Alten Scheune, Café und Pension, Dorfstr. 10, 90610 Winkelhaid, Tel. 09187/904490, www.zur-alten-scheune.com. Mi–So 11–18 Uhr. Fränkische Spezialitäten, Brotzeiten, hausgemachte Torten.

Leinburg

Pizzeria Il Castello Leinburg, TV Leinburg, Nürnberger Str. 49, 91227 Leinburg, Tel. 09120/444, www.pizzeriailcastello-leinburg.de. Di–Sa 16–21.30 Uhr, So 12–21 Uhr. Italienische Küche.

Scherau

Scherauer Hof, Scherau 4, 91227 Leinburg, Tel. 09120/6300, www.scherauerhof.de. Der Hofladen hat Fr 8–18 und Sa 8–13 Uhr geöffnet. Fränkische Wurstspezialitäten und Wurstdosen, Gerichte für zu Hause, hausgemachtes Zitronenöl, Kuchen im Glas, Suppen und Marmeladen, selbst gebackenes Brot.

Diepersdorf

Landgasthof Löhner, Diepersdorfer Hauptstr. 13, 91227 Leinburg, Tel. 09120/1860, www.landgasthof-loehner.de. Di/Mi und Fr/Sa 11–14 und 17–20.30 Uhr, So 11–15 und 17–20.30 Uhr. Traditionelles fränkisches Essen, eigene Metzgerei.

Gasthof Grüner Baum, Diepersdorfer Hauptstr. 34, 91227 Leinburg, Tel. 09120/210, www.gruenerbaum-schorr.de. Mo–So 7–24 Uhr, Di ist Ruhetag. Traditionelles fränkisches Essen.

Rockenbrunn

Historisches Gasthaus zum Rockenbrunn, Rockenbrunn 1, 90552 Röthenbach an der Pegnitz, Tel. 09120/798, www.zumrockenbrunn.de. Mo–Sa 16–24 Uhr, So 11–16 Uhr, Mi ist Ruhetag. Traditionelles fränkisches Essen.

Schönberg

Siehe Adressen und Tipps zu Tour 18.

Ottensoos

Siehe Adressen und Tipps zu Tour 4.

Die Autoren

Johannes Wilkes radelt seit mehr als 30 Jahren durch Franken. Der Arzt und Autor lebt in Erlangen und entdeckt auf seinen Touren stets überraschende Dinge. Er hat schon Radreisebücher über Spree, Havel, Donau, Isar und Emscher verfasst, seine Lieblingstouren aber liegen vor seiner Haustür.

Michael Kniess ist in Mittelfranken geboren und aufgewachsen. Der freie Journalist lebt im Nürnberger Land. Auf den Drahtesel schwingt er sich meist mit seiner Familie und ist immer auf der Suche nach Touren, die auch Kindern Lust aufs Radeln machen.

Register

1. FC Nürnberg 9

A
Absberg 195, 199, 205
Aha 181, 183
Aischtal-Radweg 111
Albrecht Dürer Airport Nürnberg 76, 86
Alfalter 258, 263, 271
Alfershausen 229
Allersberg 220, 221, 227, 228
Allmannsdorf 195, 199, 204
Altdorf 25, 34, 36
Altendorf 181, 189
Altenfelden 227
Alter Kanal 25
Altmühl 159, 181, 202
Altmühlsee 155, 176, 180, 202
Altmühltal-Radweg 181
Altmühlzentrum Burg Dollnstein 191, 194
Ammerndorf 45, 55, 87, 97, 98, 101
Ansbach 37, 38, 49, 51, 56
Ansbacher Residenz 52, 56
Archäologie Museum Greding 236, 241
Archäologisches Museum Gunzenhausen 159, 174
Artelshofen 263, 265, 271
Aue 235
Aurach 102, 105, 111
Aurachtal 102
Aurachtal-Radweg 111
Aussichtsturm Cadolzburg 97, 100

B
Bad Windsheim 111, 140
Basilika St. Martin (Greding) 236
Bayerisches Limes-Informationszentrum 171
Beerbach 242, 251
Berliner Goldhut 134
Birkach 227
Bitterbachschlucht 248
Bocksbeutelrunde 127, 128
Brombachsee 195, 203
Brückkanal 30
Bruder-Klaus-Kapelle 212
Bullach 242, 252, 257
Bullenheim 127, 128, 132
Bullenheimer Berg 132
Burg Cadolzburg 44, 54, 94, 100
Burg Dollnstein 191
Bürgermeister-Müller-Museum 189, 194
Burg Hilpoltstein 239, 240
Burg Pappenheim 186, 193
Burgthann 25, 32, 36
Burg Thann 31, 32, 36
Burg Veldenstein 269, 272
Buttendorf 87, 99

C
Cadolzburg 37, 38, 43, 44, 54, 87, 94, 100
Conradtyhaus 62
Conradty-Siedlung 65

D
Dehnberg 242, 252, 257

Dehnberger Hof Theater 252
Dennenlohe 173
Deutenheim 127, 137
Deutsches Hirtenmuseum 271
Diepersdorf 273, 278, 285
Dietfurt 181, 186, 193
Dinkelsbühl 141, 148, 153
Dollnstein 181, 191, 194
Dombühl 141, 146, 152
Dorsbrunn 163

E

Eckmannshofen 229, 235
Egersdorf 87
Eichstätt 181, 192, 194
Eichstätter Dom 192
Ellingen 154, 162, 164, 167, 174
Emskirchen 111
Enderndorf 195, 199, 205
Erlangen 102, 114
Erlangen-Bruck 102, 103
ErlebnisRadweg Hohenzollern 37
Eschenbach 258, 260, 262, 263, 271
Ezelheim 127, 137

F

Falkendorf 111
Felsformation »Zwölf Apostel« 189
Fernradweg »Romantische Straße« 141
Festung Lichtenau 50
Feuchtwangen 141, 145, 146, 152
Fossa Carolina 25, 184
Frankenhöhe 143, 145
Fränkisches Hopfenmuseum 70, 75
Frauenaurach 102, 103
Frickenfelden 160
Fuchsmühle 273, 277
Fünf-Flüsse-Radweg 26, 258, 261
Fürth 37, 38, 40, 42, 54, 87, 88, 114, 119, 122

G

Geckenheim 136
Georgensgmünd 206, 207, 218
Gollhofen 127, 128, 129
Gonnersdorf 44
Graben 181, 184, 193
Greding 229, 236, 241
Gredl-Bahn 229
Gredl-Radweg 229
Großer Brombachsee 195, 196
Großhabersdorf 46
Großhöbing 229, 235, 237
Gundelshalm 160
Gündersbach 164
Güntersthal 258, 266, 267
Günthersbühl 242, 248
Gunzenhausen 154, 159, 174, 176, 180, 181, 182, 193, 195, 202
Günzenhofen 229, 235
Gut Mittelbüg 61, 62

H

Haimendorf 273, 281
Hammer 57, 58, 74
Haundorf 111
Haus der Geschichte 153
Hausen 229, 236

Hedersdorf 57, 73
Heideck 229, 240
Heideck-Seiboldsmühle 231
Heilsbronn 37, 38, 47, 55
Heimatmuseum Neunhof 86
Heimatmuseum Rückersdorf 74
Heimatmuseum Schnaittach 71, 75
Herrnberchtheim 127
Hersbruck 258, 260, 271
Herzogenaurach 102, 109, 113
Heuchling 242, 253
Hilpoltstein 229, 230, 237, 238, 240
Hofstetten 229, 230
Hohenstadt 258, 260, 261, 271
Hohenzollern 37
Höllweiher 252
HopfenBierGut Museum Spalt 217, 218
Hüttenheim 132

I

Igelsbachsee 199
Immeldorf 50
Industriemuseum Lauf 66, 74
Informationszentrum Naturpark Altmühltal 185
Infozentrum Seenland 204, 205
Ingolstadt 127, 137
Ippesheim 127, 128, 132, 140
Ipsheim 111, 127, 137, 138, 140
Irrhain 79, 86, 124

J

Jüdischer Friedhof Georgensgmünd 209, 218
Jüdisches Museum Franken (Schnaittach) 71, 75

K

Kaiserburg Lauf 244, 255, 256
Kaiserburg Nürnberg 38
Kalchreuth 76, 83, 85, 86
Kastell Biriciana 171, 175
Kaubenheim 137
Kelheim 34, 181
Kirschendorf 50
Klausaurach 111
Kleiner Brombachsee 199
Kleinhöbing 229, 235
Kloster Heilsbronn 47
Klosterkirche St. Johannes der Täufer (Eichstätt) 192
Kloster Langenzenn 43, 54
Knoblauchsland 76, 78, 80
Kotzenaurach 111
Kraftshof 76, 79, 86
Krassolzheim 127, 137
Kreisgrabenanlage von Ippesheim 131
Kriegenbrunn 106, 114, 116, 117
Kulturbahnhof Kalchreuth 85, 86

L

Langenzenn 37, 43, 54
Langlau 205
Lauf 57, 66, 74, 242, 243, 253, 256
Laufer Radrundweg 242
Leinburg 277, 285

Letten 242, 247
Lichtenau 37, 49, 50, 56
Limes 154, 156, 159, 160, 173
Limes-Radweg 154, 176
Lorenzer Reichswald 247
Losaurach 111
Ludwigskanal 25

M

Main-Donau-Kanal 91, 114, 203, 221, 229, 236, 237
Malmsbach 60
Marienkirche (Vorra) 264
Markgrafenkirche (Treuchtlingen) 186
Markt Nordheim 127, 132, 136, 137, 140
Maximiliansgrotte 272
Mettelaurach 111
Mittelalterliches Kriminalmuseum 152
Moritzberg 281
Münchaurach 111
Münster St. Georg 153
Münster St. Georg (Dinkelsbühl) 150
Museum Fundreich 235, 240
Museum für historische Wehrtechnik 61, 74
Museumshof Roßtal 99
Museum Treuchtlingen 185, 193

N

Naturerlebnispfad Kirschgärten 85
Naturerlebnispfad Lauf 245
Naturpark Altmühltal 181, 182
Neuendettelsau 37, 45, 49, 55
Neuhaus an der Pegnitz 258, 266, 270, 272
Neumarkt 34
Neunhof 76, 80, 86, 251, 256
Neunkirchen am Sand 57, 69
Neuses 50, 87, 98
Niederndorf 107
Nürnberg 9, 25, 37, 38, 54, 74, 76, 86, 114, 123, 220
Nürnberg-Eibach 25
Nürnberger Land 57, 273, 274

O

Obereichstätt 181, 191
Obermässing 229, 237
Oberniederndorf 111
Oedenberg 242, 250, 256
Osing 137, 138
Ottensoos 57, 69, 75, 273, 282, 285

P

Pappenheim 181, 186, 193
Pegnesischer Blumenorden 79, 124
Pegnitz 40, 57, 59, 67, 120, 122, 258, 271
Pegnitztal 258
Pegnitztal-Radweg 258
Pfeifferhütte 25, 31, 32
Pfofeld 154, 159, 160, 162, 174
Planetenweg 206, 209
Pleinfeld 195, 204, 205

R

Radtour Industriegeschichte 57
Ramsberg 195, 204, 205

Rangau 45, 47
Rasch 34
Rednitz 89, 120
Regnitz 119, 120
Reichel'sche Schleif 67
Residenz Ellingen 165, 174
Reusch 127, 132, 136
Rezat 49, 50
Rittern 162
Rockenbrunn 273, 278, 285
Rollhofen 57, 70
Römerkastell Sablonetum 166, 171
RömerMuseum Weißenburg 168, 175
Römische Thermen Weißenburg 172, 175
Rossendorf 44
Roßtal 37, 38, 45, 46, 55, 87, 99, 101
Roth 220, 223, 228, 229
Röthenbach a. d. Pegnitz 57, 62, 74
Röthenbach bei St. Wolfgang 25, 29
Rothenburg ob der Tauber 141, 143, 152, 181
Rothsee 220, 221, 223
Rückersdorf 57, 65, 74
Rückersdorfer Heimatmuseum 65
Rüdisbronn 127, 137
Rudolfshof 242
Rupprechtstegen 258, 266, 271

S

Sablonetum 166
Schallershof 115
Scherau 273, 277, 285
Schillingsfürst 141, 144, 152
Schleifmühle Reichel 67, 74
Schloss Artelshofen 265
Schloss Eschenbach 262
Schloss Frankenberg 127, 132, 135, 140
Schloss Ippesheim 132
Schloss Neuendettelsau 49
Schloss Oedenberg 250
Schloss Schillingsfürst 144, 152
Schloss Seehaus 140
Schmellnricht 229, 237
Schnaittach 57, 70, 75
Schönberg 242, 247, 256, 273, 282, 285
Schopfloch 148
Schwaig 57, 60, 74
Schwaiger Schloss 60
Schwarzachtal 30, 235
Schwarzenbach 25, 33, 36
Sebalder Reichswald 76, 82
Seiboldsmühle 229, 233
Seinsheim 127, 132
Simmelsdorf 57, 73
Simonshofen 242, 252, 257
Solarberg 43, 118
Solnhofen 181, 188, 194
Spalt 206, 216, 218
Speikern 57, 70, 75
Städtisches Museum Zirndorf 92, 100
Stadtkirche Mariä Virginis (Gunzenhausen) 157
Stadtmuseum Conradtyhaus 62, 74
Stadtschloss Treuchtlingen 185, 193
St.-Andreas-Kirche (Kalchreuth) 85

Steigerwald 127
Steinbach 87, 98, 100
Stephanuskirche (Wasserzell) 213
St. Georg (Kraftshof) 80
St. Georg (Wendelstein) 29
St. Jakob (Rothenburg) 143, 152
St. Laurentius (Roßtal) 46, 99
St. Maria (Velden) 268
St. Nikolaus (Spalt) 217
St.Paul (Eschenbach) 262
St. Philippus und Jakobus (Artelshofen) 265
St. Veit (Dombühl) 146
St. Veit (Ottensoos) 282
Sulzkirchen 237

T

Tauchersreuth 242, 251
Thalmässing 229, 234, 240
Thannhausen 163
Theilenhofen 154, 162, 174
Treidelschiff Elfriede 33, 36
Treuchtlingen 181, 185, 193
Turm auf dem Espan 162

U

Uffenheim 127, 128
Ulsenheim 127, 132, 136
Ungelstetten 273, 275, 285
Untermässing 229, 237

V

Vach 114, 118
Veitsbronn 43, 54
Velden 258, 266, 268
Vorra 258, 263, 264, 271

W

Wachendorf 87, 94
Wachturm 159, 163
Wakepark Brombachsee 202
Walkerszell 164
Wasserzell 206, 213, 218
Wehrkirche St. Veit (Veitsbronn) 43
Weidenkirche Pappenheim 186, 193
Weigenheim 127, 132, 136
Weißenburg 154, 155, 167, 168, 175
Wendelstein 25, 29
Wenzelschloss 67, 244, 255, 256
Wetzendorf 242, 247
Wilhelmsdorf 111
Windsbach 49, 56
Windsfeld 181, 183
Winkelhaid 273, 274
Wörnitz 144, 149
Wörnitzquelle 144
Worzeldorf 25, 26
Wülzburg 167, 175
Wüstphül 127, 132, 136

Z

Zenn 43
Zirndorf 87, 91, 100
Zwiefelhof 227